本书为国家社科基金一般项目
"全球化下的侨民战略与发展研究"
（批准号：12BMZ068）成果

本书获广东省高水平大学建设项目
暨南大学"华侨华人与国际问题研究"学科组团建设经费资助

教育部人文社会科学重点研究基地
Key Research Institute of Humanities and Social Sciences at Universities
暨南大学华侨华人研究院
Academy of Overseas Chinese Studies in Jinan University

国家出版基金项目
NATIONAL PUBLICATION FOUNDATION

· 世界华侨华人研究文库 ·

全球化下的侨民战略与发展研究

以美国、爱尔兰和印度为例

吴金平　王慧英　叶小利　田自立　著

暨南大学出版社
JINAN UNIVERSITY PRESS

中国·广州

图书在版编目（CIP）数据

全球化下的侨民战略与发展研究：以美国、爱尔兰和印度为例/吴金平，王慧英，叶小利等著. —广州：暨南大学出版社，2019.6
（世界华侨华人研究文库）
ISBN 978 - 7 - 5668 - 2642 - 8

Ⅰ.①全…　　Ⅱ.①吴…②王…③叶…　　Ⅲ.①侨民问题—研究—世界
Ⅳ.①D523.8

中国版本图书馆 CIP 数据核字（2019）第 092293 号

全球化下的侨民战略与发展研究：以美国、爱尔兰和印度为例
QUANQIUHUA XIA DE QIAOMIN ZHANLUE YU FAZHAN YANJIU：YI MEIGUO AIERLAN HE YINDU WEILI

著　者： 吴金平　王慧英　叶小利　等

出 版 人：徐义雄
策划编辑：黄圣英
责任编辑：詹建林　姜琴月
责任校对：黄晓佳　陈皓琳
责任印制：汤慧君　周一丹

出版发行：暨南大学出版社（510630）
电　　话：总编室（8620）85221601
　　　　　营销部（8620）85225284　85228291　85228292（邮购）
传　　真：（8620）85221583（办公室）　85223774（营销部）
网　　址：http：//www.jnupress.com
排　　版：广州市天河星辰文化发展部照排中心
印　　刷：广州市快美印务有限公司
开　　本：787mm×1092mm　1/16
印　　张：13
字　　数：249 千
版　　次：2019 年 6 月第 1 版
印　　次：2019 年 6 月第 1 次
定　　价：60.00 元

（暨大版图书如有印装质量问题，请与出版社总编室联系调换）

总　序

在 20 世纪，华侨华人问题曾经四次引起学术界关注。第一次是 20 世纪初关于南非华工的问题；第二次是"一战"后欧洲华工问题；第三次是五六十年代东南亚国家出现的"排华"问题；第四次则是 80 年代中国经济崛起与海外华侨华人关系的问题。每次华侨华人研究成为研究热点时，都有大量高水平研究著作问世。

进入 21 世纪以来，随着全球化进程的加速和中国国际化水平的提升，海外华侨华人与中国的发展日益密切，华侨华人研究掀起了新一轮高潮。华侨华人研究机构由过去只有暨南大学、厦门大学、北京大学、华侨大学等少数几家壮大至目前遍布全国的近百所科研院校，研究领域从往昔以华侨史研究为主，拓展至华人政治、华人经济、华商管理、华文教育、华人文学、华文传媒、华人安全、华人宗教、侨乡研究等涉侨各个方面，研究方法也逐渐呈现出多学科交叉的趋势，融入政治学、历史学、社会学、民族学、教育学、新闻与传播学、经济学、管理学、法学等学科方法与视角。与此同时，政府、社会也愈益关注华侨华人研究。国务院侨办近年来不断加大研究经费投入，并先后在上海、武汉、杭州、广州等地设立侨务理论研究基地，凝聚了一大批海内外专家学者，形成了华侨华人研究与政府决策咨询相结合的科学发展机制。而以社会力量与学者智慧相结合的华商研究机构也先后在复旦大学、清华大学等地成立，闯出了一条理论研究与社会实践相结合的华侨华人研究新路径。

作为一所百年侨校，暨南大学在中国华侨华人研究中具有特殊的地位。暨南大学创立于 1906 年，是中国第一所华侨高等学府。华侨华人研究是学校重要的学术传统和特色。早在 1927 年，暨南大学便成立了南洋文化事业部，网罗人才，开展东南亚及华侨华人的研究，出版《南洋研究》等刊物。1981 年，经教育部批准，暨南大学在全国率先成立华侨华人研究的专门学术机构——华侨研究所，由著名学者朱杰勤教授担任所长。1984 年在国内招收首批华侨史方向博士研究生。1996 年后华侨华人研究被纳入国家"211 工程"1—3 期重点学科建设行列，2000 年获批教育部人文社会科学重点研究基地（华侨华人研究）。暨南大学于2006 年成立了华侨华人研究院，并聘请全国政协常委、国务院侨务办公室原副主任刘泽彭出任院长和基地主任。2011 年，学校再次整合提升华侨华人研究力量，将华侨华人研究院与国际关系学系（东南亚研究所）合并成立国际关系学院/华侨华人研究院，继续聘请刘泽彭同志出任华侨华人研究院院长和基地主任，由华侨华人与国际问题研究知名专家曹云华教授出任国际关系学院院长兼华侨华人研究院执行院长。同时，学校还加大科研经费投入，努力打造"华侨华人研究优势学科创新平台"。研究院在加强自身科研能力的基础上，采取以研究项目、开放性课题为中心，学者带项目、课题进院的工作体制，致力于多学科和国际视野下的前沿研究，立足于为国家的改革开放和现代化建设服务，为社会服务，为政府决策咨询服务，努力将之建设成为世界一流的学术研究机构和人才培养基地。

值华侨华人研究在中华大地百花齐放、百家争鸣之际，为进一步彰显暨南大学科研特色，整合校内外相关研究力量，发掘华侨华人研究新资源，推动华侨华人研究学科的发展，暨南大学华侨华人研究院在 2012 年推出了"世界华侨华人研究文库"。文库的著作多为本校优势学科的前沿研究成果，作者中既有资深教授、学科带头人，也有学界新秀。他们的研究成果从多学科视野探索了国内外华侨华人研究的一些新问题、新趋势，具有较高的学术价值和现实意义。截至 2016 年年底，文库已经出版三批 23 本，在华侨华人研究领域引起了不错的反响。

2015 年 6 月，暨南大学入选广东省高水平大学重点建设高校，"华侨华人与国际问题研究"成为学校高水平建设重点支持的一个学科组团。为了进一步发挥暨南大学的华侨华人研究优势，学院决定继续组织出版这套丛书。丛书的经费来源从之前的"211 工程"和暨南大学"华侨华人研究优势学科创新平台"变为广东省高水平大学建设暨南大学"华侨华人与国际问题研究"学科组团，编委会也随人员变动做了一些调整。

　　本套丛书的出版得到学校领导的大力关心与支持。国际关系学院/华侨华人研究院领导与部分教师特别是高水平大学建设学科组团中的华侨华人与跨国移民研究团队的教师们也付出了艰辛的劳动，他们在策划、选题、组稿、编辑、校对等环节投入大量精力。同时，暨南大学出版社对丛书出版也给予高度重视，组织最优秀的编辑团队全程跟进，并积极申报国家出版基金项目，获得立项资助。在此，我们对所有为本丛书出版付出宝贵心血与汗水的同仁致以最衷心的感谢！

　　在前面三批的总序中，我们表示"期盼本丛书的出版能在华侨华人研究领域激起一点小浪花"。现在看来，已部分达到了目的，尽管如此，我们仍坚持不忘初心，继往开来，汇聚国内外华侨华人研究的朵朵浪花，把这套文库办成展现全球华侨华人研究优秀成果的一个重要平台。

《世界华侨华人研究文库》编委会

2017 年 6 月

目　录

绪　论

一、研究意义

在当今全球化的时代，侨民与世界各国发展的联系越来越紧密。在过去一二十年，侨民对世界发展的贡献越来越多地被认识和承认。比如，侨民通常会寄钱给祖（籍）国的家庭成员和其他亲戚，这些侨汇越来越被视作发展中国家重要的外汇来源之一，在很多情况下甚至超越了海外发展援助和外国直接投资的金额。除此之外，大量的侨民也积极主动参与诸如投资祖（籍）国社区发展项目等，越来越多地参与到祖（籍）国的发展当中。侨民的短期或永久性回流，成为祖（籍）国技术工人和专家的潜在来源。侨民社群的富人也成为外国直接投资的潜在来源，他们有时也担当中介，让祖（籍）国有机会进入新市场。通过投资社区发展项目、思想交流与侨民回流和环流等途径，侨民对促进祖（籍）国发展起着越来越巨大的作用。

而无论是侨民输出国还是输入国，对侨民与国家发展之间关系的认识也越来越深刻，纷纷推出自己的侨民战略与政策，力图最大限度地借助侨民为国家发展服务。

最发达国家的代表当属美国无疑。美国的海外侨民不过百万，但美国是一个由移民组成的国家，第一代和第二代移民就有 6 200 多万，这些人与其祖（籍）国大多还保持着比较密切的联系。美国的侨民战略充分地利用了这些独特资源，其独特之处在于，这些人其实并不是美国的侨民，而是生活在美国的他国侨民。不仅如此，对生活在美国之外的所有侨民，美国的侨民战略也一样希望能够仰仗和利用。这与我们惯常的思维有些不同：除美国之外的其他国家的侨民战略针对的对象基本上是本国的海外侨民，其所期望的发展也是为了自己（有时也说包括侨民本身，但重点还是自身）；而美国所仰仗的侨民不仅包括世界上所有的侨民，而且其所指侨民战略与发展中的"发展"更多的是要帮助侨民的祖（籍）国。也就是说，美国要借全世界侨民之手，将发展带给所有侨民的祖（籍）国，同时也促使其接受美国的政治、经济、社会文化理念与价值观，从而提升美国的国家形象与软实力。这也是美国侨民战略提出者、美国前国务卿希拉里为保持美国在世界的主导和领导地位而提出的所谓"巧实力"战略在侨民事务领域的具体运用。到目前为止，这一战略基本上是成功的。

次发达国家非常多，像爱尔兰、加拿大、澳大利亚和新西兰等国，他们在制订其国家发展规划时也推出了各自的侨民战略。这些国家与美国在世界上的地位不一样，因而所追求的目标也不一样。新西兰希望借助侨民的力量将自己有别于美国的市场经济发展模式在亚洲传播开来，加拿大则希望借助侨民扩展其对人权理念的坚持，而像爱尔兰那样处于发达国家中较低层次的国家则把侨民战略的重点放在发展经济上。

发展中国家开展侨务工作比较好的有中国、印度和非洲部分国家等。华侨华人与我国的改革开放成就之间的关系可以说密不可分，已得到公认。

有学者对1979年至2000年华侨华人对中国大陆的投资概况作了分析和估计，认为在此期间华侨华人直接向中国大陆投资或通过香港的"转口投资"总额，至2000年底累计约为763亿美元，约占全部外资的22%。① 另据侨务部门统计，截至2004年7月底，中国引进外资创办的三资企业有49万多家，其中由华侨华人和港澳同胞投资创办的约占70%（约34.3万家）；中国实际利用外资5 000多亿美元，其中华侨华人和港澳台同胞投资额占中国实际利用外资额的60%以上，即3 000多亿美元。② 又有学者统计，从1978年底至2005年底，中国累计吸收外资约6 224亿美元，其中华商或由华商主导的投资约4 170亿美元，约占投资总额的67%。此间中国累计批准设立外商投资企业55万余家，其中华商（包括港澳台商）企业约占70%。③ 总之，华侨华人的投资对中国这一时期经济的高速增长作出了相当大的贡献。

同样，在20世纪90年代印度IT（信息技术）产业发展过程中，印度海外侨民也构成了绝对的主力。那些在美国硅谷企业担任高管的印度侨民，游说美国公司将外包业务的合同给了印度，由此促进了印度IT产业的发展壮大，成就了印度"硅谷"——班加罗尔的辉煌。

侨民参与祖（籍）国社区发展项目的途径之一就是通过同乡会对社区项目进行投资。这类投资项目包括扫盲、医院、学校、道路、卫生管道工程系统和网吧等。比如，在英国的加纳人同乡会就是这样。这些在英国的加纳人大部分为第一代移民，对其落后的家乡怀有深厚的感情，觉得有责任为家乡生活水平的提高尽一分力量。当然，这些同乡会对祖（籍）国的贡献因其规模大小和成员富裕

---

① 蔡德奇、江永良：《华侨华人的新发展》，厦门：厦门大学出版社，2001年，第225－226页。
② 李海峰：《迎接全国华商组织的蓬勃发展——在"全国华商组织经验交流会"上的总结讲话》，《侨务工作研究》2005年第1期。
③ 沈丹阳：《华商企业对中国大陆的投资现状及发展趋势》，《中国外资》2006年第9期。

程度的差异而有很大的不同。

　　侨民所带来的跨国联系为交流思想及侨民的回流与环流提供了无限的可能性。比如，"阿尔巴尼亚科学论坛"将阿尔巴尼亚国内外知识精英组织起来，探讨阿尔巴尼亚所面临的问题以及解决之道，寻求提升阿尔巴尼亚的科学技术水平的途径。跨国联系对侨民的回流起着相当重要的作用，而这些回流的侨民对其祖（籍）国的发展往往起着积极的作用。据一项从欧洲返回加纳和科特迪瓦的数据记录控制研究，这些回祖（籍）国创办小型企业的侨民与其家庭成员保持着密切的联系，这也是促使他们回流的重要原因。对坦桑尼亚和喀麦隆的同乡会组织的研究则表明，这两个国家的侨民之所以回流，更多的是受到了其同乡会组织活动的影响。① 这也说明，有些国家比其他国家更好地利用了侨民的国际纽带，这就涉及各国侨民战略与政策的差异问题。

　　"因为高技能侨民带给祖（籍）国的收益越来越被认为是与发展息息相关的重要因素。很多国家都试图从侨民的经验中获益。在涉及利用侨民问题的时候，祖（籍）国的政策就会首先被讨论。"② 凡是侨民战略与政策主动、完善的地方，其对侨民回流与环流的吸引力就越大，反之就越小。当然，参与祖（籍）国建设的原动力首先必须源自侨民自身的意愿，但侨民为祖（籍）国作贡献的意愿也须有祖（籍）国侨民战略与政策的匹配才能化为实际的行动。

　　近几十年来，侨民输出国已在渐渐改变观念，从过去将迁出的侨民视作"叛徒"到如今捧为"英雄"。侨民输出国在政策上也采取措施保护身在海外的侨民，或鼓励侨民与祖（籍）国保持密切联系。很多国家为身在海外的侨民提供领事服务和其他支持，允许侨民参加国内选举。有些侨民的祖（籍）国政府也在侨民客居国推广其国家或地区文化，意在重塑侨民社群与其祖（籍）国的文化联系，支持侨民社群组织的建立。很多国家也承认其侨民的双重国籍身份，在这方面，菲律宾是一个很好的例证。由于侨民占据国内劳动力的五分之一，菲律宾政府格外注重加强与其侨民的联系。它建立了与侨民有关的"福利基金"，基金由出国的菲律宾侨民出资，为侨民提供信贷、死亡、伤残和健康保险，也为侨民死后其子女的教育提供保障。菲律宾也为侨民开展出国前的培训，与至少20个接收国签订了双边协定以为菲侨民提供法律保护，并为在国外的菲侨民提供众多的领事服务。2003年，菲律宾还通过法律，允许海外的菲侨民拥有双重国籍和不在籍投票权。菲律宾还设立"民族英雄月"，在此期间，成就卓著的侨民会

---

① SWARD J. Diaspora and development: building transnational partnerships, development research centre on migration, globalisation & poverty. Briefing (University of Sussex), 2009 (19).

② HERCOG M, KUPYSCH C, TEJADA G, et al. Diaspora link benefits home country. Daily Bulletin (IG-NOU Headquarters, Maidan Garhi, New Delhi), September 7, 2011.

得到褒奖。对那些失去菲律宾国籍的侨民，菲侨委员会（The Commission of Filipinos Overseas，CFO）会提供帮助，让其重新获得菲律宾国籍，这对侨民中的女性特别有意义，尤其是对那些因为结婚而放弃菲律宾国籍但后来又因离婚而失去所在国国籍的女性。菲侨委员会办了一份杂志，名为"菲律宾结"，让国外的菲律宾侨民可以及时了解菲律宾国内与菲侨民有关的立法与项目的最新进展。

　　侨民输出国的另外一些政策则更鲜明地集中在鼓励侨民参与本国发展建设上。为了促进慈善与投资，有的政府为侨民量身定做了一些有发展潜力的投资项目，发行针对侨民的债券，为侨民提供优惠的银行存款利率，等等。很多国家已经采取措施鼓励建立将有技能的侨民连接起来的网络，为侨民通过短期或长期回流的方式交换技能与思想提供可能。比如，有几个欧洲国家已经与国际移民组织（IOM）合作，鼓励在欧洲的非裔侨民专业人员短期返回非洲。发端于2001年的非洲侨民发展促进会大湖项目，就瞄准生活在比利时的非洲侨民中的卫生、教育、法律和工程技术人员，鼓励他们每年回到非洲大湖区做1~6个月的短期服务。截至2009年，共有400名专家参与了该项目，其中有20名专家永久回归。2005年，非洲侨民发展促进会加纳项目开始运作，鼓励在荷兰和其他欧盟国家的侨民中的医疗人员短期回到加纳服务。到2009年，已有65名医疗专业人员在该项目支持下短期回到加纳服务。意大利也有非洲侨民发展促进会领航项目，国际移民组织也与非洲发展银行、西非国家经济共同体和南部非洲发展共同体一道，参与了更多的非洲侨民发展促进会合作项目。①

　　侨民输入国也可以在发展政策上有一番作为。侨民输入国可以发挥能动性，消除侨民参与发展道路上的一些障碍。当然这些政策必须避免在侨民、侨民输出国与输入国之间引发利益冲突。事实上，在过去十多年里，在欧盟的支持下，一系列创新性的政策已经出台，支持侨民更好地参与发展。自2006年以来，由荷兰政府部分资助的乐施会就专注侨民同乡会的组织能力建设，为其成员提供在祖籍地开展小型金融项目和妇女权利运动所需要的技能培训。2008年，英国国际发展部宣布资助600名侨民返回祖（籍）国分享技术与专业。这一项目是与海外志愿服务组织合作进行的，目的是帮助海外侨民组织在其祖（籍）国谋划与实施志愿服务项目。此外，改进侨民汇款转账方法、挖掘侨民的投资机会也是由英国国际发展部首创的。②

　　随着侨民与发展的关系日渐成为人们关注的话题，探讨侨民与发展关系的各

---

　　① SWARD J. Diaspora and development：building transnational partnerships，development research centre on migration，globalisation & poverty. Briefing（University of Sussex），2009（19）.

　　② SWARD J. Diaspora and development：building transnational partnerships，development research centre on migration，globalisation & poverty. Briefing（University of Sussex），2009（19）.

类国际组织与机构也纷纷涌现，如由欧洲一些国家政府资助的侨民驱动发展项目——"世界银行移民与侨汇"项目；非洲和亚洲一些政府为投资不动产的侨民设立服务中心，以满足其祖（籍）国的房地产和商业需求。加强与侨民无论是公私方面的联系，还是政治经济或社会方面的联系，都被看作是有助于改变祖（籍）国境遇的举措。

也因为如此，侨民战略与发展不仅日渐成为国内外学界关注的焦点，而且也是各国政府与社会关注的焦点。而研究和比较不同发展程度国家的侨民战略与发展的经验和教训，对更好地发挥与利用世界侨民资源、促进全球可持续发展具有非常重要的意义。

二、国内外学术研究现状评述

侨民在促进发展中所起的作用在最近十几年日渐被世界各国看重，各国也纷纷出台了自己的侨民战略。顺应这样的趋势，学术界对侨民战略与发展的研究也蓬勃开展起来。在本书案例研究聚焦的美国侨民战略与发展、爱尔兰侨民战略与发展、印度侨民战略与发展这三个领域，相关学术成果也是精彩纷呈，不断涌现。

（一）关于美国侨民战略与发展的研究

由于美国侨民战略提出的时间尚短，国内外学术界的研究成果尚不多见。笔者于 2018 年 2 月 11 日在"百度学术"上搜索，发现与侨民战略相关的英文文章有4 147篇，但没有一篇是论述美国侨民战略的。在"谷歌学术"上搜索，也没有发现一篇是讨论美国侨民战略的。在我国学术界，直接论述美国侨民战略的文章也仅有两篇。

一篇是陈奕平的《美国"国际侨民接触"战略及其对我国侨务政策的启示》[①]。该文主要就美国侨民战略的五大目标内容、目的和影响做了介绍，并由此提出了对我国侨务政策的启示。由于这篇文章是在美国提出侨民战略后不到半年写成的，因此其核心主要停留在对美国侨民战略内容的理论层面分析和解读上，对其实践与成效基本上没有涉及。作者在谈到美国侨民战略的主要目的时断言：美国侨民战略"表面宣称是为了援助发展中国家，其实质是为了争夺国际影响力，以及通过侨民来改变其祖（籍）国"。这一论断不是十分准确，尤其是美

---

① 陈奕平：《美国"国际侨民接触"战略及其对我国侨务政策的启示》，《东南亚研究》2012 年第 2 期。

国侨民战略是"援助发展中国家"这一点似乎与事实不符。美国侨民战略并不是一种援助战略，也不仅仅是针对发展中国家，它是一种全球发展战略，针对的是世界上所有国家，是实践美国国家对外发展大战略的重要一环，是推广美国式自由、平等、和平与繁荣等价值观与市场经济理念的辅助战略或者工具之一。只不过，因为发展中国家对美国的这些价值理念接受程度不高，因而美国侨民战略的重点放在发展中国家身上。至于说美国侨民战略的"实质是为了争夺国际影响力，以及通过侨民来改变其祖（籍）国"，前半句有点低估美国侨民战略提出的意义，而后半句则高估了侨民的作用。美国侨民战略的提出不仅是为了争夺国际影响力，而且是要确保美国在全球占主导地位的"美国世纪"的基础更牢靠，即让美国式自由平等的价值观念与和平繁荣的市场经济理念更加深入人心，在全球扎根更深。美国的侨民战略并不是依靠侨民来改变其祖（籍）国，而是依靠以侨民工作为核心的系统工程来改变侨民祖（籍）国。该文对我国侨务工作提出的一些思考很有创见和建设性，发人深思。不过，因为作者对美国侨民战略的目的与实质把握得不够精准，其思考仅仅停留在侨务政策层面，失去了战略的高度。

另一篇则是郭丹的《浅析美国侨民战略的实施动机》。该文的观点与陈奕平教授文章所表达的基本一致，也认为美国侨民战略的实施表面上是"促进对离散侨民祖（籍）国的投资和贸易、志愿者服务、慈善事业、外交、创业和创新"，但实质上"却深藏着美国的政治目的，争取侨民双重认同的努力，出于本国经济发展的考虑，试图将外来移民和侨民纳入美国'巧实力'外交的总体布局中，通过侨民来改变和影响其祖（籍）国。所有政策的出台与实施，无不是从美国的国家利益出发，与美国的国家利益密切相连"。[①] 与陈奕平教授的文章一样，该文也没有严格区分"战略"与"政策"。

与美国侨民战略间接相关的文章也有两篇，即隆德新的《试析移民社群对当代美国外交的影响》[②] 和《跨国公私伙伴关系与美国散居外交——以国际散居约合联盟（IdEA）为例》[③]。这两篇文章并没有对美国侨民战略进行论述，都只聚焦于美国侨民战略的领导机构——国际侨民接触联盟（作者在其博士论文中将之翻译为"国际散居约合联盟"，而在公开发表的论文中则使用"国际侨民接触联盟"一词）。隆德新这两篇文章的思想其实是一致的，公开发表的文章实际上是其博士论文中心思想的提炼。其主要观点是：美国采取全球公私伙伴关系这种制

---

① 郭丹：《浅析美国侨民战略的实施动机》，《神州》2014 年第 17 期。

② 隆德新：《试析移民社群对当代美国外交的影响》，《国际政治研究》2017 年第 5 期。

③ 隆德新：《跨国公私伙伴关系与美国散居外交——以国际散居约合联盟（IdEA）为例》，暨南大学博士学位论文，2015 年。

度化形式，通过全球移民社群论坛、非洲移民社群市场、国际移民社群协作联盟三个机制，将移民社群纳入美国外交体系中，展现出不同于传统外交的环境、行为体、机制方面的重大变化，为美国外交注入了新活力。

基于目前国内外研究现状，本书将针对上述研究的不足，在美国侨民战略的内容、实施机制和实施效果及其对我国侨民战略的启示等方面，展开较为系统的研究。

（二）关于爱尔兰侨民战略与发展的研究

有关爱尔兰侨民战略与发展的研究，国内外学术界主要聚焦于爱尔兰侨民战略的内容与目标以及侨民战略与爱尔兰经济发展上。

关于爱尔兰侨民战略的内容，学界对于爱尔兰在 2008 年前后的侨民战略是否一致存有分歧。一部分国外学者认为爱尔兰的侨民战略是一贯的、前后一致的，他们大多认为，由于历史的原因，爱尔兰共和国历届政府都十分珍视本国的侨民资源，并试图与全球爱尔兰人社群建立起多层次的联系，通过制定侨民战略来推动侨民与祖（籍）国的互利共赢关系，其代表作有《关于爱尔兰的侨民战略：立场报告书》[1]。爱尔兰侨民战略主要集中于以下内容：①对侨民提供资助；②扩展与侨民的联系渠道；③支持各种类型侨民组织的发展；④认同侨民的贡献，并以各种奖项的方式予以表彰；⑤其他依据国家形势而适时变化的政策，如培养"亲和侨民"等。[2] 我国学者李秋红也有同样的看法。她认为历届爱尔兰政府都和海外爱尔兰人保持着友好的关系，制定和实施了众多为侨民服务的项目和政策，而这些政策与措施主要集中在提供行政服务、扩大商业联络、促进信息交流、扩展慈善福利、巩固侨民爱国心、争取侨民归国、培养"亲和侨民"等几方面。[3] 这些文章对现有的爱尔兰侨民战略做了较为完整的梳理，但是对 2008 年前的爱尔兰侨民战略内容几乎没有涉及，并将爱尔兰侨民战略视为一成不变的东西，这种观点不利于从整体上把握爱尔兰侨民战略的内容及其成功的原因。

而另一部分学者则不同意上述观点。他们认为，在 2008 年之前爱尔兰侨民战略多为利用现有侨民资源为自己的发展做贡献，却不见培养和经营侨民资源；而 2008 年之后的侨民战略倡导共赢。[4] 该种观点以 2008 年经济危机为切入点，

---

① BOYLE M，KITCHIN R. Towards an Irish diaspora strategy：a position paper. NIRSA working paper series，2008（8）.

② Department of foreign affairs and trade. Global Irish：Ireland's diaspora policy，2015.

③ 李秋红：《爱尔兰侨民与祖籍国经济发展》，暨南大学博士学位论文，2012 年。

④ BOYLE M，KITCHIN R. Towards an Irish diaspora strategy：a position paper. NIRSA working paper series，2008（8）.

分析爱尔兰侨民战略的发展变化，也提及了二者之间的区别，但没有谈及爱尔兰侨民战略发生变化的原因。

关于侨民战略与爱尔兰经济发展的研究，学界注意到了在爱尔兰高新技术产业建设与发展中，爱尔兰侨民为祖（籍）国所作出的贡献。他们认为爱尔兰在加入欧盟之后，伴随着自身基础设施建设的完善，对海外侨民的吸引力逐渐加强，促使大量海外高新技术企业和资金涌入爱尔兰，他们将爱尔兰作为其欧洲发展的"桥头堡"，并最终影响了爱尔兰本地产业的发展和变化，促成了爱尔兰的产业转型，由此推动了"凯尔特之虎"的雄起。在爱尔兰经济飞速发展的同时，爱尔兰的国际经济地位、妇女社会地位以及对欧共体的认识都发生了显著的变化。①

但是，这些文章并没有明确地论及爱尔兰的侨民战略，当然也就没有认识到爱尔兰侨民战略对爱尔兰经济发展的意义。但事实上，正是因为爱尔兰采取了包括比较明确的侨民战略在内的一系列措施和政策，才使爱尔兰侨民纷纷回乡工作、创业。他们带来了大量的资金、技术和人际网络，为爱尔兰创造经济奇迹作出了贡献。

总之，现有的研究有以下几个特点：①随着我国对侨务工作的重视，国内对爱尔兰侨民战略的研究较之以前略有增多，但仍主要是对爱尔兰移民历史以及爱尔兰侨民与其他国际侨民的比较研究；②涉及爱尔兰经济发展方面的文章较多，但大多从欧盟这一视角进行分析，即使提到侨民在爱尔兰经济发展中起到的积极影响，也是一笔带过；③国外对爱尔兰侨民战略的研究相对较多，尤其是以梅努斯大学为代表的学派，肯定了侨民在爱尔兰经济发展中所起的重要作用。

现有研究还存在一些不足之处。第一，国内学界对爱尔兰侨民战略的研究分析相对较少，对2008年经济危机之后爱尔兰政府适时改变侨民战略的学术研究也不多。第二，爱尔兰作为一个侨民大国、侨务强国，在理论和实践上都具有领先地位，而国内几乎没有系统论述爱尔兰侨民战略的论著，也很少有学者去深刻探讨爱尔兰侨民战略与其经济腾飞之间的具体联系。第三，从现有的一些文献中可以看出爱尔兰的侨民战略在2008年经济危机之后进行了适当调整，部分文献论述了爱尔兰经济危机的产生是在全球化时代过度依赖外资所造成的，然而，却没有对海外资金和爱尔兰侨民战略之间的联系，以及爱尔兰侨民战略发生变化及调整的原因进行论述。

基于以上几点认识，本书将以2008年经济危机为切入点来分析爱尔兰侨民

---

① 孟繁伊南：《欧盟地区的经济政策对爱尔兰的影响》，陕西师范大学硕士学位论文，2013年；邵玉进、王凤鸣：《爱尔兰经济奇迹及原因分析》，《欧洲》2002年第4期。

战略，厘清侨民战略与爱尔兰经济发展的内在逻辑，系统论述爱尔兰侨民战略的具体内容及其发展变化，并对爱尔兰侨民战略具体实践中的经验进行比较全面的剖析。

（三）关于印度侨民战略与发展的研究

目前国内外学术界对印度侨民的研究成果虽然汗牛充栋，但大多集中在印度侨务政策、侨民的历史以及印度侨民与印度的关系等方面，明确将印度侨民战略与发展关系结合起来进行研究的成果却并不多见。尤其在我国学术界，不要说印度侨民战略的概念，就连这个词也很少提及。有一篇实质上涉及印度侨民战略的文章①，本来已对印度侨民战略的部分特征较好地进行了概括，即印度形成了以国家认同体系为特征的策略（战略），但他用了"离散"一词，而不是"侨民"，且用"策略"代替了"战略"，这样就削弱了其文章的价值。而在国际学术界，直接论及印度侨民战略与发展的成果也只有为数不多的几篇，这可能与印度虽然是一个移民输出大国，但是其侨民战略提出的时间并不长有关。

较为明确地指出印度侨民战略出台时间和内容的是杜乐卡·萨哈迪拉的《海外印度移民的公民权修订：对侨民战略中去地域化的政策追踪》一文。萨哈迪拉认为，印度自独立以后一直忙于国家的建构和生存斗争，根本无暇思考国家的发展问题，也无暇顾及海外印度侨民，虽然也制定了一些侨民政策，但并不系统，更没有明确的侨民战略。直到1991年，印度才提出侨民战略，其目标就是为了动员和利用海外印度侨民为印度的发展服务。② 但他的文章并没有就什么是发展做进一步的说明和阐释。德维什·卡普尔的《作为战略资产的印度侨民》一文则很好地弥补了萨哈迪拉文章的缺陷，该文对印度侨民战略中所谓"发展"的定义是：最大限度地增进印度的福利与促进印度的国家战略目标的实现——成为南亚和印度洋的主宰。③ 康思坦缇诺·夏维尔和阿布拉吉塔·甘果帕德亚等人的文章则对印度侨民战略提出的背景做了阐释和解读。④

虽然明确将印度侨民战略与发展联系起来进行研究的成果不多见，但间接论

———————

① 黄海刚：《散居者策略：人才环流背景下海外人才战略的比较研究》，《比较教育研究》2017年第9期。

② RAJ D S. The overseas citizen of India and emigrant infrastructure: tracing the deterritorializations of diaspora strategies. https://www.sciencedirect.com/science/article/pii/S0016718514002498，2018年2月11日访问。

③ KAPUR D. Indian diaspora as a strategic asset. Economic and political weekly, 2003, 38 (5): 445–448.

④ XAVIER C H. India's diaspora policy and the politics of extraterritorial incorporation, Conference Papers—International Studies Association, 2009 Annual Meeting; GANGOPADHYAY A. India's policy towards its diaspora: continuity and change. India quarterly, 2005, 61 (4); CHAKRABORTY C. Shaming the Indian diaspora, asking for returns: swades. Topia (York University), 2011 (26).

及印度侨民对印度发展影响的文章却有很多。印度海外侨民与印度的经济联系是我国学术界的热门话题，代表性的成果有马加力的《印度与海外印度人的经济联系》、程希的《从经济增长模式看海外移民对中印两国发展的影响》以及贾海涛的《海外印度人国际影响力初探——兼论海外印度人对印度经济发展的影响》等。[①] 这些文章将海外印度人对印度经济发展的贡献归纳为：通过汇款和投资，为印度经济发展提供了亟需的资金；通过回国投资和高素质人才回流，提供了技术和管理经验。除了这些直接促进外，海外印度人还通过下列方式对印度的经济发展起间接促进作用：支持印度公益事业的发展；积极充当印度与世界沟通的桥梁，其获得的成功提升了印度的国际地位。

上述文章还探讨了印度政府为加强与海外印度人的经济联系而采取的政策措施，包括加强对劳工移民的管理和保护，放宽限制、实施双重国籍等以吸引投资和技术移民。

国际学术界有关印度侨民对印度影响的研究成果也很丰硕，这些成果聚焦在两个方面。第一方面是侨民对印度经济发展的作用，包括对印度 IT 业的发展的促进作用、侨汇对印度经济的作用，等等。德克维尔等人就专文探讨了海外印度侨民在印度信息技术产业和知识经济发展中的作用。[②] 也有不少文章讨论印度侨汇与印度经济发展的关系等问题。[③] 一般来说，就海外侨民对印度经济影响的探讨，多集中在帮助外来资金、技术等进入印度方面，但也有反向思路的探讨[④]。第二方面是侨民对印度外交关系的影响，其中尤其对印度移民对美印关系的发展进行了较多探讨。卡普尔从全球的角度就移民对印度的政治和经济影响进行了探

---

① 参见马加力：《印度与海外印度人的经济联系》，《南亚研究》1986 年第 2 期；程希：《从经济增长模式看海外移民对中印两国发展的影响》，《八桂侨刊》2005 年第 5 期；贾海涛：《海外印度人国际影响力初探——兼论海外印度人对印度经济发展的影响》，《理论学刊》2006 年第 5 期；盖蕾《海外印度人对印度经济发展的影响探析》，暨南大学硕士学位论文，2005 年；李涛：《20 世纪 90 年代以来海外印度人与印度的经济联系》，《世界经济与政治论坛》2008 年第 4 期；李涛：《印度侨汇的地位、作用及发展前景》，《国际资料信息》2008 年第 10 期；李丽、李涛：《海外移民与母国的经济联系：以印度为例》，《南亚研究》2009 年第 1 期；李涛：《中、印海外移民与母国经济联系的比较研究》，《世界民族》2011 年第 3 期。相关研究还包括时宏远：《论海外印度人对印度崛起的影响》，《国际论坛》2009 年第 4 期。

② DOCQUIER F, RAPOPORT H. Globalization, brain drain, and development. Journal of economic literature, 2012, 50 (3); PANDEY A, AGGARWAL A, DEVANE R, et al. India's transformation to knowledge-based economy-evolving role of the Indian diaspora, July 21, 2004. http：//www. docin. com/p-324514921. html, 2018 年 2 月 11 日访问。

③ MUELLER V, SHARIFF A. Workers' remittances to India: an examination of transfer cost and efficiency. Contemporary economic policy, 2011, 29 (2).

④ ANWAR A, MUGHAL M. The role of diaspora in attracting Indian outward FDI. International journal of social economics, 2013, 40 (11).

讨，其中着重研究了近期在美印度人的影响。① 卡普尔还在另一篇文章中探讨了海外印度人和国际移民对印度决策层思想的影响。他认为，世纪之交以来印度之所以进行深层次的经济改革，除了经济危机、早期政策明显的负面影响、外部世界政治与观念的变化以及来自国际金融机构和国内政治利益的压力外，同样重要的是海外侨民特别是精英对印度决策层的思想影响。这种影响的程度，在于侨民的规模、社会经济特征及其接近祖（籍）国权力结构的点。②

上述间接性的研究成果虽然不如直接研究的价值大，但也为本书的研究提供了一些线索，还是值得推崇的。

基于目前国内外学术界对印度侨民战略与发展的研究较为薄弱的现状，本书将就印度侨民战略的提出背景与内容、机制、主要措施及效果进行比较全面的论述和探讨，以期弥补国内外学术界的缺憾和不足。

三、概念界定

本书研究所涉及的概念比较多，在讨论侨民战略之前，我们有必要对与之相关的一系列概念如侨民、战略与政策以及侨民战略与发展等作出明确的界定，以避免横生歧义与纷扰。

（一）侨民

根据《现代汉语词典》的定义，侨民是"住在外国而保留本国国籍的居民"③。

本来，《现代汉语词典》对"侨民"的定义十分清楚，似乎是不值得在此进行辨析的。但是，无论是侨务工作实践还是学术界，我国在使用"侨民"一词的时候，其实并没有严格遵照《现代汉语词典》的这一定义。因此还是有必要对之进行讨论。

1. 围绕"中国'侨民'"一词内涵的演变与争论

对于"住在外国而保留本国国籍的居民"这类中国"侨民"，我们目前称之为"华侨"。"华侨"这一称谓源自民国。在民国时期，中国实行的是血统论的双重承认国籍政策，因此对旅居海外的中国人一律称作"华侨"，也就是中国的

---

① KAPUR D. Diaspora, development, and democracy: the domestic impact of international migration from India. Princeton and Oxford: Princeton University Press, 2010.

② KAPUR D. Ideas and economic reforms in India: the role of international migration and the Indian diaspora. India Review, 2004, 3 (4).

③ 中国社会科学院语言研究所词典编辑室编：《现代汉语词典》，商务印书馆，2012 年，第 1045 页。

"侨民"。中国"侨民"——"华侨"这一称谓既包含已经入籍住在国的中国人，也包括未入籍的。在中华人民共和国成立后的1955年，我国放弃了血统论的双重国籍政策后，"华侨"一词虽然还是被继续使用了几十年，但其内涵其实已超越了过去的中国"侨民"的范畴，已经不合时宜。

为此，林伟然先生在1991年曾撰写《"华侨"称谓研究》[1]专文对"华侨"一词的内涵详加讨论，对统一大家的认识起了很大的作用。此后，"华侨"一词被"华侨华人"取代，希望不再把"华侨"（生活在国外但保留中国国籍的人及其后代）和"华人"（生活在国外且放弃了中国国籍的人及其后代）两者混为一谈。

但是，有关中国"侨民"词义内涵的争论并没有完全解决。无论是在学术界还是实际工作部门，人们对华侨与华人之间的界限似乎并不在意。比如，直到今天，在谈到华侨华人的时候，一些新词如"海外侨胞""海内外侨胞""海内外华侨华人"[2]"少数民族华侨华人"[3]等，被随意创造出来。张秀明在《华侨华人相关概念的界定与辨析》一文中，对"海外侨胞""海内外侨胞""海内外华侨华人"等进行了探讨和批评，不过，她对"少数民族华侨华人"一词却没有提及。我个人认为所谓"少数民族华侨华人"的提法其实非常有害。为什么这么说呢？

首先，华侨华人只与中国国籍有关，与族群无关。如果"少数民族华侨华人"这一提法成立，那我们以前乃至目前所说的华侨华人指的是哪些人呢？是汉族人吗？如果仅指汉族人，那就与我们已有定论的华侨华人的定义相背离。如果不是仅指汉族人，也包含来自中国的其他五十五个少数民族，那就完全没有必要使用"少数民族华侨华人"一词。

其次，如果使用"少数民族华侨华人"一词并且这一词是站得住脚的（也只有站得住脚才能使用），那么就等于说我们目前的"华侨华人"一词可能仅指汉族人，而不包含五十五个少数民族。这样问题就来了，五十五个少数民族难道不是中国人吗？他们被排除在"华侨华人"之外，就等于他们被排除在中国人之外了（甚至不仅仅是他们，连他们在中国国内的祖籍地所在的同胞也有被排除在外的嫌疑）。即便我们本意并非如此，但其他少数民族同胞可能确实会得到这样的印象和感受，则势必造成严重的"中华民族"与"中国人"的认同问题，也会助长民族分裂主义与大汉族主义，从而不利于我国的民族团结与国家统一。

---

[1]　林伟然：《"华侨"称谓研究》，《华侨华人研究》1991年第2辑。
[2]　张秀明：《华侨华人相关概念的界定与辨析》，《华侨华人历史研究》2016年第2期。
[3]　2013年教育部人文社科重点研究基地发布的重大招标项目就使用了"少数民族华侨华人"这一词汇。

事实上，在谈到中国国籍相关问题的时候，类似所谓要专门强调少数民族的族裔特性的惯性思维已经在社会上造成混乱，导致我们到今天还可以在一些比较热门的网站上见到诸如《他们长得不像中国人却身穿解放军军服含泪敬礼！》①这样的文章。该文的立意本是为守护帕米尔高原地区西北边疆的塔吉克族民兵点赞，但是这样的标题会产生怎样的效果？不管是塔吉克族，还是维吾尔族等其他少数民族，他们具有中国国籍，当然都是中国人！怎么说他们长得不像中国人呢？是否中国人与长相有关吗？同样的，成为华侨华人首先是因为他们或他们的祖先出生在中国，拥有或曾经拥有中国国籍，与他们所属的族群有何关系呢？

同为中国人的五十六个民族之间各有其特性，如何在尊重差异的基础上打造中华民族命运共同体是当今时代非常艰巨的挑战。

对于我们中华民族的国族打造与国内各民族之间的差异问题，其实中央的民族政策已十分清楚，即不主张过分强调差异、坚持尊重民族差异而不强化差异，因为"如果只有差异，只强调差异，所导致的必然是民族之间的对立，以及无休止的争斗和国家的分裂"。同时也要注意，尊重差异不等于固化差异，"要坚持尊重民族差异而不强化差异，保持民族特性而不强化特性，营造尊重少数民族文化、风俗习惯的社会氛围"。②

全国政协民族与宗教委员会主任朱维群为此专门撰文指出：民族政策的走向，还是要向交往、交流、交融方向努力，增强中华民族的共同性、一致性，而不是再去强化和细化民族之间、民族区域自治地方和非民族区域自治地方之间的区分，把这种界限划得越来越清楚。而事实上，各民族交往、交流、交融是社会发展必然趋势③。

山东大学移民研究所所长宋全成教授认为："淡化民族身份④，直至取消民族身份识别，强调公民身份，是维护国家统一的唯一路径。过分强调民族区别，而且与土地和政治挂钩，只能导致多民族国家的分裂。苏联的崩溃就是见证。"⑤国族才是国家统一的王道。

鉴于此，即便我们想增强对源自少数民族的海外中国人的状况进行研究，也

① 《他们长得不像中国人却身穿解放军军服含泪敬礼！》，http：//www.xilu.com/20160223/1000010000931683.html，2017年3月5日访问。
② 朱维群、陈芳：《朱维群回应与阿来对话引发争议：尊重民族差异而不强化》，http://news.ifeng.com/a/20150717/44187661_0.shtml，2017年3月5日访问。
③ 朱维群、阿来、陈芳：《朱维群阿来对话：过分强调民族差异不利国家认同形成》，http://news.ifeng.com/a/20150531/43876620_0.shtml，2017年3月5日访问。
④ 指淡化少数民族身份。
⑤ 笔者与宋教授的多次交流，也见于2016年11月8日其在微信上对卢旺达种族划分下的惨痛教训的个人评论。

不必用"少数民族华侨华人"的概念，大可用"少数民族地区华侨华人"或"华侨华人中的某某族群"等取而代之。

与华侨华人有关的称谓混乱、概念不清、随意使用新名词的危害，正如张秀明研究员所指出的那样："这种概念的混淆不是术语使用上的小问题，它意味着内涵的改变，甚至被解读为中国侨务政策的改变，在国内外引发了一定的误解甚至忧虑。"①

概念与称谓混乱也为侨务工作带来尴尬与界限问题。

2. "侨民"定义本身与我国侨务工作实践的矛盾

根据《中国侨务通论》一书的界定，侨务就是与本国侨民有关的事务，我国特指有关华侨、归侨、侨眷的有关事务。侨务工作就是指对有关本国侨民事务所做的工作。我国侨务工作的主要任务是保护华侨、归侨、侨眷的正当和合法的权益，为华侨、归侨和侨眷服务。②

在这一定义里，侨务所涉及的对象主要是本国公民，我国侨务工作的对象主要是华侨、归侨和侨眷。一般而言，"华侨是指定居在国外的中国公民……归侨是指回国定居的华侨，侨眷则是指华侨、归侨在国内的眷属"③。

"华侨"的这一定义本身在理论上也许并没有什么歧义，但与我国侨务工作的实际是不相符合的。侨务工作是我们党和国家一项长期的重要工作。保护华侨、归侨和侨眷的正当权益，发扬侨胞爱国、爱乡的传统，促进华侨团结互助，鼓励华侨根据自愿原则加入住在国国籍，教育华侨遵守住在国法律，尊重当地的社会、民族习俗，与当地人民和睦相处，为促进住在国的社会发展、经济繁荣以及祖国和住在国的友好合作与交流发挥积极作用，这是中国侨务工作的基本方针。关心华人的长期生存与发展，增进华人同我国的友好情谊与合作交流，鼓励他们融入当地社会、传承民族优秀文化，为住在国的发展以及住在国与我国的友好交往、相互了解及合作共赢发挥作用，也是我国侨务工作的基本要求。关于这一点，《中国侨务通论》在随后的章节中也是认可的："1945年第二次世界大战结束后，世界各国的华侨华人状况发生了很大的变化，在5 000万华侨华人中，华人占90%以上，他们也是侨务工作的对象。"④

所以，在具体实践中，侨务不仅仅涉及本国公民，也涉及非本国公民。侨务所涉及的侨民应该是由"侨"和"民"两部分组成，其内涵应该包括本国公民和拥有本国血统但不拥有本国国籍的外国公民两类人，甚至还包括那些拥有本国

---

① 张秀明：《华侨华人相关概念的界定与辨析》，《华侨华人历史研究》2016年第2期。
② 中国侨务通论课题组：《中国侨务通论》，广州：暨南大学出版社，2012年，第265页。
③ 张赛群：《中国侨务政策研究》，北京：知识产权出版社，2010年，绪论第3页。
④ 中国侨务通论课题组：《中国侨务通论》，广州：暨南大学出版社，2012年，第266页。

血统但不拥有本国国籍的无国籍人士（这一类人比较少，很多时候可能被忽略不计）。

如此一来，我国学术界目前所使用的"侨务"一词的含义在理论与实践上就出现了矛盾，有必要对"侨民"一词进行重新界定。

3. 我国学术界对"侨民"一词的使用与矛盾

我国学术界在使用"侨民"一词进行国际学术交流的时候，也出现词汇本身与其词义背离的情况，如大多将汉语中的"侨民"译成英文"diaspora"，反之亦然。根据目前的文献搜索，在我国学术界最早将"diaspora"翻译成"侨民"并见诸文字的，当推陈奕平教授发表的《美国"国际侨民接触"战略及其对我国侨务政策的启示》① 一文。美国学术界也有人认同这一翻译，如美利坚大学的华人学者赵全胜教授在2015年9月18日与暨南大学华侨华人研究院部分师生座谈时，就采用了"侨民"这个名词来谈论中国海外的6 000多万华侨华人。侨民的本意是海外公民，但diaspora的含义并不仅仅是这样。

在国际学术界，diaspora一词用得很普遍，分歧不大。美国国务院设立的机构国际侨民接触联盟②对diaspora的定义是：diaspora系指居住在祖（籍）国之外但与之还保持密切联系的社群，包括首次移居者及其后代。③ 当然，在几代人之后，这些群体中的部分人依然与其祖（籍）国保持密切联系，另外一些则逐渐失去了联系。对于与其祖（籍）国失去了联系的这部分人，按照上述定义，则不应继续被纳入diaspora的范畴。英国苏塞克斯大学移民中心的乔·斯沃德（Jon Sward）教授认为："diaspora包括从第一代移民到虽然移民好几代但依然认同'祖（籍）国'的所有人。"④ 这一定义包括那些不再是"祖（籍）国"的公民但依然与之保持联系的人。世界侨民战略权威专家——国立爱尔兰大学的地理系主任、教授马克·波义耳、罗布·基钦和戴尔芬·亚辛也认为侨民包括公民与非公民，但已成为外国人的非公民都是些与祖（籍）国还保持某种特殊关系的人。⑤ 非洲发展基金会联合创办人查基斯的定义也有同样的含义：侨民指对别处的故乡与出生地（或真实或想象的地方）共享身份认同、保持联系的任何

① 陈奕平：《美国"国际侨民接触"战略及其对我国侨务政策的启示》，《东南亚研究》2012年第2期。

② 英文原文为"International Diaspora Engagement Alliance"。

③ What is a diaspora? http：//www. diasporaalliance. org/about－us/，2017年3月5日访问。

④ SWARD J. Diaspora and development：building transnational partnerships，development research centre on migration，globalisation & poverty. Briefing（University of Sussex），2009（19）.

⑤ BOYLE M. Harness the best diaspora practices. Daily Bulletin（IGNOU Headquarters，Maidan Garhi，New Delhi），September 7，2011.

群体①。

4. 重新定义"侨民"内涵

为化解"侨民"定义与我国侨民工作实践的矛盾以及我国学术界的困境，且在当前越来越多的国家承认或者默认双重国籍的形势下，笔者认为有必要赋予"侨民"一词新的含义。侨民应当包含两层含义，一是移居国外但保留祖国国籍的人；二是移居国外且放弃了祖籍国国籍的人。

笔者个人认为，如果被赋予新的含义，"侨民"一词还是非常准确的。"侨民"中的"侨"可指代华侨（保留中国国籍的华裔），"民"则可指代华人（丧失中国国籍的华裔）。在中文语境中，我们在研究中用"侨民"一词来指代世界其他国家的海外移民及其后代（包括保留祖国国籍与放弃祖籍国国籍两者），也方便很多。在谈论海外中国人的时候，我们可以用"华侨华人"一词，但在讨论其他国家的海外移民时，若用"日侨日人""美侨美人""英侨英人"等来称呼日本、美国和英国等各自的海外移民及其后裔则不甚妥当，且"日人""英人"等一般也会被理解为日本人、英国人，而不会被想到是指代移居国外的日本人和英国人。

被赋予新的含义的"侨民"一词不仅可以有效避免为侨务工作带来尴尬，也可以更好地促进我国学术界与国际学术界平等对话。在汉语"侨民"一词与diaspora 可以对应的情况下，中外学术界就拥有了一个共同基础，有利于开展研究与对话。华侨华人、美国侨民、日本侨民等在英文中就可以表述为 Chinese diasporas、American diasporas、Japanese diasporas，等等。

"侨民"一词如何界定是确定各国侨务工作对象的关键。如果我们按照汉语词典的定义，侨民仅指"住在外国而保留本国国籍的居民"，那么各国侨民的人数就非常少，也就是说各国侨务工作的涵盖人群非常有限。但事实上，各国侨务工作并不仅限于服务这些保留了祖国国籍的海外公民，而是也包括了那些已入籍归化移居地的群体。因此，只有按照我们前面讨论的侨民内涵的界定，各国侨务工作的面貌才能得到最真实的呈现，也才能避免侨务工作对象是否应该包括那些已入籍与归化者的争论与困扰。"侨民"的定义不仅对确定侨务工作的对象意义重大，而且对侨务政策的制定和执行也至关重要。

各国在制定侨务政策时，依据的当然是其侨民的人数等统计数据。侨务工作对象包含保留祖国国籍的公民，这应该没有太大的疑问和争论，并且人数很容易确定，政策制定起来可能就相对容易一些。但如果把保留祖国国籍与放弃祖国国

---

① CHIKEZIE C-E. Reinforcing the contributions of African diasporas to development. http：//siteresources. worldbank. org/EXTDECPROSPECTS/Resources/476882－1157133580628/DfD_ch09. pdf.

籍的都包含在内，那侨民人数的确定就会更困难一些，因为那些已经移居好几代的移民后代或许因为通婚的关系而拥有了别的族裔血统，那到底遗传多少祖先的血统才被计入侨民人数可能就会成为一个问题。不仅如此，面对如此庞大的侨民群体，侨务工作资源的分配也会受到更大的挑战。比如，我们通常说中国的侨民有 6 000 多万，从广交朋友、扩大支持基础的角度看，这也不无道理。但我们的资源是有限的，精力也是有限的，那些与祖国没有任何关联的人，怎么做都是事倍功半，反之，把有限的资源和精力用在与祖国关系密切的人身上，则会事半功倍。而且，只有侨务工作有效，才会激发更多的海外华侨华人关心其祖（籍）国，如此一来，这部分人也可享受到我国侨务政策的好处。因此，在给"侨民"定义的时候，除了移民祖（籍）国的国籍以及源自这些初始移民的血脉两个标准之外，还要加上一条：与祖（籍）国依然保持密切联系。苏塞克斯大学的乔·斯沃德教授在给"侨民"一词定义的时候也曾提醒说："很显然，在这一定义下的侨民所包含的各类人群差异巨大，决策者必须要努力甄别谁是真正愿意对促进祖（籍）国的发展感兴趣的人。决策者不能想当然认为侨民的利益和事业与其祖（籍）国的人民一致，事实上侨民的利益和事业非常多元。"①

　　总之，无论是考虑中国侨学界与国外学界平等对话的角度，还是避免各国政府在开展侨务工作时出现盲目性，我们都有必要将汉语语境中的"侨民"定义修正为：一是指客居外国并保留祖国国籍的公民；二是指客居外国后放弃祖（籍）国国籍的非公民及其外籍后代，这些不具备祖（籍）国国籍的移民及其后代（无论是第几代），只要其与祖（籍）国保持密切联系，都可被纳入侨民的范畴。这里所指的保持密切联系，既包括情感上的联系，也包括商贸往来与社会文化交流等物质上的联系。

（二）战略与政策

　　按《现代汉语词典》的解释，战略主要有两方面的意思：一是指导战争全局的计划和策略；二是泛指决定全局的策略。② 从历史上看，战略是一个内涵不断扩展的概念，通常用于军事和外交领域，后来随着词义的扩展，广泛运用于政治、经济、文化、社会、科技等领域。战略强调的是目标的实现，而不是运用的手段，一定范围内的战略问题，在更大的范围内可以是策略问题，换言之，战略是实现国家利益的目的而不是运用手段。

---

① SWARD J. Diaspora and development：building transnational partnerships，development research centre on migration，globalisation & poverty. Briefing（University of Sussex），2009（19）．

② 中国社会科学院语言研究所词典编辑室编：《现代汉语词典》，北京：商务印书馆，2012 年，第 1637 页。

至于政策，《现代汉语词典》是这样解释的："国家或政党为实现一定历史时期的路线而制定的行动准则。"① 按照"百度百科"的解释，政策是指"国家政权机关、政党组织和其他社会政治集团为了实现自己所代表的阶级、阶层的利益与意志，以权威形式标准化地规定在一定的历史时期内，应该达到的奋斗目标、遵循的行动原则、完成的明确任务、实行的工作方式、采取的一般步骤和具体措施"②。

两者相比较，战略更多的是目标和路线，而政策就是实现战略的手段。但是，二者在具体使用过程中其实并不严格，像我国与爱尔兰等国经常是两者交替使用。这样会引起争论。

（三）侨民战略与发展

侨民战略是指导侨民工作的原则。按照世界侨民战略权威专家——国立爱尔兰大学的地理系主任、教授马克·波义耳、罗布·基钦和戴尔芬·亚辛的定义，"侨民战略是指一项或一系列明确而系统、旨在提升与处理祖（籍）国与其散居在外的侨民间关系政策的总纲。这些政策大到正式而复杂的工程，小到规划与应用都微不足道的方案。侨民战略提供了一个最好的总体框架，让各部门设计与执行的各种侨民政策保持一致。"③

发展，按照《现代汉语词典》的解释，通常指事物由小而大，由弱而强，由低级到高级，由简单到复杂的变化④。美国南伊利诺伊州立大学社会工作系教授米曾·R. 迈卡（Mizan R. Miah）认为，与侨民相关的发展概念包含了从社会、文化到政治与经济等各个方面。"对侨民而言，发展就是要消除贫困，而消除贫困就是要消除文盲、偏执和敌对，从而开创世界和平的新时代。"⑤ 与侨民相关的侨民战略所推进的发展，即要提升侨民在经济、政治、文化和社会等各方面的地位，又要为他们提供和平稳定的国内外生活环境以及体面而有尊严的生活。

---

① 中国社会科学院语言研究所词典编辑室编：《现代汉语词典》，北京：商务印书馆，2012 年，第 1664 页。

② http://baike.baidu.com/link?url=1pf0pKdn70gR1O5yFY2bOrEn3hMTJHEfCyFP0VI0qDMWhXwC47ft_NS-zA51T0V9zCcbrnJhklp9oDPUMCXFPm7sVSIhkp99NjwYgczeH96C，2017 年 3 月 5 日访问。

③ BOYLE M, KITCHIN R, ANCIEN D. The NIRSA diaspora strategy wheel and ten principles of good practice. Dublin, Ireland: Diaspora Matters, 2011: 1.

④ 中国社会科学院语言研究所词典编辑室编：《现代汉语词典》，北京：商务印书馆，2012 年，第 351 页。

⑤ Engaging Diaspora for Development. Daily Bulletin (IGNOU Headquarters, Maidan Garhi, New Delhi), September 7, 2011.

四、内容与框架

基于篇幅和人力与物力的限制，本书的研究主要选取侨民与发展战略明确、具有典型意义的发达国家代表美国、次发达国家代表爱尔兰和发展中国家代表印度来进行。

除绪论和结语外，本研究主体分为三章：

第一章是发达国家的侨民战略与发展研究——以美国为例。本章主要就美国侨民战略的内涵与实施机制、成效，及其对中国的侨务工作的启示等展开研究。

美国侨民战略的内涵是要借助侨民力量将美式民主与自由的价值观念及其自由市场经济发展模式在全球的基础夯实得更为牢靠，为其国家发展大战略服务，其实施采取公私合营体制，但实际上以美国国务院为主导，美国国际开发合作署和卡尔弗特基金会为辅，并且联合了四大战略合作伙伴、九大项目合作伙伴来共同运作。美国侨民战略成效还是比较显著的，尤其是在传播美式可持续发展理念、人权和平等观念上，取得了一系列实质进展。美国侨民战略所涉及的对象不仅包括其自身在海外不到 200 万的侨民，也包括从其他国家移民美国的第一、第二代共 6 200 万左右侨民，更包括目前散居世界各地的 2.58 亿多侨民，这一点值得中国借鉴。

第二章是次发达国家的侨民战略与发展研究——以爱尔兰为例。本章主要内容包括爱尔兰侨民战略的提出背景、出台、实施效果和对我国侨务工作的启示。

爱尔兰侨民战略并不是一成不变的，在 2008 年之前，主要是为了应对贫穷，之后则主要是为了恢复和提升经济质量。因此，其在 2008 年之前的侨民战略重点在于利用和动员爱尔兰 8 000 万侨民发展爱尔兰经济，也因此成就了爱尔兰经济上的"凯尔特之虎"奇迹。2008 年之后，爱尔兰侨民战略的重点由单向的利用侨民转为与侨民双向互动与合作共赢，在继续动员侨民资源帮助爱尔兰发展的同时，也注意涵养其侨务资源，帮助爱尔兰侨民在自身的发展与经济状况等方面的改善与提高。

爱尔兰侨民战略之所以能够取得令人瞩目的成就，是由于爱尔兰政府对侨民对象的准确定义，对自己目标和政府角色的准确定位，使得爱尔兰侨民战略呈现了灵活、便捷、便民、利民的特点。这一点值得我们借鉴。

第三章是发展中国家的侨民战略与发展研究——以印度为例。本章探讨了印度侨民战略的出台、侨民战略领导机构设立与侨民政策战略改革、实施机制和效果，以及印度侨民战略对我国侨民战略的启示等。

发展中国家的侨民战略有一个共同的特征，即主要利用侨民为自己的经济发展服务，即便有其他方面的需求与任务，也脱离不了经济建设这个中心。作为发展中国家的一员，印度的侨民战略中这一特征最为显著，虽然印度雄心勃勃，也赋予了其侨民战略充分调动印度侨民开展公共外交、为印度中心（即确立印度在南亚和印度洋地区的主导地位）奠定更稳固的基础等任务，但这毕竟不是主流，因为印度侨民主要是一些熟练和半熟练的劳工移民。这一特征，从其侨民战略提出的背景、机制与工作内容上都可以得到体现。

本研究的结论是：世界各国都希望动员或利用侨民的知识、智慧与资金等来发展自己，因此纷纷出台侨民发展战略。只不过，各国对发展的定义稍有不同。发达国家，尤其是像美国这样高度发达的国家，希望借助侨民将自己的发展模式与自由、平等之类的价值观念传播到世界各地，以巩固自己在世界的政治、经济与文化霸权和主导地位。由于其自身是一个由移民组成的国家，所以美国的侨民资源其实并不多，仅有一两百万人。不过，美国所借重的侨民资源包括了世界各国移居美国的 6 200 万左右的第一、第二代侨民和目前散居世界各地的 2.58 亿多侨民。这与世界上其他国家的侨民战略基本上只针对从本国移居海外的侨民显然很不一样。次发达国家，虽然也有像新西兰这样的国家在制定其侨民发展战略时有意借助侨民的力量将自己的市场经济模式扩展到亚洲，借以提高自己在亚洲的地位；有像加拿大这样的国家希望自己的侨民战略可以帮助扩展本国对人权理念的影响，但更多的次发达国家提出侨民战略只是想借侨民在经济上助自己一臂之力，爱尔兰就是典型。发展中国家出台侨民战略基本上都是为了借助侨民的力量促进本国经济发展。从美国、爱尔兰和印度等国案例分析可以得知，无论是发达国家、次发达国家，还是发展中国家，它们提出的侨民战略与其国家在世界发展中的地位是基本相称的，也取得了比较明显的实施效果。美国的可持续发展理念、平等和人权等观念在侨民战略的实施过程中传播到了世界上最偏远的角落；爱尔兰借助其 8 000 万侨民资源成就了所谓的"凯尔特之虎"经济奇迹以及 2008 年经济危机之后的经济恢复与质量提升；印度则在其 2 700 万侨民资源的大力支持下，基本完成了自 1991 年开始的经济自由化改革。当然，美国、爱尔兰与印度的侨民战略也有各自的一些缺陷。美国的侨民战略被赋予的任务太过繁重，有些目标像价值观的传播，短期内也无法见效；爱尔兰的侨民战略则缺乏有效的评估体系；而印度的侨民战略则有些过度消费印度侨民对印度的天然情感。

世界各国的侨民战略与发展经验有很多值得我们学习和汲取：①在瞄准华侨华人这一丰富资源的基础上，我们的侨民战略不必仅限于华侨华人，还可以借鉴美国侨民战略的"世界性"与"美国性"的经验，构建以华侨华人为依靠、以其他国家侨民为辅助的富有中国特色的侨民战略体系，从而最大限度地利用与动员一切侨民资源促进中国的发展。②要避免像印度那样过度消费侨民对祖（籍）

国的天然情感的问题。虽然我们已意识到这一问题，近几年也开始谈论侨务资源的涵养问题，但如何涵养尚待具体举措出台。③尽快建立我国的侨民战略绩效评估体系，以便及时针对我国侨民战略在实施中出现或遇到的问题，调整某些策略，做到实时掌握侨民动态，把握侨民资源，既不能浪费侨民资源，也不能一厢情愿地认为侨民资源会自动地为我国所用。

第一章　发达国家的侨民战略与发展研究
——以美国为例

本书在绪论部分已经谈到，与发展中国家将其侨民战略定位于促进本国经济发展不同，发达国家的侨务工作重点就是利用其海外侨民，将经济、政治或文化影响力延伸至全球。因此，其侨民战略就是围绕这一中心任务展开。因自身实力和在国际社会的地位所限，即便同为发达国家，其侨民战略也不尽相同。有的发达国家如美国的侨民战略是全方位的，其余大部分的国家只是集中在政治、经济或文化中的某一方面，如加拿大主要专注于利用海外侨民在全球宣扬其对民主与人权价值观的坚持，而新西兰则希望借助侨民在亚洲推广其成功的市场经济模式。①

除了赋予其侨民战略全方位的内涵之外，作为世界上唯一的超级大国，美国的侨民战略还有其独特之处：不仅要利用美国自身在海外的侨民，也要利用世界各国在美国的侨民，更要利用遍布世界各地的世界各国侨民，一起来推动世界的美国化，将美国的政治、经济和文化影响力在全球拓展与深化。② 这也是美国侨民战略展示出的美国对侨民与发展之间关系的解读。

第一节　美国侨民战略的内涵与实施机制

美国侨民战略自 2011 年提出以后，紧紧围绕动员侨民促进发展的中心任务，在短短的几年时间内就已形成比较完备的实施机制，取得了比较显著的成效。

---

① CHANOINE M，GIEL M. Effective engaging diasporas under the new Canadian department of foreign affairs，trade and development. Policy brief，2013（6）；BUTCHER A. Demography，diaspora and diplomacy：New Zealand's Asian challenges. New Zealand population review，2010（36）；GAMLEN A. Creating and destroying diaspora strategies. Oxford diaspra programme working paper 31，April 2011.

② 这也与美国是由移民组成的大国有关。按照联合国人口署对移民"在非出生国居住满一年"的定义，截至 2017 年，在美国生活的第一代移民多达 4 980 万人，而从美国移居海外的则不足 200 万人（2000年有 200 万人）。参见 International Migration Report 2017. http：//www. un. org/en/development/desapopulation/migration/publications/migrationreport/does/Migration-Report 2017_Highlights. pdf，2018 年 1 月 23 日访问。

一、美国国家发展大战略与侨民战略的内涵

侨民战略只是美国国家发展大战略中的小战略，是为其大战略服务的。而美国的国家发展大战略是要将美国的政治、经济和文化等影响力推广到全世界，主导全球，实质上是实现全球的美国化。

（一）美国国家发展大战略

约翰·米尔斯海默在其《国家利益：美国的帝国主义之路》一文中写道："美国全球称霸战略有两个广义目标：维持美国的领先地位，即确认美国仍然是国际体系中最强大的国家，以及在全球范围内传播民主，也就是说，要让美国的形象遍及世界各地。其潜在的信念认为，新的自由民主政府将有着更多的和平以及亲美倾向，因此是更好的模式。当然，这也意味着华盛顿必须关注全球每个国家的政治事务……因为他们实际上认为，美国是没有国界的。"[1]

2009年9月，时任国务卿的希拉里·克林顿在外交关系协会上的讲话中也表示："如今，全世界比过去更加指望我们……对美国来说，全球领导地位既是一种责任，也是一个机会。"[2]

虽然如今的特朗普政府提出"美国优先"口号，先后退出《巴黎协定》、联合国教科文组织和全球移民协议等，引发世界对全球化逆转的担心和美国放弃对世界领导权的猜测，但这些其实都是杞人忧天。正如上述希拉里2009年9月的讲话中谈到的，世界不用质疑美国主导和领导世界的决心与能力，没有全球化也就没有美国，只有全球化才能实现美国坚持的所谓全球自由贸易。

问题不在于美国会不会领导世界，而是美国如何领导世界。对于美国全球霸权来说，促进全球开放、民主、自由是其国家利益之所在和战略目标。对于如何实现这一国家利益和战略目标，在美国外交智库中，保守派坚信军事和单边力量，自由派则相信双边、多边的全方位合作才是最好的途径，而在冷战后美国的外交历史中，自由派的主张显然更多地被采纳，比如反恐的全球合作战略、盟友战略等。

现在的特朗普政府对保守派的主张情有独钟，似乎更希望通过硬实力来实现美国对世界的领导。在"美国优先"政策的主导下，美国退出全球移民协议和联合国教科文组织，威胁退出联合国人权理事会，计划在2018—2019年度削减联合国

---

① MEARSHEIMER J J. Imperial by design. The national interest，2010（111）：16－34.

② Hillary Clinton's remarks on American leadership to the council on foreign relations. http：//www.ibtimes.com/hillary-clinton-remarks-american-leadership-council-foreign-relations-full-text-1056708.

会费2.85亿美元[1]，等等，这些都是美国企图利用其硬实力来实现对世界领导的赤裸裸的表现。当然，能不能仅通过这些硬实力来实现美国对世界的领导，其实充满极大的争议。比如，退出《巴黎协定》的后果正负两面都有。一方面，退出协定，美国大量恢复煤炭、石油、天然气的开采，不太需要顾及减排的问题，短期内对实体经济可能带来一些积极的影响。但另一方面，美国作为一个碳排放大国，在环保问题上这种不负责任的态度可能会让其在国际道义上受到抨击，其国际地位也会受到一些质疑。其他国家会认为美国是不负责任的，从而减少同美国的合作。再比如，退出全球移民协议，可以使美国暂时免除联合国安排的接收难民的义务，但是同时也打击美国人权卫道士的形象，与纽约自由女神像基座上的诗文"我站在金门口，高举自由的灯火，欢迎来自世上所有受苦受难的人们"所展现之精神形成鲜明对照，彰显出美国人权价值观是何其伪善，美国的国家形象也大受影响。

而"巧实力"概念的提出者希拉里执掌国务院时期的美国，则对自由派的主张更加偏爱，想更多地通过巧妙而灵活地运用软硬实力来实现美国对世界的领导。因此，在希拉里主政国务院时期，美国提出侨民战略也就不足为奇了。

希拉里于2011年5月17日在全球侨民论坛讲话中，提到了美国的侨务资源优势及其与巧实力之间的关系。她说："目前，美国有多达6 000万[2]人属于侨民社群的第一代或第二代，这是一股巨大的力量……如果没有来自美国的侨汇，很多国家不知会怎样。与来自美国的侨汇总量相比，美国政府提供的对外直接援助真有点相形见绌。"[3]

希拉里认为，来自侨民社群的这些巨大资源，是面临"自然灾害、经济停滞、贫穷或内乱"等挑战无法完全应对的政府可以凭借和利用的。"是的，我们有组织的外交斡旋、我们的发展专家以及我们的防御设施，无疑都是强有力的。但是，我认为，在全世界建立激发创意和创新的侨民联盟，采取人民对人民的交流才是巧实力的核心。"美国所拥有的6 000多万侨民社群资源是其"参与全球事务的最宝贵资产"[4]。因为这6 000多万人熟悉美国及其祖（籍）国双方的文化

---

① 《美国将削减超2.85亿美元联合国经费》，http：//www.crntt.com/doc/1049/2/6/0/104926099.html?coluid=7&kindid=0&docid=104926099&mdate=1229125746，2018年1月24日访问。

② 也有6 200万人一说。参见Diasporas drive development. https：//www.usaid.gov/partnership-opportunities/diaspora-engagement，2018年2月17日访问。

③ Hillary Clinton's remarks at the Inaugural Diaspora Forum；International Diaspora Engagement Alliance on May 17，2011. Diplomacy. http：//diasporaalliance.org/hillary-clintons-remarks-at-the-inaugural-diaspora-forum/，2017年3月5日访问。

④ Hillary Clinton's remarks at the Inaugural Diaspora Forum；International Diaspora Engagement Alliance on May 17，2011. Diplomacy. http：//diasporaalliance.org/hillary-clintons-remarks-at-the-inaugural-diaspora-forum/，2017年3月5日访问。

规范，有动力也有特殊技能，可以与美国组织的和平队、美国国际开发署、海外私人投资公司和国务院拧成一股绳。

事实也的确如此。每当世界有危机发生的时候，来找美国政府寻求帮助的美国人都是与危机发生地有渊源的人，他们或者有家庭、朋友在那里，或者与那里有其他的联系。比如，在海地发生内乱或日本发生大自然灾难的时候，那些在海地或日本有根、有生意或其他联系的美国人就来找美国政府，看看他们能够做些什么。美国介入北爱尔兰和平进程的很多想法就来自于爱尔兰裔美国社群，正是这一社群促使政治领导人和民间组织出面介入北爱尔兰和平进程，成功游说爱尔兰裔美国人投资北爱尔兰。美国也在萨尔瓦多裔美国人的请求下，去推动萨尔瓦多和平进程。为加强与巴基斯坦的关系，美国还利用其庞大的侨民资源优势，创立"美国巴基斯坦基金会"，开辟了巴基斯坦裔美国人与其祖（籍）国的公开链接平台。美国国务院还帮助发起了墨西哥裔美国人领导倡议，鼓励墨西哥裔美国人全面参与墨西哥的各项事务，从肆虐墨西哥的严峻安全挑战到为那些想成为企业家的人和穷人开启机会之门等，不一而足。

根据希拉里主导制订的美国侨民战略计划，美国想要利用的侨民社群资源并不仅限于美国自身拥有的 6 000 多万"侨民"，理论上，世界上所有的侨民社群资源，至少联合国统计的 2.58 亿多[1]侨民都是美国政府要去开发和利用的。应该说，美国利用其侨民社群资源，在无须动用硬实力的基础上，将美国的势力和影响推向了一个新的高度。这也是希拉里"巧实力"外交实施最成功的领域之一，很好地配合了美国国家发展大战略。

（二）美国侨民战略的内涵

虽然美国侨民战略整体上要服务与服从于美国国家发展大战略，将美国的政治、经济和文化等影响力推广到全世界，主导和称霸全球，但为了更好地体现如何服务与怎样服务，美国侨民战略有其特殊的具体目标和内涵。

根据希拉里于 2011 年 5 月 17 日在全球侨民论坛讲话精神和随之成立的"美国侨民接触战略联盟"的宗旨，简而言之，美国的侨民战略就是：以服务主导和称霸全球的美国国家发展大战略为宗旨，以国际侨民接触联盟组织为根本，把（全球）所有侨民社群动员起来，与加入国际侨民接触联盟的私人机构、公共机构和市民组织一道共同努力，推动（全球）社会与经济的发展[2]，促进民主、平

---

① International Migration Report 2017. http：//www. un. org/en/development/desa/population/migration pulications/migrationreport/docs/Migration Report 2017_Highlights. pdf，2018 年 1 月 23 日访问。

② About IdEA. http：//www. diasporaalliance. org/about-us/，2017 年 3 月 5 日访问。

等、政治参与，等等①。

二、美国侨民战略的实施机制

（一）建立健全领导机构和组织

1. 创立国际侨民接触联盟

美国侨民战略的领导机构为国际侨民接触联盟，于 2011 年 5 月 17 日在全球侨民论坛上由希拉里发起成立。

2. 国际侨民接触联盟的性质与职能

国际侨民接触联盟是一个开放的联盟组织，无论是民间团体、私人机构还是公共组织，只要是支持该联盟使命的组织，它都欢迎加入，成为其正式成员。对侨民工作感兴趣或本身就从事该领域工作的机构、公司、利益集团，以及其他实体组织，都可以提出申请加入该联盟。国际侨民接触联盟的成员共同构成一个国际网络一起工作，强化所有侨民社群对其祖（籍）国的积极贡献。国际侨民接触联盟的功能如下：

①召集伙伴。国际侨民接触联盟召开的大小会议可以为侨民、私人机构、非营利团体和政府伙伴提供社交机会便利。参与者分享经验、创造概念，让侨民与其祖（籍）国更紧密连接的计划项目更具可行性。②动员资源。侨民可以通过联盟的伙伴联系，得到新的资源，促进侨民事业的可持续发展。③发展能力。国际侨民接触联盟可以给参与联盟项目的侨民提供技术支持与训练。联盟的网站使得侨民可以很容易得到有关侨民接触与合作机会的最新数据和评论。④实施项目。国际侨民接触联盟将与其合作伙伴一道，制定能反映联盟目标的项目。侨民可以从联盟的网站上找到这些项目并申请参与。

当然，加入国际侨民接触联盟的组织是有好处的，至少拥有以下权利②：①被列在联盟网站的"成员地图"栏目上。③ ②参加由联盟及其伙伴组织的活动与项目。③可以在联盟网站张贴博客与大事记。④可以参与联盟组织的诸如自由能力发展规划之类的在线研讨会。⑤有资格加入联盟的"小顾问"网，登记为

---

① Hillary Clinton's remarks at the Inaugural Diaspora Forum; International Diaspora Engagement Alliance on May 17, 2011. Diplomacy. http：//diasporaalliance. org/hillary-clintons-remarks-at-the-inaugural-diaspora-forum/，2017 年 3 月 5 日访问。

② Membership. http：//www. diasporaalliance. org/become-an-idea-member/，2018 年 1 月 25 日访问。

③ 国际侨民接触联盟拥有自己单独的网站 http：//www. diasporaalliance. org/，在美国国务院网站上有链接 https：//www. state. gov/s/partnerships/gdf/，2018 年 1 月 25 日访问。

导师或学员。⑥接收有关侨民事务和倡议的公告。⑦与其他侨民领袖分享经验和专家意见。⑧了解与其他侨民组织的联系途径。

联盟将竭力保证任何申请加入联盟的个人或组织不被列入美国财政部外国资产管制办公室的名单上。对侨民事务感兴趣和对国际侨民接触联盟所提供的各种福利感兴趣的个人，则可以申请成为联盟的邮件客户，这样就可以收到有关即将举办活动的邀请函、能力培养工作坊的折扣代码、联盟的倡议和其他福利。

3. 国际侨民接触联盟的准入条件

虽然说欢迎世界各地侨民社群组织积极申请加盟，但国际侨民接触联盟并非来者不拒，它设置了一些准入条件[①]：①必须是活跃的侨民组织或者积极参与侨民事务工作的组织（不一定是法人实体）。②必须填写国际侨民接触联盟网站成员地图上的申请表格，并同意将表格相关信息在地图上公开。③非国际侨民接触联盟的成员，如果申请被列在联盟网站的成员地图上，将被自动视为申请成为联盟成员。④侨民个人不能够列在联盟成员地图上，但鼓励其利用该地图与各侨民组织加强联系。

（二）国际侨民接触联盟的运作机制

国际侨民接触联盟的定位是一个非党派、非营利的组织，由美国国务院、美国国际开发署和卡尔弗特基金会以公私合伙方式运作。其中，国务院由国务卿全球伙伴关系办公室出面代表。

全球伙伴关系办公室是美国国务院、公共和私营部门以及民间社会之间的卓越合作中心，2008 年由国务卿希拉里根据转型外交质询委员会的建议设立，致力于建立和促进伙伴关系，利用合作伙伴的创造力、创新和核心业务资源发挥更大影响。在国家一级的决策日益受到非国家行为者影响的时代，为了提高美国政府的利益，美国国务院认识到需要与公共、私营和非营利部门的关键组织和个人建立和保持伙伴关系。伙伴关系在促进美国核心国家安全和经济利益方面可以发挥关键作用：创造就业机会、加强商业联系以及促进各国人民与文化之间的对话；促进区域稳定，同时为经济繁荣创造有利环境。全球伙伴关系办公室的任务是建立公私伙伴关系并使之制度化，通过下列方式推进美国国务院的外交政策目标进程：①召集人：将来自各区域和部门的人员聚集在一起，以实现共同目标。②催化剂：启动项目并提供伙伴关系培训和技术援助。③合作者：与合作伙伴密切合作，优化资源和最佳实践。④培育者：通过提供接触网络和导师的途径来培育伙伴关系。[②]

---

① About the map. http：//www. diasporaalliance. org/about-the-map/，2018 年 1 月 25 日访问。

② About us. https：//www. state. gov/s/partnerships/，2018 年 2 月 17 日访问。

在与侨民合作方面，美国国际开发署的主要目标是通过与侨民建立伙伴关系，在以下几方面促进侨民祖籍地的发展：①创业和投资。侨民长期以来一直是世界上最具影响力的思想领袖和理念先锋。②志愿服务和灾后反应。侨民往往是受灾害影响国家的第一个志愿人员。③业务网络和市场联系。侨民可利用他们独特的见解来创办企业，给社区带来就业机会、竞争、创新和技能。④指导和技能转移。侨民网络通过在各国之间转移技能和知识，将"人才流出"扭转为"人才流入"。

美国国际开发署拥有的主要伙伴关系包括：①非洲侨民市场。它也是以提供资金和指导企业家为重点的西联公司（The Western Union Company）的伙伴。②小顾问。这是一个免费的、易于使用的社交网络，它将企业家和志愿者导师联系在一起，共同解决问题、建立企业。③印度投资倡议和根（Raíces）。这是两个投资平台，使印度和拉丁美洲侨民能够在其祖（籍）国为企业提供资金，同时获得社会和财政回报。④家庭投资。一个在线投资和社交媒体平台，将侨民资本引入股权，用于转型发展方面的投资，并向日益壮大的海外侨民企业提供技术援助。①

卡尔弗特基金会是一家非营利性投资公司，其做法是将个人投资者与在全球各地开展工作的组织联系起来——开发负担得起的住房、创造就业机会、保护环境，并以多种其他方式为社会公益工作。自 1995 年以来，卡尔弗特基金会的13 500 多名投资者已经向投资组合伙伴投资了约 8 亿美元。②

除了上述三个合作伙伴之外，国际侨民接触联盟还有四个战略合作伙伴和九个项目合作伙伴。

1. 四个战略合作伙伴

战略合作伙伴主要负责给国际侨民接触联盟提供建议，主要由从捐助者、与侨民事业高度相关的企业、侨民组织、基金会、美国政府机关和国际组织中挑选的成员组成。战略合作伙伴既是国际侨民接触联盟的战略建议提供者，也是促进联盟完成其项目和其他事项的工具。四个战略合作伙伴分别是：

（1）繁荣金融公司。繁荣金融公司正在打造一个各个家庭可以用简单的方式分享并安全管理其财富的全球社区。繁荣金融公司是第一家提供跨境手机银行服务的公司，服务于美国移民及其扩大的家庭成员，对其分享财富的方式进行了彻底的变革。

（2）西联公司。西联公司是提供全球转账与支付的龙头公司，以为全球各地的个人和企业提供快捷、便利、可靠的转账汇兑业务著称。

---

① Drive development. https：//www. usaid. gov/partnership-opportunities/diaspora-engagement，2018 年 2 月 17 日访问。

② Calvert foundation. http：//www. diasporaalliance. org/partners/，2018 年 2 月 17 日访问。

（3）一个越南网。一个越南网是由福特基金会资助、以加利福尼亚的旧金山为基地的非营利组织。该组织利用现代科技，试图将遍布全球的越南侨民下一代动员起来参与慈善事业。一个越南网的在线平台可以让侨民为其家乡做些有意义的事情。这一平台比 Facebook 更聚焦、比 Twitter 更有凝聚力。它是一个为了共同事业而打造的社会网络工程。

（4）汉德基金会。汉德基金会致力于推动慈善、防止儿童性骚扰、培育全球中产阶级的工作。汉德基金会对那些增进慈善知识、培育社区回馈能力的组织和研究，都会予以支持。汉德基金会认为慈善是将侨民融入新国家的最有效方式，因此把工作的重点放在侨民慈善事业上。

2. 九个项目合作伙伴

国际侨民接触联盟的项目合作伙伴将与联盟一道制定并完成促进侨民参与和动员的项目。这九个项目合作伙伴分别是：

（1）美洲发展银行。该银行与国际侨民接触联盟的合作主要在鼓励和引导侨民的创新投资方面。

（2）国际农业发展基金会。该基金会与国际侨民接触联盟的合作集中在以投资乡村为主导的项目上。

（3）全球企业周。该公司与国际侨民接触联盟的合作项目主要是为侨民企业之间或侨民企业与其他企业之间的合作提供一个交流联络平台。

（4）新美国媒体。新美国媒体于 1996 年由非营利的太平洋新闻服务组织创办，总部位于加利福尼亚州，在华盛顿特区和纽约州设有办公室。它是美国第一家、也是最大的一家由 3 000 多个新少数族裔组织代言的全国性合作组织，更是美国近年来发展最快的新闻媒体。通过 3 000 多个少数族裔媒体，有超过 5 700 万少数族裔成年人在相互之间或与其祖（籍）国、美国保持联系。

（5）导师云。该组织以帮助企业快速提高雇员的技能、生产力和契约精神为目标，方法就是在企业有经验的员工和有抱负的员工间进行"有意义"的谈话。该组织希望与国际侨民接触联盟在帮助侨民快速掌握技能、促使侨民企业更好发展的项目上展开合作。

（6）苏格兰人银行。该银行在全球拥有 9 万名员工，服务网络遍布全球。它与国际侨民接触联盟的合作项目主要就是为侨民或侨民企业的投资、转账与汇兑等事项提供便利。

（7）全球捐赠。全球捐赠是全球最大的群众集资平台，将每个国家的非营利机构、捐赠者和公司紧紧联系在一起，为那些需要帮助的人提供技能培训、工具和支持，以使世界变得更美好。国际侨民接触联盟希望帮助侨民与之展开项目合作。

（8）数字通信。该公司于 2001 年在牙买加成立，如今其市场已扩展到加勒比、中美洲和亚太地区共 31 个国家和地区，业务涵盖移动通信、媒体、娱乐和商务解决方案等，很多业务都涉及侨民事业。如今，其在全球的数字通信业务投资达到了 50 亿美元。

（9）海外私人投资公司。该公司是一家自谋生路的美国政府机构，于 1971年成立，旨在帮助美国企业到新兴市场去投资。海外私人投资公司为企业提供应对与外国直接投资风险相关的工具，推动新兴市场经济国家的经济增长，推进美国外交政策与美国优先的安全利益，为美国内外的经济增长和投资就业作出贡献。海外私人投资公司通过为企业提供融资、政治风险保险和游说，并与私募股权投资基金经理合作，达成自己的使命。海外私人投资公司中很多中小投资者就来自美国侨民社群。

（三）国际侨民接触联盟的主要工作

国际侨民接触联盟充分利用全球侨民论坛，从三个方面将美国的侨民战略机制化：①会议的召集者。把对侨民事务感兴趣的人们召集起来，寻找合作的方式，追求共同的利益。②合作的催化剂。以全球侨民论坛为媒介，为有需要者提供新的项目、训练和技术支持。③成员的协调者。作为协调者，联盟合伙人将与侨民领导人和其他伙伴紧密协作，把项目完成，并将联盟的影响极大化。

国际侨民接触联盟的工作将围绕五个主要支柱展开：投资或创业、慈善、志愿服务、创新和侨民外交。①侨民投资或创业。该计划支持侨民企业家在其祖（籍）国开展贸易、投资和办企业等活动。②侨民慈善。该计划鼓励侨民对祖（籍）国教育、健康、营养和灾难救助等方面的捐助。③侨民志愿服务。该计划鼓励侨民在其祖（籍）国创办更多志愿者的服务平台，吸引侨民帮助发展中国家提高知识和技能，为企业主和商人提供建议，提升公共卫生和高等教育管理能力，为战争或灾后重建与恢复开展咨询活动，深入社区工作，等等。④侨民创新。该计划旨在促进创新性交流与信息技术的培育，如手机银行、侨民社会网络等，以促进和深化接触。⑤侨民外交。该计划旨在增强侨民组织及个人在外交、宣传、和平事业等方面的天然作用，如通过体育、艺术和文化等媒介，对祖（籍）国政府、媒体、私人单位和其他著名团体产生影响。

为促进上述工作的开展，国际侨民接触联盟设立专门的网站，方便美国侨民战略相关方开展包括倡议、更新完善侨民地图和侨民资源汇聚与创新分享等活动。

1. 倡议

这其中包括联盟总部提出的，也包括接纳联盟内部各成员的，主要有四大类。

（1）小顾问。

即通过在线指导的专业网络运作，把侨民联系起来。小顾问是一个企业与商业顾问在线的网络平台，旨在培育和推动侨民创业与企业发展。国际侨民接触联盟的成员皆可自愿登记为导师或学员。登记为导师者可以为培养企业家的技能提供专业帮助，登记为学员者可以利用专家的智慧和经验壮大自己的企业。小顾问网络平台使得侨民可以借由此平台相互联系并有机会去促进其祖（籍）国的发展。这也是国际侨民接触联盟要与小顾问合作，为联盟成员提供辅导机会的原因。小顾问网络平台可以动员联盟成员，尤其是那些成功企业的商业潜力与商业知识，以帮助国际侨民祖（籍）国那些初露头角的企业家。

小顾问网络平台的设立得到了国际侨民接触联盟成员的热烈响应。目前，登记在平台的导师和学员已达到相当惊人的数量，因为国际侨民接触联盟网站上并没有给出具体的数字，所以到底是多少无法准确得知。[1] 至于登记为导师者的职业与所属行业则是五花八门，无所不包，可以说，凡是目前世界上已有的职业和行业，都有人登记为导师。

而登记为学员的求助者所提出的问题也涵盖了各行各业。小顾问网络平台的界面非常简洁，主页面上清晰地标明了三个目标选项"选企业家做辅导""选导师做辅导"和"问与答"，[2] 可以根据专家类别、行业类别、关键词、企业发展阶段和语言等条件进行搜索，也可以选择几项进行综合搜索。其中，语言主要包括英语、法语和西班牙语，企业发展阶段包括初始、两年和三年及以上三个阶段。如果不知道或者找不到对应的搜索条件，小顾问平台也有一个专门的问答界面供侨民提出问题，在国际侨民接触联盟登记的成员都可以予以解答。

为了帮助侨民尽快掌握使用小顾问的技巧，并更有效地使用小顾问，国际侨民接触联盟也做了许多其他的努力。比如，在 2015 年 1 月 14—15 日，国际侨民接触联盟就组织了一场在线研讨会教授侨民如何使用小顾问平台，并创造了一些有效的辅导要诀和技巧。[3] 这些要诀与技巧包括：

首先，要在小顾问网络平台创建一个人物简介页面。完整的人物简介页面是与他人沟通的第一步，可让其他人了解你是谁和你为什么在这里。个人简介的质量会极大地影响你试图想要联系的人对你的印象。

其次，在自己的群组与其他人联系。一旦将个人简介上传，就可以很容易地

---

① 笔者试图在介绍导师与学员的网络页面上对具体的数字作出统计，但页面内容非常多，数据堪称海量，只能遗憾作罢。

② Find entrepreneurs to mentor. https：//www. micromentor. org/people/search/entrepreneurs；Find mentors and connect. https：//www. micromentor. org/people/search/mentors，2018 年 1 月 25 日访问。

③ MicroMentor. http：//www. diasporaalliance. org/mentoring/，2018 年 1 月 31 日访问。

通过他人的个人简介页面与其他使用者联系。留言和信息要个性化，要使看到的人觉得有意义并值得欣赏。

最后，开始辅导。一旦与导师联系上，就得设定目标、期望和日程表，还得自己决定见面的方式与频率，以及如何一起工作并取得哪些成绩等。

（2）全球侨民周。

全球侨民周是专门探讨侨民社群与其对世界发展贡献的论坛。全球侨民周的目的是把在世界各地从事与侨民事务有关工作的人们和机构集中起来，围绕侨民问题展开讨论，以提高认识、强化知识与促成合作。讨论的议题可由各侨民组织和其他相关利益团体自己设定。论坛也由各侨民组织主导，论坛只是增加这些侨民组织及其倡议、工作和重要的讨论议题的曝光度。所有个人和组织都可以参加全球侨民周，无论是召集正式的会议，还是在咖啡馆聚会，抑或只参与某件事。

2014 年是全球移民周开启的第一年，论坛在当年的 10 月 12—18 日举行。仅在 2014 年，全球移民周值得夸耀的活动就有 70 多项①，2015 年增加到 90 多项②。2014 年 10 月 12 日的活动有 4 项，包括"阿富汗艺术与文化节""希望运动（10 月 12—18 日）""侨民领袖互动"和"国际侨民野餐会"。其中，"希望运动"是由怀俄明大学印度学生会在 2014 年全球侨民周举办的一个在线一日运动，邀请了来自南亚和世界各地的侨民，希望为辛勤劳作的印度家庭助一臂之力。印度学生会将为每一个希望"点亮"一个印度家庭的人提供 25 美元贷款。贷款将用于为印度人家庭建造太阳能灯的设施，改善其学校的学习条件，提高其收入，促进其健康。"希望运动"鼓励侨民手拉手回馈其祖籍地。③

13 日的活动有 6 项，包括"侨民经济论坛""跨境中国侨民""侨民接触简介""加勒比发展在线论坛（10 月 13—18 日）""圣地亚哥墨西哥侨民"以及"与墨西哥追梦人对话"。

14 日的活动有 9 项，包括"侨民对尼日利亚发展的影响""迷你马拉松中的侨民""全球侨民媒体论坛""全球侨民社会媒体如何帮助政府与组织可持续地动员侨民""侨民到西雅图学院游览""美国的丝绸之路社区""侨民与美国友好俱乐部的对接""迪考伊编辑"以及"侨民在卫生与应急教育方面的作用：以莱索托和尼日利亚为焦点"。其中，"迪考伊编辑"是一个跨国平台，于 2014 年主导了全球侨民周的三场活动，包括在马萨诸塞州的奥尔斯顿，一群巴西新闻志愿

---

① Global Diaspora Week 2014. http：//www. diasporaalliance. org/global-diaspora-week-2014/，2018 年 2 月 7 日访问。

② Global Diaspora Week 2015. http：//www. diasporaalliance. org/global-diaspora-week-2015/，2018 年 2 月 7 日访问。

③ The Wishie campaign. http：//www. diasporaalliance. org/the-wishie-campaign/，2018 年 2 月 7 日访问。

者将迪考伊童话故事团队所收集的故事整理编辑成册①，并用葡萄牙语为志愿者提供视听技术培训，以便其更好地对巴西人进行采访。在2015年全球侨民周上，"迪考伊编辑"为波士顿巴西移民组织了一系列讲座和工作坊。

15日的活动有15项，包括"侨民画展""洛杉矶侨民论坛""动员多元化侨民为加拿大发展服务""侨汇对发展的影响""侨民历史论坛""移民的侨汇新权利""回归侨民：回归侨民和追梦者对墨西哥公共教育体系的再塑造""动员侨民为非洲发展典型案例分析：挑战与前景""在非洲投资：为什么与怎么做？""非洲与非洲侨民：联合国以消除限制性肺病、破除残障障碍的全面发展项目的实施""超越埃博拉：在西非构建卫生保健系统""侨民公民参与的最佳实践""由海外私人投资公司总裁艾莉森·吉马克资助的全球倡议""海地侨民投资与动员研究在线研讨会"以及"侨民在美国社会的价值"。

16日的活动有11项，包括"侨民摄影展""侨民志愿者在线研讨会""侨民与发展：有关国际服务的思考""海地千禧年庆典期间的国际合作侨民论坛""侨民动员：科学、技术、研究和发展的国际侨民动员平台""侨民与发展：侨民社群如何促进增长与全球利益""侨民领袖培训""迪考伊苏阿历史会（讲出你的故事——视听工作坊）""推进公民社会与全球发展经验交流会""超越你祖籍的跨国社区"以及"我是格鲁吉亚人"。

17日的活动有12项，包括"泛非/世界卫生全球高峰论坛""如何动员海外侨民""世界侨民商业午餐会""美国的南亚侨民与其祖（籍）国的联系""多元化的文化外交组合""三角伙伴关系""YouTube海外侨民竞赛""第五届矽谷非洲电影节（10月17—19日）""格鲁吉亚议会侨民委员会招待会""侨民经济发展论坛（10月17—18日）""非洲的性别认同障碍激进主义：发展、挑战和非洲侨民的作用"和"马其顿侨民联合会十周年庆典预备招待会"。

18日的活动有8项，包括"回馈美国""加纳路线图""牙买加5公里自行车赛/散步养生队""翻转肯利亚旅游业""全球侨民野餐会""非洲技术界妇女：正在出现的领导人""迪考伊苏阿历史会（讲出你的故事）"和"马其顿侨民联合会十周年庆典招待会"。

2015年的全球侨民周从该年10月9日开始，来自20多个国家和地区的600多人登记参加了这一天的活动，总的活动超过90项。

9日，也就是第一天的活动，在美国国务院开展，既安排了在线研讨和头脑风暴等活动，也安排了国务卿克里和格莱美音乐奖的获得者、歌手和词曲作家安洁莉克·琪蒂欧等人的演讲。克里演讲的主题是"建立具有全球影响的伙伴关系"。

---

① Digaai edit-a-thon. http：//www.diasporaalliance.org/digaai-edit-athon/，2018年2月7日访问。

10 日没有公开活动安排。

11 日的活动有 11 项，包括"格鲁吉亚侨民青年领袖运动（10 月 11—16 日）""凤梨麻：一种持久的菲律宾织物，辛拉比项目""希腊往西（2015 年 11 月 11 日—2016 年 1 月 31 日）""肯尼亚侨民社群地图（10 月 11 日—12 月 31 日）""美国黎巴嫩侨民庆典（10 月 11—17 日）""科普特孤儿 25 周年庆典：通过教育壮大埃及""21 世纪的侨民领袖""洛杉矶时装周上的斐济服装设计师""文学马拉松——祖国""黎巴嫩裔美国人素描（10 月 11—17 日）"和"慈善足球挑战杯赛"等。

12 日的活动有 3 项，包括"庆祝全球意识""发现罗马尼亚（10 月 12—17 日）"和"格鲁吉亚文化之夜"。

13 日的活动有 12 项，包括"阿斯彭东非投资论坛（10 月 13—14 日）""喜剧之夜：庆祝神奇的侨民（主要邀请马来西亚侨民参与）""侨民庆祝音乐会""风可泽展示会（风可泽是帮助海地穷人的贷款机构）""立陶宛维尔纽斯格鲁吉亚之夜""交互式网络聊天""促进科学、数学和工程等全面教育与全面发展：从儿童和女孩的角度看非洲减轻贫穷的机会""区域侨民经济论坛""侨汇训练""处理南欧难民危机：对西巴尔干的法律与安全意义""与海地侨民社群领导人的电话会议：对侨社资产、能力、人才的测评"和"侨民之星庆典"。

14 日的活动有 14 项，包括"提高侨民进入能源领域的商业典型""卡尔弗特基金会与侨民投资""远程医疗论坛（德国心脏中心/非洲文化协会/世界卫生峰会医疗论坛）""侨民众筹报告（10 月 14—17 日）""格鲁吉亚侨民信息日""捷克布拉格格鲁吉亚之夜""跨境跨代领导：国际领导协会（10 月 14—17 日）""在线讲习班：开放街区地图""塞拉利昂侨民贸易与投资项目""移民故事""马其顿人的美国案例""海地侨民的作用演变：正在改变的范例""资助商业：培养有关资助者的能力"和"海地侨民投资与动员研究项目白皮书"等。

15 日的活动有 16 项，包括"罗马尼亚的九大奇观""非洲侨民中小型企业/摊位工作坊""把我们的女孩带回来：你所知道的一切""建立加勒比众筹制度：虚拟聊天""庆祝黎巴嫩侨民""咖啡和茶水杯赛或讨论""迪考伊——一个跨国平台""数字侨民＋社会公益""2015 年全球侨民周招待晚会（格鲁吉亚侨民事务部部长办公室做东，款待在世界各地为侨民事务工作的宾客，尊贵的客人包括美国国务卿全球伙伴关系办公室主任康丝坦斯女士、国际移民组织派驻格鲁吉亚特使伊利亚拉夫人以及亚美尼亚侨民事务部副部长赛尔先生等）"①"格鲁吉亚侨

---

① GDW 2015 celebration reception. http：//www. diasporaalliance. org/gdw-2015-celebration-reception/，2018 年 2 月 7 日访问。

民绘画及摄影展""波兰格鲁吉亚之夜""我们如何能遏制难民危机""技术如何成为连接侨民之间的桥梁""移民进程与认同的转换（10月15—17日）""电影欣赏（喝彩！）"以及"一个妇女一个女孩的运动"①。

10月16日的活动有13项，包括"2015年青年论坛""第6届硅谷非洲电影节（10月16—18日）""（英国）非洲侨民高峰论坛（10月16—17日）""海外侨民颁奖典礼（格鲁吉亚侨民中的著名歌唱家、艺术工作者、演员和知名人士在2015年来到格鲁吉亚参与全球侨民周的活动。他们受到了特殊的褒奖，包括嘉许证书和致谢奖章）"②"侨民工作坊学生专场""创业与雇佣：动员侨民解决非洲失业问题""在瓦尔帕莱索从雇员到企业主""德国格鲁吉亚文化之夜""格鲁吉亚电影节（10月16—18日）""在美中国侨民的跨国投资机会""移民故事""可持续发展与侨民动员（由侨民创新研究所于全球侨民周期间在尼日利亚翁多省举办的可持续发展研讨班）"③ 和"技术与语言保存"等。

10月17日的活动有22项，包括"回馈美国""非洲侨民关怀庆典""澳大利亚毕业生咖啡会""阿塞拜疆—格鲁吉亚戏剧表演""互联网发展贡献庆祝会""华盛顿特区讲法语人士聚会"和"培养侨民领袖""侨民杯""侨民创新旅行""侨民投资：侨汇的收益""创业与青年：约旦侨民的复合影响""创业会议与收获庆祝会""肯尼亚侨民的财务状况：障碍与机会""侨民之旅（野餐、品酒或游戏）""2015年加纳财富论坛""肯尼亚侨民创新创业咨询论坛""洛杉矶侨民论坛""重新连接匈牙利校友聚会"以及"返回伊洛尔（由费城的提亚哈—朋友公司主办的慈善筹款会，旨在为南苏丹的伊洛尔地区修建学校。伊洛尔是世界上失学率第二高的地方，共有100万儿童失学，女童的失学率更高。不仅如此，因为缺乏课本与师资，那些幸运入学的孩子也学不到什么东西。教育资源匮乏是南苏丹这个新生国家发展面临的最大问题）"④ 等。

---

① 由慈善人士和志愿者在纽约利用全球侨民周这个巨大平台发起的虚拟午餐会。其宗旨是支持联合国可持续发展理念，鼓励全球各地的妇女在女孩早期发展阶段，即从出生到三年级阶段进行投资，以消除女孩中间的文盲和减少贫困，以及教育和性别歧视。One woman one girl campaign. http://www. diasporaalliance. org/one-woman-one-girl/，2018年2月7日访问。

② Diaspora awards ceremony. http://www. diasporaalliance. org/？s = Diaspora + Awards + Ceremony，2018年2月7日访问。

③ SDG and diaspora engagement. http://www. diasporaalliance. org/？s = SDG + And + Diaspora + Engage-ment，2018年2月7日访问。

④ Return to Yirol. http://www. diasporaalliance. org/？s = Return + To + Yirol，2018年2月7日访问。

（3）渔业 2.0。

渔业 2.0 是一个涉及捕捞业、水产养殖业、海水养殖业企业家与潜在投资者和能够提供知识、指导和公正反馈意见的专家之间的竞赛平台。渔业 2.0 可以帮助企业家在专家指导下让其自身的价值得到增长，并让公众更好地了解，从而吸引投资者进行投资。国际侨民接触联盟主要利用渔业 2.0 发挥杠杆作用，让在太平洋岛屿和其他各地的侨民企业家、投资者和投资顾问认识到保持捕捞、水产养殖和海水养殖的可持续发展对太平洋岛屿经济的重要性。国际侨民接触联盟相信，侨民拥有独到的视野，通过渔业 2.0，他们能够为其祖（籍）国的企业领导人提供专业指导，也能将自己的生意、技术或经验融进新的企业文化与环境当中，"我们鼓励来自太平洋岛屿地区和其他国家的侨民参与渔业 2.0 项目，作为顾问或投资人都行"①。

渔业 2.0 通过国际侨民接触联盟独特的全球网络、竞赛平台和主办活动，连接海产品企业和投资者，以期达成海产品生产的可持续发展。对企业家而言，这里可以为其找到潜在的投资者、顾问以及合作伙伴来帮助自己的企业发展和提高企业的知名度；对投资者而言，在这里可以较早获得投资机会，得到最新的技术与发展趋势的相关信息；对行业领袖而言，在这里可以直接接触可靠的供应商、合作伙伴与新技术发展。渔业 2.0 开展的主要活动包括一系列竞赛、地区工作坊和渔业 2.0 创新论坛等。

首先是竞赛。竞赛一般每两年举办一次，每次时间长达一年，且可以在线进行，以方便全球各地的海产企业参与。竞赛共分四个阶段，在每一个阶段，国际侨民接触联盟会为每一个参与者提供资源与指导。投资裁判将在第二、第三阶段对参赛企业进行两次评分（事前会公布评分标准），每个阶段的总分都是 100 分。之后他们会给出反馈意见，帮助企业改进。每一轨②的参赛者根据得分单独排名，作为进入决赛的依据。③

以 2017 年竞赛为例，2017 年 1 月 25 日至 4 月 29 日为第一阶段。这一阶段也是申请加入渔业 2.0 的阶段。要在使用密码保护的渔业 2.0 网站在线系统注册成为竞赛者，然后选择全球议题轨或地区议题轨（2017 年共有 2 个全球议题轨和 6 个地区议题轨。两个全球议题轨包括供应链创新轨和透明及可追溯轨，地区议题轨包括智利/秘鲁轨、美国新英格兰轨，太平洋岛屿轨、南大西洋/湾区/美国水生贝类与甲壳纲动物轨、东南亚轨以及美国西海岸/阿拉斯加轨等），并回答

---

① http：//www. diasporaalliance. org/fish-2-0/，2018 年 1 月 28 日访问。
② 竞赛以全球议题轨和地区议题轨分别进行。
③ The scoring criteria. https：//www. fish20. org/competitions/scoringcriteria，2018 年 2 月 8 日访问。

有关自己公司的 9 个问题，以完成公司简介。这一阶段不计分，只是为了确定申请者的公司是否适合参赛。

2017 年 5 月 3 日至 6 月 24 日为第二阶段。所有在第一阶段合格的企业都可以进入这一阶段。在该阶段，参赛者必须回答关于自己企业五大方面的问题，包括：①企业环境及其重要性（20 分）。要仔细描述企业环境，企业遇到的困难及其解决之道，企业的未来影响，等等。②管理团队（25 分）。就自己公司的首席执行官、管理团队和董事会的优势进行概括。③顾客与竞争（20 分）。就自己公司瞄准的主要顾客群和市场，谈谈对顾客和竞争者的了解。④进入市场（20 分）。要对公司进入市场有非常明确的时间表和节奏，对所找到或将要寻找的合作伙伴有清醒的认识。⑤投资与收入资源（15 分）。[①] 说说自己的大概投资需求，说明将如何利用投资的资本和对收入的预计。投资裁判将会根据渔业 2.0 所给的标准化评分标准，对参赛者的参赛作品进行打分，并给出一个简短的反馈意见，渔业 2.0 在线讨论平台也会为其提供帮助。

2017 年 7 月 11 日至 8 月 26 日为第三阶段。这一阶段为说明参赛者公司的影响、风险与投资机会的阶段。第三阶段主要是在第二阶段基础上更深入地了解参赛公司的环境和社会影响、增长潜力与投资机会等。这一阶段的参赛者可以得到商业顾问或影响顾问的反馈意见。投资裁判将会根据渔业 2.0 所给的标准化评分标准，对参赛者的参赛作品进行打分，并给出一个简短的反馈意见。这一阶段的评分涉及四大方面：①影响与评估（40 分）。参赛者要描述自己企业的环境与社会影响，要避免的负面影响，如何衡量与达成所想要的结果。②挑战、风险与缓解（25 分）。解释一下参赛者的企业如何才能达到自己所期望的规模，成功的主要条件和主要障碍。③财务预测和投资者退出选择（20 分）。提供最新的财务数据，今后 3 年的财务预测以及可行的投资者退出机制。④对第二阶段反馈意见的回复（15 分）。就第二阶段投资裁判反馈意见的主要方面进行说明。[②] 渔业 2.0 在线讨论平台也会为其提供帮助。

2017 年 9 月 12 日至 11 月 5 日为第四阶段。这一阶段为准备演讲和展示阶段。首先，将第二、第三阶段得分合并后按照分数由高到低排名，并从中挑选出前 40 名参加最后阶段的活动。然后，在每一轨参赛队伍中分别指定一名领袖，负责与专业的演讲团队合作（免费），为在斯坦福大学的最后展示进行准备。

2017 年 11 月 7—8 日为最后阶段。在这一阶段，40 名决赛者（2015 年只有 18 名决赛者，外加 19 名所谓的亚军，即第二梯队）将有资格参加 2017 年渔业

---

① The scoring criteria. https：//www.fish20.org/competitions/scoringcriteria，2018 年 2 月 8 日访问。

② The scoring criteria. https：//www.fish20.org/competitions/scoringcriteria，2018 年 2 月 8 日访问。

2.0 创新论坛，在数十位有兴趣的投资者面前展示自己的企业，交由投资者进行裁判，决出优胜者。这 40 名决赛者来自美国、瓦鲁阿图、墨西哥、澳大利亚、秘鲁、加拿大、所罗门群岛、泰国、越南、法国、智利、意大利和印度尼西亚等地。除了拥有参加 2017 年渔业 2.0 创新论坛这一珍贵的机会和所有参赛者都能得到商业改进支持外，渔业 2.0 还为决赛者提供了赢取下列奖励的机会：①5 万美元的现金奖励（2013 年的现金奖励分三等，一等奖 40 000 美元，二等奖 25 000 美元，三等奖 10 000 美元；2015 年现金奖总额为 195 000 美元，由 6 名获奖者分享）①。②产业关联奖。获奖者可以获得与行业领袖和投资者的独特接触和联系的机会，以及获取有助于其企业发展壮大所需的内幕知识、联系和洞察力的宝贵机会。③旅行奖。包括机票和住宿在内的旅行支持，将根据需要提供给决赛选手。2017 年"产业关联奖"由阿尔比恩、阿尔泰克、南极光、卡尔弗特基金会、RSF 社会金融、斯塔维斯海产品公司、汤姆藻类和瓦贝尔等单位提供。②

　　其次是地区工作坊。渔业 2.0 在地区轨方面开办有工作坊。2017 年的地区工作坊主要是帮助那些有兴趣参与渔业 2.0 在线竞赛的企业家，所有的工作坊都是在竞赛报名截止前，即 2017 年 4 月 29 日之前举办。这些工作坊主要帮助参与者提高对企业战略的认识和向投资者展示技巧，以便提高他们在全球竞赛中的竞争力。不过，工作坊的参与者也不是非要参与渔业 2.0 在线竞赛。渔业 2.0 地区工作坊可以为企业家提供如下帮助（以 2017 年为例）：为企业家提供直接的支持与培训，让投资者对其商业的了解更清晰、更深入、更顺畅；准备与投资者分享简短的商业推销；一份准备进入 2017 年渔业 2.0 在线竞赛的申请；一份《渔业 2.0 参与及制胜指南》。③

　　企业家也将得到：洞察投资的类型和最适合自己的业务；一种为吸引资金而对自己业务进行定位的策略；了解投资者在寻找什么；了解如何将环境和社会可持续性及影响纳入自己的商业战略中。

　　最后是渔业 2.0 创新论坛。渔业 2.0 创新论坛是获得邀请才能参加的论坛，是一项聚焦海鲜产品行业可持续发展的特殊论坛，主要是就世界海产品业的可持续发展进行研讨。2017 年渔业 2.0 创新论坛于 11 月 7—8 日在美国加利福尼亚州的斯坦福大学举行，它也是 2017 年渔业 2.0 竞赛的最后一个环节，主题是"变

---

　　① 2015 fish 2.0 finalists and cash prize winners & 2013 fish 2.0 results. https：//www. fish20. org/competitions/past，2018 年 2 月 8 日访问。

　　② Fish 2.0 ICX "Industry Connection" Prizes. https：//www. fish20. org/prizes/icxprize，2018 年 2 月 8 日访问。

　　③ A series of regional workshops. https：//www. fish20. org/competitions/2017workshops，2018 年 2 月 9 日访问。

化市场中的增长"。共有 40 位准备投资的企业家向大会展示了在可持续海鲜行业满足全球市场需求的创新举措。除了来自 40 位海鲜企业家（2017 年渔业 2.0 竞赛的决赛选手）的推介之外，论坛与会者还有幸听到了来自世界各地海产品和投资领袖的辩论和讨论，以及 2015 年竞赛选手快速成长的最新消息。

与会者每天都有大量时间与企业家会面，与志同道合的投资者和行业专家分享经验和意见，并与潜在的合作伙伴建立关系网，以便未来在可持续发展的海产品领域开展活动。

这一仅限被邀请者才能参与的论坛提供了以下无与伦比的机会：尽早接触海鲜行业准备投资的企业；会见其他投资者；了解渔业、水产养殖和海鲜投资的影响；会见那些在渔业和水产养殖方面可以给自己尽职尽责提供帮助的专家；讨论可持续海产食品增长的障碍和机会；与慈善投资者联系，讨论新的交易结构。[①]

（4）能力培养。

国际侨民接触联盟的目标是要有效培养侨民组织的能力，以便其更好地利用自己的潜力去影响侨民祖（籍）国的积极变革。

国际侨民接触联盟支持世界各地各种各样的能力培养计划与项目。通过与侨民专业人士、商业发展倡议和国际会议等的通力合作，国际侨民接触联盟的目标在于发挥自己的网络优势，更好地为世界发展服务。国际侨民接触联盟的能力培养主要是针对侨民组织的，目的是让其尽量发挥潜力以促进祖（籍）国的发展。为达成此目标，国际侨民接触联盟组织了好几类能力培养项目与活动，包括会议、年度网络在线讨论和培训工作坊。培训的题材广泛，包括众筹、领导能力培训，指导和战略规划。在 2015—2016 年，这样的培训、讨论和会议就有 30 多个，包括"动员下一代（2015 年 3 月 31 日）""为侨民组织寻找捐助指南（2015年 7 月 30 日）""侨民领导能力训练系列（2016 年 2 月）""通过讲故事迷倒听众（2016 年 3 月 10 日）""认同与第二代：创造家乡链接（2016 年 4 月 4 日）""日益成长的学生企业家：超越导师与投资（2016 年 7 月 14 日）"和"以美国为基地的非洲侨民服务非洲慈善网络（2016 年 7 月 21 日）"等。[②]

2. 更新完善侨民地图

根据规划，国际侨民接触联盟网站"成员地图"将破天荒地成为既包括美国也包括世界其他地区侨民组织的第一个综合数据库。它会将各地有代表性的侨民组织在地图上进行标识。点击那个标识，有关该侨民组织的信息包括联系方式就可以呈现给查看者。查看者可以根据这些侨民组织的地区和国家进行查看。在未来，被

---

① The 2017 fish 2.0 Innovation Forum. https：//www. fish20. org/events/finals，2018 年 2 月 9 日访问。
② Capacity building. http：//www. diasporaalliance. org/resource/#capacitybuilding，2018 年 2 月 9 日访问。

地图收录的组织将在地图上公开发布参与机会，地图的网址会公布在国际侨民接触联盟的网站上，以提高各侨民组织的曝光度。地图将有可能成为某些侨民组织与外界联系的唯一在线渠道。地图将成为"国际侨民参与联盟"提供给侨民联系、反哺其祖（籍）国，继承传统和密切亲情的有机平台。通过数据分析与可视图像，它将为人们带来对侨民群体及其活动的全新认识，也能在侨民工作领域创造新的连接与合作机会，并使国际侨民接触联盟成为合作平台的使命更易达成。①

利用地图将不同类型的信息可视化正变得越来越普遍。国际侨民接触联盟已单独建成其成员图，并随时更新。此外，在该地图上链接有现金地图集和侨民与非政府组织援助地图，期望让侨民在发展事业过程中能够利用更多的资源。

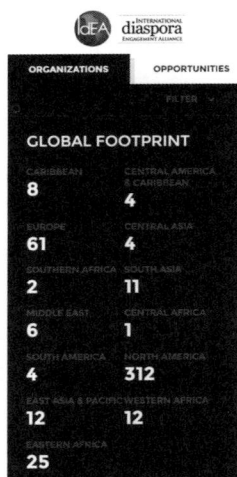

图 1 - 1　国际侨民接触联盟成员情况②

（1）国际侨民接触联盟成员图。

成员图是国际侨民接触联盟第一个在线地图。截至 2018 年 1 月 29 日，在地图上做了标识的成员组织共有 462 个，遍布全球各大洲。其中，北美数量第一，与这里是美国侨民战略所涉及的侨民社群的大本营应该有关系，共有 312 个。第二位是欧洲，共有 61 个。第三位是非洲，共有 40 个，包括南非 2 个，东非 25 个，西非 12 个和中非 1 个。第四位是亚洲，共有 29 个，包括南亚 11 个，中亚 4 个，东亚和太平洋岛屿 12 个，中东 6 个。第五位是中美洲和加勒比海地区，共

---

① Diaspora map：Frequently Asked Questions（FAQ）. http：//diasporaalliance. org/wp-content/uploads/ Diaspora-Map-FAQ. pdf，2018 年 1 月 25 日访问。

② About the map. http：//www. diasporaalliance. org/about-the-map/，2018 年 1 月 29 日访问。

有 12 个。第六位是南美洲，共有 4 个（参见图1 – 1）。

（2）现金地图集。

当初建立该地图集的目的是为了弥补现金流向报告的缺失。其核心是一个交互式可视地图，它允许用户按不同的标准搜索现金项目，并上传他们的现金转移项目。自建立以来，已有一千多个项目的数据被上传，特别是在没有其他途径跟踪现金转移项目使用的情况下，这些数据提供了宝贵的资源。各机构对这一绘图工作的贡献大大促进了在现金转移项目上的协调和宣传工作。然而，现金地图集对自愿提交数据的依赖，与其他人道主义的报告系统不兼容。和其他数据的不兼容，意味着它提供的数据越来越不完整，与现金流日渐正规化的现实越来越背离。

因此，现金地图集目前无法实现其目标，而且提供的资料不完整，可能有误导性。截至 2017 年 5 月，卡尔普公司已经做出了将其脱机的艰难决定。现有数据将被备份并允许在需要时以访问它的格式存储。

现金地图集的未来会如何呢？如果现金地图集要以某种形式重新建立，它必须构成一个整体、综合的现金转移跟踪系统的一部分——卡尔普公司将致力于帮助建立这一系统。卡尔普公司将探讨如何使现金地图集更加有效的方法，并在其作为视觉和互动工具的宝贵要素的基础上进行探讨。

（3）NGO 援助地图。

该地图的目的是希望通过这种交互式可视地图为公众提供国际发展与人道援助方面的公开信息。目前，该地图上的数据信息包括了 107 个组织参与实施的 1 760 个援助项目。

3. 全球侨民资源共享和全球创新交换

国际侨民接触联盟的全球侨民资源共享主要是就有关侨民与发展的事项提供一个资源交换平台，主要包括：侨民能力建设、侨民研究与工具、侨民商业与投资、侨民慈善和志愿服务、侨民外交、侨民集中区域与国别研究等几大类的资源。目前，国际侨民接触联盟网站平台上侨民能力建设方面的文章与研究报告等资源有 40 项；侨民研究与工具方面的资源 27 项；侨民商业与投资资源 27 项；侨民慈善与志愿服务资源 14 项；侨民外交资源 12 项；侨民集中区域与国别研究资源 29 项。[①]

全球创新交换是侨民社群的一大资源。它是一个全球在线市场，致力于将从事侨民工作的各方聚在一起，互相交流与侨民事业相关的创新、筹款、感悟和资源，共同应对面临的发展挑战。

---

① Resources. http：//www. diasporaalliance. org/resource/，2018 年 2 月 9 日访问。

第二节　美国侨民战略实施的成效

通过美国国务院、美国国际开发合作署和卡尔弗特基金会共同参与的公私合营体制，在四个战略合作伙伴与九个项目合作伙伴的配合与支持下，在国际侨民接触联盟的具体操作与协调下，尤其是在国际侨民接触联盟广泛而恰当地运用倡议、侨民地图和侨民资源库等各种有效平台比较好地动员与侨民发展事业相关的力量的情况下（从 2011 年到 2013 年的短短三年时间，就有来自 190 个国家的 1 500 多个侨民组织参与进来①），美国侨民战略的实施可以说取得了较好的成效，基本实现了其当初设定的目标，即配合美国国家发展大战略，在一定程度上推动了全球社会经济发展，民主、平等和政治参与的深入。

一、在促进全球经济发展方面

在促进全球经济发展方面，美国侨民战略的成功实施主要得益于美国海外私人投资公司和西联公司等合作伙伴，仅在 2011—2013 年，美国国务院、公民社会、私人机构、大学宗教组织及其他组织，乃至个人都参与进来，其中在中东、非洲和亚洲及其他地区至少有 10 个国家与当地的社区组织同公民社会合作，国际侨民接触联盟与思科、可口可乐和阿斯彭学会启动了 120 个项目，推动教育、就业与收入增长。②

其成效分两个层面，一是通过与其祖（籍）国政府、银行合作，为降低侨汇利率、贷款优惠等提供政策便利，促进侨民回祖（籍）国创业投资；二是依靠美国海外私人投资公司对侨民个人、企业提供的保险、担保、融资等各种合作项目，促进侨民祖（籍）国的实体经济增长、就业机会创造、税收增加、金融制度开放等。

1. 通过降低侨汇转移成本等措施促进侨民回祖（籍）国投资创业，为侨民祖（籍）国经济发展做贡献

侨汇对国际侨民的祖（籍）国经济发展至关重要。2015 年，侨民以侨汇形

---

① Secretary Clinton highlights IdEA's achievements in farewell address. http：//diasporaalliance. org/secretary-clinton-highlights-ideas-achievements-in-farewell-address/，2013 年 4 月 13 日访问。

② Secretary Clinton highlights IdEA's achievements in farewell address. http：//diasporaalliance. org/secretary-clinton-highlights-ideas-achievements-in-farewell-address/，2013 年 4 月 13 日访问。

式对中低收入国家的投资达到 4 400 亿美元，远远高于美国官方对外援助的数字。① 对于发展中国家来说，侨汇甚至成为其国家财政收支平衡的重要来源。

为让侨汇更好地服务于侨民祖（籍）国的发展，美国实施其侨民战略时，经常就侨汇与侨民祖（籍）国发展的关系，召集侨民企业家、银行高管、政府官员等一起进行研讨。譬如，由加纳开发项目经理、加纳天使投资网络创始人、世界银行高层、花旗银行高层等人物组成的"加纳思考"智囊团，其 2015 年年会议题就包括：第一代和第二代加纳后裔的汇款观念和行为差异与创汇所面临的挑战、如何加大汇款推动社会变革的影响力等，探讨如何通过侨民汇款与投资加纳的金融发展作出更多贡献。

美国不仅在理论上对侨汇与侨民祖（籍）国的发展议题进行研讨，更在实践中做出了让侨汇更利于侨民祖（籍）国发展的许多安排。比如，美国积极与各地区、国家银行签订协议，降低侨汇转移产生的成本，如与非洲发展银行合作，帮助那些辛苦赚钱的人们不会因为资产转移而流失资金。在拉美，美国政府与美洲发展银行合作，从而降低了 5 百分点的转移利率。美国也促成 20 国集团原则上同意在 5 年内降低 5 百分点转移成本利率的协议。而仅此一项，侨汇每年将省出 25 亿美元，这些合作所带来的效果能让一个家庭和家族真切感受到实惠。② 这将使侨民祖（籍）国的建设获得更多资金投入并使其国民生活受惠。

除了降低侨汇转移交易成本，帮助侨民比较容易地获得贷款也是美国实施其侨民战略的重要手段。通过国际侨民接触联盟的网络合作平台，美国国际开发署与两家埃塞俄比亚银行合作，鼓励埃塞俄比亚侨民向他们贷款，以帮助侨民在埃塞俄比亚创立中小型企业，从而促进埃塞俄比亚经济增长。此外，美国海外私人投资公司也为侨民投资祖（籍）国提供资金帮助。比如，在中美洲，美国海外私人投资公司就给予 2 500 万美元资助迈阿密财务服务公司。该公司由尼加拉瓜裔美国人建立，主要为哥斯达黎加、洪都拉斯和巴拿马的中小型、微型企业提供贷款。③

国际侨民接触联盟也倡导利用最新的金融工具来为侨民投资其祖（籍）国获取资金。2015 年 10 月 13 日，国际侨民接触联盟举行"众筹——跨建加勒比地

---

① Drive development. https：//www. usaid. gov/partnership-opportunities/diaspora-engagement，2018 年 2 月 17 日访问。

② USAID administrator Dr. Rajiv Shah's remarks at the 2012 Global Diaspora Forum；International Diaspora Engagement Alliance on July 26，2012. Diplomacy. http：//www. usaid. gov/news-information/speeches/remarks-ad-ministrator-rajiv-shah-global-diaspora-forum，2013 年 8 月 13 日访问。

③ USAID administrator Dr. Rajiv Shah's remarks at the 2012 Global Diaspora Forum；International Diaspora Engagement Alliance on July 26，2012. Diplomacy. http：//www. usaid. gov/news-information/speeches/remarks-administrator-rajiv-shah-global-diaspora-forum，2013 年 8 月 13 日访问。

区"网络研讨会，该研讨会旨在厘清"通过捐款或提前购买企业家提供的新产品或服务"来筹得企业发展所需的资金，特别是为来自加勒比地区的侨民企业筹措资金，他们可以通过"场地与选择"网络公司众筹。

美国侨民战略在实施过程中，不仅考虑侨民对其祖（籍）国投资的资金来源问题，也考虑到了投资去向问题。为此，美国国际开发署在加勒比、非洲和南美三个侨民资源丰富的地区创设了侨民商业竞赛，组建了加勒比金点子市场、非洲侨民市场和南美金点子商业竞赛。美国海外私人投资公司为这些竞赛总共提供了 25 500 万美元的赞助。① 美国侨民战略希望通过这些举措引导侨民投资那些有利于可持续发展但也为其祖（籍）国所亟需的产业和行业。②

美国侨民战略鼓励侨民对其祖（籍）国积极投资是有原因的。一般而言，侨民对其祖（籍）国天然具有爱乡情怀，他们深知当地的市场和需求，同时侨民也往往能与当地社会和政府发展良好的关系，等等，这些都是侨民积极投资其祖（籍）国的重要动力。事实上，历史也表明，侨民往往是其祖（籍）国在经历动乱和困难时期后的第一批投资者，并且引领投资风潮。如"阿拉伯之春"后，突尼斯和埃及裔美国人就成了突尼斯和埃及首批投资者，中国改革开放后华侨华人成为投资中国的先锋，等等，概莫能外。

2. 依靠美国海外私人投资公司对侨民个人、企业提供的保险、担保、融资等各种合作项目，帮助侨民祖（籍）国的实体经济增长、就业机会创造、税收增加、金融业发展等

美国海外私人投资公司是美国政府针对发展项目的财政机构，已有 40 多年的历史，为企业、公司和非政府组织投资发展中国家提供贷款、担保以及风险低的投资项目。美国侨民战略的实施者和组织者——国际侨民接触联盟，充分利用了美国海外私人投资公司，为侨民祖（籍）国的发展做了很多事情。

---

① Mimi Alemayehou's remarks at the 2012 Global Diaspora Forum；International Diaspora Engagement Alliance on July 27，2012. Entrepreneurship. http：//www. usaid. gov/news-information/speeches/remarks-administrator-rajiv-shah-global-diaspora-forum，2013 年 4 月 13 日访问。

② Kris Balderston's remarks at the Second Annual Global Diaspora Forum；International Diaspora Engagement Alliance on July 25，2012. Diplomacy. http：//diasporaalliance. org/kris-balderstons-remarks-at-the-second-annual-global-diaspora-forum/，2018 年 2 月 10 日访问。

表 1 - 1　美国海外私人投资公司 2011—2014 年年报①

年份	在美侨民公司占比	所涉及国家数目	总投入资金	为侨民祖（籍）国所创造的就业机会
2011	78%	107 个	440 亿美元	19 046 个
2012	75%	103 个	100 亿美元	10 657 个
2013	73%	102 个	370 亿美元	18 000 个
2014	75%	101 个	29.6 亿美元	9 000 个

根据表 1 - 1，仅在 2013 年，美国海外私人投资公司与美国侨民企业的各项合作项目，就为侨民祖（籍）国创造了 18 000 个就业机会。

美国海外私人投资公司与在美侨民公司或西联公司等合作，在肯尼亚建设了 237 所学校，创造了 12 000 个就业机会，同时提供的工资和福利待遇都高于当地普通水平；在马来西亚建设医院，为当地创造了 2 600 个就业机会，这些从业人员多为专业技术人员，他们的待遇也都比当地要高；在罗马尼亚和波兰建设了放射治疗医疗中心（2015 年），为当地创造了 655 个工作岗位；在尼日利亚投资了 6 330 万美元建造经济适用房；在巴西投资兴建了连锁餐厅，为巴西创造了 1 100 个就业机会。②

美国海外私人投资公司与美国侨民企业的各项合作项目增加了侨民祖（籍）国的税收。在尼日利亚，美国海外私人投资公司资助的果汁和烘焙食物生产项目，就为尼日利亚创造了 300 万元的税收收入。③

美国海外私人投资公司与美国侨民企业的基础建设合作项目，如机场建设，促进了祖（籍）国的货物和服务等实体经济的发展。美国海外私人投资公司为哥斯达黎加的胡安·圣玛丽亚国际机场建设提供了 5 500 万美元贷款，该机场为中美洲的第二大国际机场，年均运送量为 350 万人次，极大促进了该国旅游业的成长。美国埃利科特挖泥船公司为巴拿马运河提供挖掘设备，而美国海外私人投资公司为其提供了政治风险保险服务，保障其在 100 多个国家，特别是在政治动荡的国家和地区提供挖掘设备业务的顺利开展，如在伊拉克，埃利科特挖泥船公司为伊拉克水资源部门提供了挖掘设备。2014 年，巴西裔侨民企业桑巴逊公司获得美国海外私人投资公司 370 万美元贷款，用于支持该企业在巴西雨林建设生态友好型、可持续发展的巴西莓种植生产基地，为巴西的 1 万个家庭农庄带来收

---

① http：//www. opic. gov/media-events/annual-reports，2018 年 2 月 12 日访问。

② https：//www. opic. gov/sites/default/files/files/2015annualreport. pdf.

③ http：//www. opic. gov/sites/default/files/files/OPIC_AR2013_final. pdf.

入，与此同时，也保护了巴西的热带雨林，不仅如此，桑巴逊公司在美国海外私人投资公司的帮助下还在其基地建造了一所小学，惠及该基地的家庭与儿童。[1]

美国海外私人投资公司还通过参与在美侨民企业的金融投资项目，以及金融公司的实际运营，促进侨民祖（籍）国的金融业和经济发展。如秘鲁的两家秘鲁裔美国人开设的金融公司，就得到了美国海外私人投资公司的融资支持。2015年，在阿富汗，美国海外私人投资公司为阿富汗裔侨民小微企业提供金融服务，帮助当地羊毛及其加工产品的销售与出口。[2]

二、在促进全球社会发展方面

美国侨民战略的实施在促进全球社会发展方面，主要是依靠与美国国际开发署、美国海外私人投资公司等机构合作。一是通过资助侨民的志愿者、慈善活动等帮助侨民祖（籍）国难民和落后地区建设家园；二是依靠美国海外私人投资公司和美国国际开发署对侨民祖（籍）国的政府、非政府组织提供的人道主义援助、教育医疗等各种合作项目，提高侨民祖（籍）国的粮食援助效果和教育医疗水平。

1. 通过资助侨民的志愿者、慈善活动等帮助其祖（籍）国难民和落后地区建设家园

侨民志愿者和侨民慈善活动对侨民祖（籍）国的建设一向功不可没。美国侨民战略对这一块也非常重视。作为 2014 年 10 月全球侨民周中的一个重要项目，美国和平队与 CUSO 国际（世界志愿者组织）合作举办了一次研讨会，议题为"侨民在发展中角色：对国际志愿服务的反思"，探讨国际志愿服务，尤其是侨民志愿服务的影响与作用。来自美国侨民社群的国际志愿服务人员分享了自己的经验。[3]

叙利亚近些年一直饱受战争之苦，为了帮助祖（籍）国，叙利亚侨民在美国的资助下，冒着生命危险照顾在战火中受伤的病人，培训分诊和用药医生，并帮助运输急救药品和设备。[4]

在也门北部地区遭受了基地组织的军事攻击后，当地政府办公室、学校和诊

---

① http：//www.opic.gov/sites/default/files/files/opic-fy14-annual-report.pdf.

② https：//www.opic.gov/sites/default/files/files/2015annualreport.pdf.

③ Diasporas in development：reflections on international service. http：//www.diasporaalliance.org/reflec-tions-on-international-service/，2018 年 2 月 10 日访问。

④ Harnessing the commitment & energy of diaspora communities to transform development. IdEA. http：//www.diasporaalliance.org/harnessing-the-commitment-energy-of-diaspora-communities-to-transform-development/，2018 年 2 月 11 日访问。

所器材损坏殆尽。为防止被驱逐的当地人返回家园，恐怖分子在那里放置炸弹，使之成为雷区。而在今天，美国国际开发署与也门裔美国人一起努力筹集资金并帮助也门人清除炸弹，确保他们能安全回归并重建家园。美国国际开发署还通过其发展创新基金，"与菲律宾人才银行合作（菲律宾教育非政府组织），在菲律宾试点一种由密歇根大学研究人员开发的金融创新工具教育支付（EduPay），运用此金融工具，侨民可直接给菲律宾教育机构缴交学费，而不用通过非正式的中介机构"。①

在美国侨民战略提出后不到一年，美国海外私人投资公司提供 4 000 万美元给加利福尼亚阿左那能源公司，该公司由印度裔美国人建立，在印度的旁遮普、古吉拉特和拉吉斯坦邦，为 4 000 多户村民提供 300 万伏的太阳能电力。②

在清洁能源和可再生能源发展上，卡尔弗特基金会也作出了贡献。太阳能众筹平台是一家专门为偏远社区，尤其是在撒哈拉以南非洲、南亚、太平洋岛屿地区服务的太阳能公司提供贷款的中介机构。它是专门为太阳能部门服务的少数金融中介之一，于 2012 年为响应奥巴马的非洲电力计划"超越电网"而成立，其本身也算是一家与侨民有关的企业，公司团队多名核心成员为包括来自加纳、牙买加、新加坡和坦桑尼亚等地的侨民。卡尔弗特基金会自 2015 年对太阳能基金公司进行投资，共投资 200 万美元。2016 年，太阳能基金公司向 20 家公司发放了 11 659 500 美元的贷款，并回收了约 3 000 万美元的贷款。③

通过帮助侨民对其祖（籍）国难民的人道主义援助，资助侨民祖（籍）国落后地区的家园建设，提倡环保、社会发展等理念，帮助其建立美国式的制度与管理，美国侨民战略在实施过程中传播了美国人道主义精神，更好地树立美国正面形象。

2. 依靠美国海外私人投资公司和美国国际开发署等对侨民祖（籍）国的政府、非政府组织提供的人道主义援助、教育医疗等各种合作项目，提高侨民祖（籍）国的粮食援助效果和教育医疗水平

美国的侨民战略非常注重侨民祖（籍）国的可持续发展，其支持的项目也多为此类项目。这也是美国对外发展的大战略目标之一。因此，在这一点上，国

---

① The diaspora community has a uniquely important role to play in addressing the challenges of today and shaping a brighter future for tomorrow, says USAID administrator Dr. Rajiv Shah. Diaspora. U. S. Agency for International Development. https：//www. usaid. gov/partnership-opportunities/diaspora-engagement，2018 年 2 月 10 日访问。

② Mimi Alemayehou's remarks at the 2012 Global Diaspora Forum；International Diaspora Engagement Alliance on July 27，2012. Entrepreneurship. http：//www. usaid. gov/news-information/speeches/remarks-administrator-rajio-shah-global-diaspora-forun，2018 年 2 月 10 日访问。

③ 2017 impact report. https：//www. calvertimpactcapital. org/storage/documents/Impact-Report-2017. pdf.

际侨民接触联盟与美国海外私人投资公司作为执行美国对外发展大战略的单位是高度契合的，因此合作起来非常容易。

美国海外私人投资公司在促进和保护投资的同时，通过增设资助条件以促进侨民祖（籍）国社会经济的可持续发展，如在美国海外私人投资公司支持的海外投资企业具有以下六点要求：①环境与社会的可持续性。②低碳和无碳的经济发展方式。③尊重人权，包括劳工权利和当地社区的权利。④避免消极影响，或者提供补偿。⑤向受影响的当地人提供及时的项目信息。⑥有步骤地接受和采取国际公认的劳工权利法律。①

通过只采用美国的社会、人权和环境标准的资助准入门槛来践行其人文与绿色投资理念，并将美国社会、人权和环境的制度标准和价值理念通过商业投资等行为渗透到侨民祖（籍）国。譬如，2013 年，在巴西，与美国海外私人投资公司合作的银行，其资助项目主要面向边远地区人群和妇女等弱势群体，已为他们所属的小型和微型企业提供 5 000 个便利贷款项目。2015 年，在牙买加，美国海外私人投资公司将其 4 300 万美元的贷款用于投资建设风力发电，为圣伊丽莎白教区提供每年 34 兆瓦的电力，将会使其减少对石油燃料的依赖，并帮助其达到在 2030 年可再生能源发电占 20% 的目标。②

与美国海外私人投资公司一样，美国国际开发署在服务美国对外大战略上也与国际侨民接触联盟没有任何分歧，两者在促进全球各地侨民祖（籍）国社会发展上的合作也是紧密无间的。美国国际开发署的对外社会发展目标是"通过有效的、民主的治理来促进民主国家的繁荣和稳定、尊重人权以及最大范围地促进经济发展和社会福利；提供人道主义援助和灾难管控"。③

在国际侨民接触联盟的推动下，美国国际开发署所从事的人道主义援助，主要在于提供粮食援助以及粮食增产援助。在 2013 年，它提供 98 100 万美元的粮食援助，接近 2 100 万人受益，其中，西非超过 300 万人获得食物和现金以摆脱营养不良。在埃塞俄比亚，2012 年 72 000 个难民获得食物和其他生存急救援助，2013 年 30 000 个小家庭农场获得种子，并因此提高了 50% 的产出率。在孟加拉，美国国际开发署促使 40 万稻米种植户使用了化肥，扩耕 15%，获得前所未有的大丰收。④

---

① 吉小雨：《美国海外私人投资公司（OPIC）：对外直接投资保护的国内制度》，上海外国语大学硕士学位论文，2012 年，第 45 – 46 页。

② https：//www. opic. gov/sites/default/files/files/2015annualreport. pdf.

③ United States Department of State：FY 2013 joint summary of performance and financial information FY 2013 international affairs budget. https：//2009 – 2017. state. gov/s/d/rm/c50096. htm，2013 年 4 月 13 日访问。

④ Foreign aid dashboard. http：//explorer. usaid. gov/aid-dashboard. html#2013，2013 年 4 月 13 日访问。

在促进全球社会发展方面，国际侨民接触联盟还有其他一些引以为傲的成绩：它发起了全球人权平等基金会，在推动双性恋和跨性别恋人群的权益维护方面取得了很大的进展；帮助互联网使用人口占总人口 25% 的国家和地区用得起互联网（在多边机构、市民社会与全球网基金会的帮助下，国际侨民接触联盟帮助数十亿人使其用得起互联网）；开展了以应对气候变化、应用清洁能源，开发技术和为妇女提供工作机会的名为 ePower 的创议。从 2011 年到 2013 年，在麦克阿瑟基金会、美国国际开发署、国际关怀组织、太阳能姊妹、清洁烹调用炉等组织帮助下，在印度、尼日利亚和东非一些国家培训了 7 000 名女性企业家，让她们去推广清洁烹调用炉技术。全球清洁烹调用炉联盟已经有 600 个伙伴和 18 个外国政府加入，让数以百万计的家庭生活更健康、更可持续。在东非，已有 500 万台清洁炉具投入使用。非常值得注意的是，即便是在推广社会发展项目，国际侨民接触联盟也不忘美国侨民战略的初心，即推广美国的自由民主与繁荣和平理念。至于清洁用炉与世界和平、繁荣、自由民主有什么关联？希拉里这样说："万物皆有联系。全球有 400 万人呼吸着不清洁的烹调用炉的空气，而这是全球人类的四大杀手之一。"[①]

三、在扩展美国全球政治影响力方面

美国侨民战略在政治方面的根本目标，乃是服务与服从于美国国家发展大战略，意图将美国的政治影响力推广到全世界，主导和称霸全球。其主要实践方式就是依靠美国公共外交事务委员会和美国国际开发署等伙伴的力量来进行，也涉及两个层面，一是通过文化、教育等项目合作展开侨民公共外交，帮助侨民祖（籍）国建立美式公民社会以及推动美式民主进程；二是通过有关侨民祖（籍）国的政府治理、非政府组织、民主选举教育等各种合作项目，促进侨民祖（籍）国在实现美式民主的所谓"廉洁高效效果、公民组织组建、民主选举扩大"等方面有所作为。在某种程度上，美国侨民战略在这两方面的目标部分得到了实现，取得了不小的进展。

1. 通过文化、教育等项目合作展开侨民公共外交，帮助侨民祖（籍）国建立美式公民社会以及推动美式民主进程

国际侨民接触联盟对开展侨民公共外交，推广美国式民主情有独钟，为此举办了一系列研讨会。早在 2012 年 11 月，国际侨民接触联盟就发出重大倡议，召

---

① Secretary Clinton highlights IdEA's achievements in farewell address. http：//diasporaalliance. org/secretary-dinton-highlights-ideas-achievements-in-farewell-address/，2013 年 4 月 13 日访问。

集突尼斯分论坛，号召在美国的突尼斯侨民社群商业领袖支持突尼斯的民主化进程。虽然在美国的突尼斯的侨民只有2万多，但他们都在尝试帮助其祖（籍）国走向美国式的民主化。国际侨民接触联盟旗下的智库——侨民创新研究所，于2014年10月14日在尼日利亚举办研讨会，为发掘尼日利亚侨民参与其祖（籍）国的经济、政治和社会发展革新的机会提供智力支持。①

除了进行理论探讨，国际侨民接触联盟也推动美国公共外交事务委员会等与侨民组织合作，开展侨民民间文化、学术交流和反恐培训、民主活动等公共外交，以此输出美国民主自由的价值观，加大美国对其他国家的文化、学术和反恐等方面的影响。

在国际侨民接触联盟的策划与协调下，美国公共外交事务委员会通过国际领袖访问计划，邀请了来自世界5 000多位领袖与美国相关领域的泰斗相互交流。而这些泰斗往往来自相应的侨民社群。美国就这样在无形之中利用其侨民社群资源增加了其公共外交的效力，把美式民主价值观传播开来。

美国公共外交事务委员会下的富布赖特公共政策奖学金项目，致力于与其他国家的侨民建立成熟公众外交模式、加强公众外交成效，为人们提供学习、服务的机会。在此项目之下，侨民可以在驻海地、多米尼加、牙买加、危地马拉、科特迪瓦、泰国、突尼斯和孟加拉国的高级政府部门作为公共外交政策特别助理进行学术研究，以获得美国公共外交的经验。美国公共外交事务委员会也协助美国国务院其他部门如战略反恐部门等进行跨部门合作，"我们通过组建网上培训项目为索马里侨民提供反极端暴力主义的训练"。② 这些所谓极端暴力主义实际上是反对美国干涉索马里事务的伊斯兰势力。

2. 依靠美国国际开发署有关侨民祖（籍）国的政府治理、非政府组织、公民赋权、民主选举教育等各种合作项目，促进其祖（籍）国在实现美式民主的所谓"廉洁高效效果、公民组织组建、民主选举扩大"等方面有所作为

在国际侨民接触联盟的配合下，美国国际开发署积极利用美国的侨民资源，持续支持从北非到中东地区的人们践行美式民主。如在肯尼亚，美国国际开发署支持了一个草根民主运动组织——"青年赋权能动"，该组织将2007年选举暴乱中的目击者组织起来，让他们在2013年的选举中推动"和平选举"。在突尼斯，美国国际开发署不断支持公民组织和政府部门创建非政府组织法案，以此推进公民民主意识觉醒，并帮助突尼斯2014年的选举。在也门，美国国际开发署支持国民对话会议

---

① Global Diaspora Week. IdEA. http：//www. diasporaalliance. org/global-diaspora-week/，2013年7月19日访问。

② Tara Sonenshine remarks at the 2012 Global Diaspora Forum；International Diaspora Engagement Alliance on July 25，2012. Diplomacy. http：//www. state. gov/r/remarks/2012/195931. htm，2013年7月19日访问。

的组建，以推动女性参与政治，并帮助他们推选代表参与"民主改造"。在也门，美国国际开发署培训记者以解读政策、沟通公众与政府的写作来增强媒体监督力和公众参与度，并且支持利比亚的妇女团体，扩展和平阵线，以推进和解与团结。①

在东欧和中亚，美国国际开发署在国际侨民接触联盟的协助下，帮助了塞尔维亚、摩尔多瓦、乌克兰和格鲁吉亚国内的公民社会以及中立媒体、政治联盟，并因此获得巨大的所谓"民主改革突破"。2012 年美国对吉尔吉斯斯坦和塔吉克斯坦的援助最多，美国对此进行解释称，吉尔吉斯斯坦正在向议会民主制过渡，其在机制改革和经济促进方面都需要美国的帮助。因此在公正民主治理援助中，随着塔吉克斯坦独立媒体的产生，美国国际开发署开始帮助塔吉克斯坦起草或改进媒体立法，培训媒体管理者和记者，"还帮助塔吉克斯坦创建了国家独立大众媒体协会"，支持地方电视节目类的地方媒体业务。美国国际开发署也就塔吉克斯坦制定和实施促进公民社会发展的法律提供支持。比如在塔吉克斯坦 3 000 多个非政府组织中，有 60% 都是在美国支持制定的相关新法规下获得合法身份的。美国还帮助其修改了地方政府政策，培训地方官员"改进治理技巧和服务能力"。在美国国际开发署的帮助下建立的吉尔吉斯斯坦议会民主制，被美国作为中亚美式民主的模范加以推广。②

在亚洲，通过与侨民的非政府组织合作，美国国际开发署推动了相关国家的美式民主政治改革。如在缅甸，其近期的政治改革就得到了美国国际开发署竭尽所能的支持。

而在美洲地区，美国国际开发署在国际侨民接触联盟支持下，主要是帮助侨民祖（籍）国政府提高治理能力。在萨尔瓦多，美国国际开发署所帮助的自治区犯罪率明显下降。在秘鲁，美国国际开发署帮助圣马丁建立了司法公开制度。

总之，在美国侨民战略实施过程当中，美国外交机构特别是美国海外私人投资公司和美国国际开发署通过资金支持，与国际侨民接触联盟下的侨民领袖、侨民组织、侨民研究机构等进行各种项目合作，增强了美式民主模式和价值观在侨民祖（籍）国的影响力，很好地服务了美国称霸全球的国家发展大战略。

①　Foreign aid dashboard. http：//explorer. usaid. gov/aid-dashbord. html#2013.
②　陈柯旭、石婧：《中美欧援助塔吉克斯坦比较研究：关于援助资金领域分配和效果评估》，《新疆师范大学学报》（哲学社会科学版）2013 年第 3 期。

第三节　对我国侨务工作的启示

一、美国侨民战略体系的"全球性"与"美国性"经验

美国侨民战略所仰赖的主体是来往于美国与其祖（籍）国、并且与祖（籍）国保持紧密联系、目前在美国生活的第一、第二代6 200多万移民，这些人实际上是世界各国在美国的"侨民"。这些"侨民"具有全球性质，而且他们在美国所习得的自由、民主与平等价值观念令其具有"鲜明的美国性"，美国侨民战略则充分利用了他们的"全球性"和"美国性"，将其投资、志愿者行为、文化交流等活动与美国国务院及其外交机构合作，并使其目标与美国国家对外战略目标——创造经济繁荣、价值输出——高度契合，其侨民战略目标、内容、机制明确且效果明显。

美国"侨民"利用所拥有的语言、学识、资金和社会网络的优势，通过对在美侨民祖（籍）国的投资、志愿者和慈善活动等，促进了其祖（籍）国经济、社会和政治等各方面的发展。对美国而言，侨民对其祖（籍）国的发展所发挥的积极作用，其实也促进了美国对全球经济、政治、社会、文化事务在这些侨民祖（籍）国当地的渗透。

二、中国特色侨民战略体系亟待建立

对于我国侨务工作而言，随着我国海外移民的跨境活动越来越频繁，我国国家利益的变化，特别是海外利益日益凸显，需要对侨务工作的目标、内容、机制进行全新的战略性探讨。实现国家富强和民族复兴的"中国梦"是我国当前的国家发展大战略。为促进这一大战略目标的实现，侨务工作也必须建立起具有中国特色的侨民战略体系，该战略目标可契合到如何实现增强中国国家实力和扩大中国影响力上。海外华侨华人当然是中国侨民战略所要关注的重点对象和主要组成部分，但不应局限于此，而要将在华、来华的海外移民及跨境流动人员纳入其中。在坚持国际关系民主化、坚持合作共赢、坚持正确义利观、坚持不干涉别国内政的原则下，我们除了通过海外华侨华人的桥梁作用吸引海外资本、技术、知识，还可利用来华侨民的海外资本、关系网络，推动中国企业与国外的经济合作，实现和确保中国资本的海外成长，更可以利用来华侨民的桥梁作用，通过社

会文化交流等活动，让更多人了解中国文化，在国际社会上帮助我国树立起正面的国家形象，以此提升我国的软实力。而在机制上，可加强外交部和国务院侨务办公室、商务部、文化部等的联动，整合侨民组织、侨民研究机构和中国外交机构以及相关机构的资源，以项目合作的方式，进行侨民侨领、侨民组织、侨民研究机构与我国外交机构、各级外交下属机构、半官方机构之间涉及经济、社会和政治各方面的信息交换、理论研究和项目实施。在具体实施过程当中，政府的主导作用在于政策、财政和法律上的支持，侨民领袖、侨民组织、侨民研究机构是主要的实施者，各种合作项目应在对我国有重要战略意义的国家和地区中展开，而且不同区域应该有不同的项目合作重心，以此增强我国侨民战略的实施效果。

第二章　次发达国家的侨民战略与发展研究
——以爱尔兰为例

作为经济合作与发展组织（简称"经合组织"，OECD）成员，爱尔兰一般都被归入发达国家行列。当然，在发达国家里爱尔兰的排位是相对较后的，因此我们姑且称之为次发达国家。次发达国家在制定侨民战略的时候不像美国这样的高度发达国家想要借助侨民的力量，把自己的价值观与发展模式等推广到全世界，而更多的只是想借助侨民推动本国经济发展，也附带扩展本国的其他福利。只有像新西兰这样即将迈入发达国家第一梯队的国家，才有将自己发展模式有限输出的冲动（新西兰希望借助侨民的力量，将自己独特的市场经济发展模式至少在亚洲输出，以增进其在亚洲的地位与发言权）。因此，爱尔兰在制定侨民战略的时候，首要目标就是借助侨民的力量发展自己，尤其是在经济上壮大自身力量。在 2008 年之前，爱尔兰的侨民战略是借助海外 8 000 万爱尔兰侨民实现工业化（这一经济奇迹被称为"凯尔特之虎"）；2008 年之后则是借助海外爱尔兰侨民的力量实现经济复苏，但与此前不同的是，爱尔兰侨民战略也强调与侨民建立互利共赢的战略伙伴关系，并愿意尽力帮助海外爱尔兰侨民个人和组织的发展壮大，让爱尔兰侨民更好地在海外生活与工作。这是一种可持续的侨民发展战略。

第一节　爱尔兰侨民战略提出的背景

爱尔兰侨民战略的提出是在 20 世纪 80 年代，2008 年之后又作了调整。爱尔兰侨民战略的提出及其调整，与其所面临的经济形势、丰富的侨民资源以及爱尔兰政府对侨民资源的再认识等密不可分。

一、爱尔兰面临的严峻经济形势

爱尔兰共和国只是欧洲边缘位置的一个小岛国，在 20 世纪 80 年代之前，爱尔兰原有产业结构是以农牧业为主，工业基础弱、经济落后、资源匮乏、失业率高、社会生产力水平低，素有"欧洲大农村"的称号，直到 20 世纪 60 年代中期，其主要出口商品仍是农副产品。爱尔兰曾是欧洲最穷的国家之一，就业率低、经济增长率低，除了向海外移民率高之外，爱尔兰的各项经济社会发展指标均远远落后于欧洲其他国家。

爱尔兰领导人德·瓦勒拉曾经认为爱尔兰的理想状态就是"一个乡村、田园、更适合盖尔语的社会"①。正是这种观念，导致这个国家既没有在"二战"后把握西欧经济发展的黄金时期，也没有从邻国经济飞速增长中受益。国家政策对经济现代化、城市化持排斥的态度，导致爱尔兰长期落后的局面。1957 年，欧洲经济合作组织在欧洲经济自由贸易区的会议上将爱尔兰、希腊、冰岛、土耳其"一同划入不发达国家"②。也正是这次会议，将这四个国家划分为边缘国家。

1973 年，爱尔兰、英国和丹麦一同加入了欧洲共同体（简称"欧共体"）。在此之后，欧共体的规模又经历了几次扩大，希腊、葡萄牙、西班牙等国家纷纷加入，进一步加剧了欧共体内部成员之间经济水平的差距。1986 年，伴随西班牙和葡萄牙的加入，爱尔兰、希腊、西班牙和葡萄牙构成欧共体中经济水平的弱势群体，与之前加入的八个国家形成了强烈的对比。而在这四个经济弱势国家之中，以人均 GDP 进行核算，经济水平处于第一位的是西班牙，爱尔兰处于中等水平，排在最后的是葡萄牙。而从失业率来衡量，爱尔兰的失业率一直居高不下，在欧共体成员国之中处于前列，可以说爱尔兰的经济形势并不乐观。

从失业率来看，1960 年欧洲 15 国平均失业率仅 2.3%，爱尔兰则高达 5.8%，虽然比位居第二的希腊仅高出 0.3 百分点，但远远高出排在第三位的西班牙和排在第四位的葡萄牙。在 1973 年，由于石油危机的影响，欧共体成员国的平均失业率略有提升，达到了 2.6%，但希腊却不升反降，成为四国当中失业率最低的国家。希腊 2% 的失业率，不仅低于欧共体的平均数值，低于位列第二、第三的葡萄牙和西班牙，更是远远低于排在四国失业率统计榜首的爱尔兰。1991 年，这四国的失业率均大幅增长，欧共体的平均失业率也高达 10.7%，爱尔兰高达 15.6%，西班牙甚至高达 22.8%，希腊和葡萄牙失业率虽有提升，但

---

① BARRY F. Understanding Ireland's economic growth. MacMillan，1999：160.

② CROTTY W，SCHMITT D E. Ireland on the world stage. Person Education Limited，2002：60.

都低于欧共体平均值，分别是8.6%和5.7%（参见图2-1）。

一个国家的消费水平在一定程度上可以反映出这个国家人民的生活水平。1960年，爱尔兰在四个国家中消费水平位于第一，远远超出了排在第二的西班牙，希腊位于第三，排在最后一名的是葡萄牙，但四国均与欧盟15国的平均水平差距巨大。而从1960年到1973年这14年，爱尔兰的消费水平非但没有上升，反而急剧下降，落到倒数第二位，远远低于上升到第一位的西班牙，也落后于希腊，与排在最后一位的葡萄牙相比，优势也并不明显。而且，最重要的是处于弱势地位的其他国家人均消费量均有提升，说明这些国家的人民生活水平也随着经济的发展有所改善，唯独爱尔兰日渐恶化。而造成该问题的主要原因是随着全球经济依赖性的增强，1973年和1979年发生了两次石油危机，危机快速蔓延全球，造成了世界性的经济衰退，也给欧洲各国的经济带来恶劣影响。直至1991年，爱尔兰国内的人均消费量才有显著提升，与希腊并列落后四国中的第二位，与排在最后一位的葡萄牙相比优势甚小，与排在第一位的西班牙仍有一定差距，与欧盟15国的平均水平差距仍然巨大（参见图2-2）。

严峻的经济形势迫切需要爱尔兰政府采取措施，调动一切可以动员的积极因素，解决经济发展的问题，而有技术、人才、管理和资金等优势的爱尔兰侨民资源自然受到爱尔兰政府的关注。

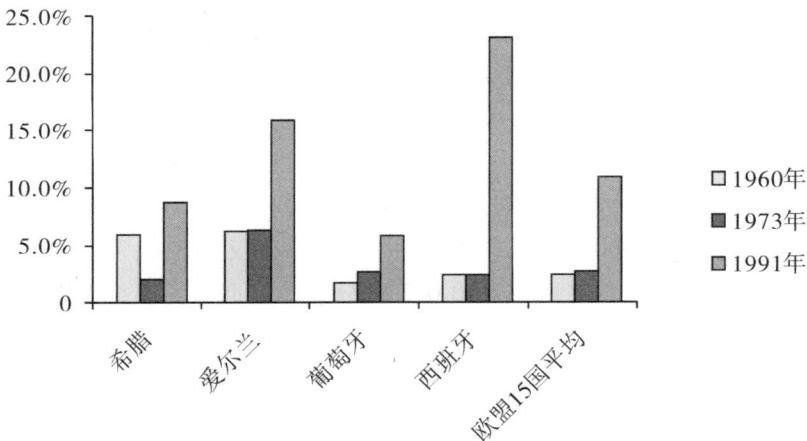

图2-1 希、爱、葡、西四国与欧盟15国平均失业率比较

（单位：欧元）

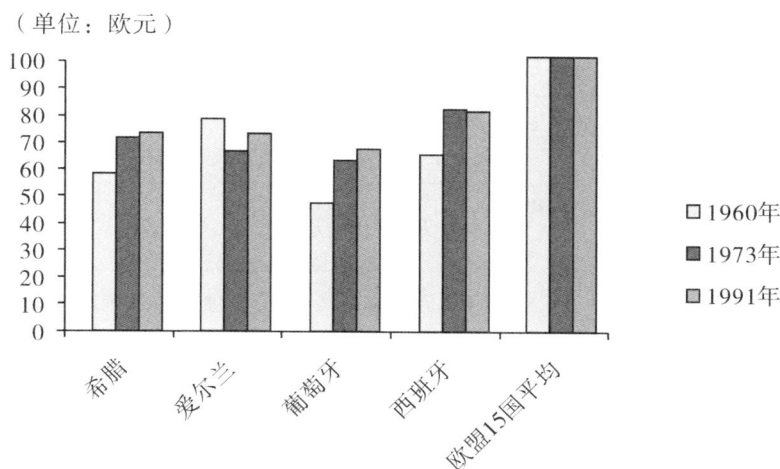

图 2-2　希、爱、葡、西四国人均消费量比较（欧盟 15 国平均值为 100 的情况）
资料来源：Commission of the European Communities. European Economy，Statistical appendix，1998（66）.

二、爱尔兰丰富的侨民资源

（一）爱尔兰人移民史

爱尔兰是一个具有悠久移民历史的移民大国，虽然爱尔兰现有人口只有463.54 万左右，但爱尔兰侨民的人口数量、侨居国来源及其在海外取得的成就却是不容小觑的。世界上有超过 8 000 万人号称拥有爱尔兰血统；有 320 万人持有爱尔兰护照；有大约 80 万人出生于爱尔兰却在海外生活、工作和学习（参见表 2-1）。在官方和民间，爱尔兰与这一数量庞大的侨民群体的联系深远，并在社会、政治、经济等各个层面产生了良性的循环。

表 2-1　爱尔兰侨民及"亲和侨民"人数

	移民数量
侨民数量（本地出生以及海外生活的）	320 万持爱尔兰护照在海外生活（其中 80 万出生于爱尔兰但现在在海外生活）（2017 年）①
更广泛意义上的侨民数量（声称具有爱尔兰血统的）	7 000 万～8 000 万
侨民分布范围	4 400 万声称是具有爱尔兰血统的美国籍爱尔兰人 600 万声称是具有爱尔兰血统的英国籍爱尔兰人 380 万声称是具有爱尔兰血统的加拿大籍爱尔兰人 190 万声称是具有爱尔兰血统的澳大利亚籍爱尔兰人 50 万声称是具有爱尔兰血统的阿根廷籍爱尔兰人
在海外出生的爱尔兰公民	419 733（2006 年）
在海外出生的爱尔兰公民分布范围	英国 112 000（2006 年）；东欧诸国 163 227（2006 年）；亚洲 46 952（2006 年）；非洲 35 326（2006 年）
爱尔兰国内留学生数量（本科、研究生）	25 319（2005 学年）
留学生生源国	2000—2006 学年，15 196 名留学生来源于亚洲国家（印度、中国、沙特阿拉伯、日本、韩国、泰国等）
观光客	总量 810 万；410 万来自英联邦国家，400 万来自非英联邦国家

资料来源：笔者根据爱尔兰中央统计局资料整理。Population and migration estimates April 2015. http：//www. cso. ie/en/releasesandpublications/er/pme/populationandmigrationestimatesapril2015/，2016 年 6 月 27 日访问。

表 2-2　爱尔兰人移出浪潮

浪潮	时间	群体	数量（人）	目的地
第一波	6—15 世纪	传教士、雇佣军	未知	欧洲
第二波	1705—1776 年	长老会信徒天主教、新教徒	未知	北美

---

① International Migration Report 2017. http：//www. un. org/en/development/desa/population/migration/publications/migrationreport/docs/MigrationReport2017_Highlights. pdf，2018 年 2 月 23 日访问。

（续上表）

浪潮	时间	群体	数量（人）	目的地
第三波	19 世纪初	自由人、因犯	未知	澳大利亚、新西兰、阿根廷、乌拉圭
第四波	19 世纪 40 年代	饥荒难民	200 万	美国、加拿大、英国、澳大利亚
第五波	20 世纪 20—30 年代	战争难民	未知	美国、英联邦
第六波	20 世纪 50—80 年代	经济移民	未知	美国、英联邦

资料来源：李秋红：《爱尔兰侨民与祖籍国经济发展》，暨南大学博士学位论文，2012 年，第 17 页。

历史上，爱尔兰曾经历 6 次大的移出浪潮（见表 2 - 2）。在公元 6 世纪至公元 15 世纪，爱尔兰的移民流动主要以前往欧洲传教的基督教传教士以及派往欧洲的雇佣军为主体。然而，近 3 个世纪以来，爱尔兰持续且大规模的移民潮的目的地大多是英联邦的英语语系国家，如美国、加拿大、澳大利亚和新西兰。1720 年到 1835 年，前往北美的大多是来自爱尔兰北部的长老会信徒，还有来自阿尔斯特（Ulster）的新教徒和天主教徒。19 世纪大规模移民发生后，爱尔兰人开始在澳大利亚沿海、新西兰、阿根廷和乌拉圭定居，这当中既有自由的爱尔兰人，也有爱尔兰的因犯。尽管在这一时期，爱尔兰的移民在某一程度上可被视为欧洲扩张而导致的结果，然而，在历史上却从来没有任何一个国家经历过像爱尔兰这样大规模的移民。

19 世纪 40 年代，爱尔兰移民数量达到顶峰。由于受到大饥荒的影响，在 1846 年到 1855 年这短短的 9 年，大约有 250 万爱尔兰人迫于饥荒移民海外。爱尔兰人口数量持续下降，其人口总量从 820 万左右下降到了 420 万左右。除了马铃薯饥荒引起的大规模人口死亡，其人口下降的主要原因就是大规模的海外移民。这些移民中的绝大多数去了加拿大和美国，也有一些人去了经济发达而且有较多工作机会的工业中心英国，另外还有一些人去了澳大利亚。格雷·彼得在《爱尔兰大饥荒》中描述：

1846 年由于霜霉病的第二次袭击，使得成千上万人在冬天涌向港口穿越大西洋，到 1947 年底，已经有 23 万人选择了美洲和澳大利亚，更不用说已经到了英国的一万多人：这个数字是上一年的两倍，此时移民运动空前高涨。1848 年的歉收导致了一场新的外迁运动。1848 年和 1849 年中，即使是在冬天，每年也有 20 多万移民要穿越大西洋前往其他国家。这使得爱尔兰的很多地方都人烟荒芜了，有一些大农场主也离开了爱尔兰。到 1851 年，出发去美洲的人已经达到了 25 万的最高纪录，从此，移民人数的曲线开始转向了。①

马铃薯危机导致的大饥荒对爱尔兰的政治、经济、社会等结构进行了重塑。通过大举移民的方式，大量的爱尔兰人移居海外，几乎每一个家庭都和移民有了密切的联系。即使饥荒时期过去了，爱尔兰也长久陷入贫困的境地，再加上战争的影响，从 19 世纪 50 年代到 1922 年爱尔兰建立独立的民族国家这段时间里，爱尔兰人口仍然大量流失。20 世纪以来，爱尔兰继续经历着大量人口移民的现实。20 世纪初叶，大量的爱尔兰人移居美国和英联邦国家；20 世纪 50 年代到 80 年代，爱尔兰经历了历史上最后一次大的移民浪潮，此时的移民与之前的移民潮不同，大多是出于经济原因的自发移民。1993 年，伴随着爱尔兰经济形势的好转，国内就业率升高，失业率降低，政府通过制定大量的政策吸引和鼓励人们前往爱尔兰工作、投资和就业。根据 2006 年 4 月爱尔兰人口普查的数据可知，截至 2006 年，爱尔兰共吸引了 42 万移民前往生活、工作，他们分别来自于世界上 188 个国家和地区。② 这一时期是爱尔兰历史上少有的移民回流时期。爱尔兰持续良好的发展形势使得大批东欧移民前往爱尔兰工作、就业，从爱尔兰迁徙到国外的大量人口流失的情况已经不复存在，但每年仍有部分人口流向海外。

据爱尔兰移民政策项目组的统计，在 21 世纪初期，每年出生在爱尔兰却移民国外的爱尔兰人至少有 20 000 人③，这一庞大的数据被爱尔兰回流移民现象所掩盖，但是，爱尔兰每年大量人口流失的事实是不可否认的。

2008 年经济危机使爱尔兰国内经济遭受重创。2010 年爱尔兰 GDP 较上年相比减少 14%，失业率更是高达 14%。④ 而侨民资源能有效地凸显祖（籍）国经济环境的优势，并使其在国际市场中受到重视和关注。爱尔兰学者、政治家在国内积极呼吁应当发挥海外侨民的作用，使其有效地帮助爱尔兰经济复苏。爱尔兰政府于是制定了一系列鼓励海外侨民回国发展的便利政策，因此再一次掀起了一股侨民回国潮。不过同样源于经济危机的影响，这一时期也有大量的爱尔兰人离开爱尔兰，选择移居其他国家以期摆脱经济危机的影响（参见表 2 - 3）。

---

① 皮特·格雷著，邵明、刘宇宁译：《爱尔兰大饥荒》，上海：上海人民出版社，2005 年，第 100 页。

② 爱尔兰中央统计局. Census 2006 Non-Irish nationals living in Ireland. http：//www. cso. ie/en/statistics/population/archive/publicationarchive2006/census2006-non-irishnationalslivinginireland/，2016 年 6 月 27 日访问。

③ COWEN B. Ireland and the Irish abroad：report of the task force on policy regarding emigrants to the minister for foreign affairs，2002.

④ 爱尔兰中央统计局. County incomes and regional GDP 2010. http：//www. cso. ie/en/statistics/nationalaccounts/archive/releasearchive2010/，2016 年 6 月 27 日访问。

表 2－3　2006—2012 年爱尔兰移民情况

（单位：千人）

年份	移出					移入						净迁移
国家	英	欧 15①	欧 12②	美	其他	总计	英	欧 15	欧 12	美	其他	总计	
2006	8.8	5.7	2.3	3.3	15.8	35.9	18	13.5	49.3	4	23.3	108.1	72.2
2007	11	3.5	7.7	3.1	20.8	46.1	18	20.3	72.6	5.3	34.7	150.9	104.8
2008	7.6	7.8	10.1	2.4	21.3	49.2	19	14.5	45.5	5	29.1	113.1	63.9
2009	13	7.4	25.2	4.1	22.2	71.9	13	18.1	17.6	3	21.6	73.3	1.4
2010	15	11.9	14.6	2.9	24.5	68.9	9.1	7.8	8.7	1.7	14.5	41.8	－27.1
2011	20	13.9	10.4	4.7	31.7	80.7	12	9.7	9.8	3.3	18.6	53.4	－27.3
2012	19	14.4	9.6	8.6	35.6	87.2	8.4	10.2	9.3	4.9	19.9	52.7	－34.5

资料来源：爱尔兰中央统计局. Annual population change by component and year. http://www. cso. ie/px/pxeirestat/Statire/SelectVarVal/saveselections. asp，2016 年 6 月 27 日访问。

在 20 世纪 80 年代，移民青年在"凯尔特之虎"时期成群结队地返回爱尔兰。东欧一些国家在加入欧盟之后，扩大了欧盟的劳动力市场，很多人前往爱尔兰就业、工作，这也是促成爱尔兰经济长期增长的关键。伴随着"凯尔特之虎"黄金十年的结束，这种情况又出现了反转。从 2009 年到 2014 年这 6 年，共有 480 000 人离开爱尔兰前往他国，其中有 228 000 人是爱尔兰人。在这几年间，平均每月都有 3 000 余人从爱尔兰向国外流动。爱尔兰失业率增高，而外国人口的就业率首当其冲地受到了影响，离开爱尔兰之后，他们或者选择回到其祖（籍）国工作，或者又移居他国。2015 年，据爱尔兰中央统计局的数据显示，这一年的移出率略有下降，但是大量 25～34 岁的年轻人继续选择离开。不过，伴随着爱尔兰经济的复苏，移民的回流也开始出现。据爱尔兰中央统计局估计，如果爱尔兰经济持续复苏，在 2020 年，爱尔兰人口的移入率将超过移出率。虽然那些希望回国发展的爱尔兰人也面临着失业率接近 10%、税收负担上升、住房成本增高的困境，但爱尔兰一些尖端领域与国际市场中存在的技术差距却也吸引着那些具有相关技术资质的侨民返乡就业。移民所具有的人力成本对国家的发展而言，是具有很大影响的。而受过高等教育的青年劳动力的流失也会降低一个国家的发展速度。但这一部分人口前往海外学习或工作也从另一层面使得爱尔兰获得了来自世界人力市场中的劳动力，如果能通过侨民战略成功说服海外侨民返乡，将使得爱尔兰经济从侨民回流中受益。经济危机之后，随着就业市场复苏，爱尔兰需要大量移民来填补关键技术的空白，以支持

---

　　① 欧盟的 15 个成员国，包括奥地利、比利时、丹麦、芬兰、法国、德国、希腊、爱尔兰、意大利、卢森堡、荷兰、葡萄牙、西班牙、瑞典和英国。

　　② 欧共体的 12 个成员国，包括法国、联邦德国、意大利、荷兰、比利时、卢森堡、英国、丹麦、爱尔兰、希腊、葡萄牙和西班牙。

诸如以爱尔兰为基地的软件行业的发展和复苏。而回流爱尔兰并在此工作的劳动力通过缴税和消费，也从更广泛的意义上促进爱尔兰经济的发展。伴随着爱尔兰社会老龄化的加剧，这一部分青壮年劳动力将为爱尔兰经济发展带来巨大的效益，成为爱尔兰经济发展的一个关键因素。

（二）爱尔兰侨民取得的巨大成功

1. 美国爱尔兰侨民

全球范围内的资金、资源乃至人力资源的流动加速，各跨国公司紧抓时代优势，在全球范围内寻找合适的投资目标。全球化时代的最大特征便是人口的自由流动。而历史的经验让我们得知，任何国家的成功都离不开优秀人才的引领，知识决定命运。爱尔兰抓住契机，审视国内外环境，认识到爱尔兰自古便是一个人才与人口输出的大国，如果能利用这些离散于世界各地、具有全球性视野的人才，便可助爱尔兰经济发展一臂之力。在全球化时代，一个国家经济的发展不仅需要开拓国内市场，吸引更多的投资，同时也需要开拓国际市场，寻求更广的销路。这种双向需求就为祖（籍）国与侨民之间紧密的交往联系圈的诞生与成长提供了沃土，世界各地的爱尔兰人通过各种人际网络来交换信息与商机，分享各类经验和技术，从而满足了爱尔兰经济发展对资本和技术的需求，也有利于爱尔兰经济更好地融入国际经济中。

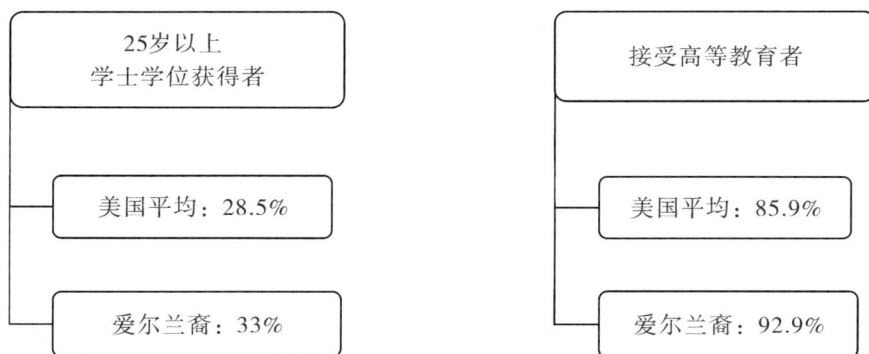

图2-3　2011年美国青年及美籍爱尔兰裔25岁以上青年获得学士学位及接受高等教育比例

数据来源：US Census Bureau. School enrollment data. http：//www. census. gov/hhes/school/data/cps/2011/tables. html，2016年3月21日访问。

以美籍爱尔兰侨民为例，经过多年的努力和艰苦奋斗，美籍爱尔兰人在美国政治、经济、社会中都取得了很大的成功。在《爱尔兰王国》这部描述爱尔兰移民与全球化的影片中，开篇便列举了大量的爱尔兰侨民英雄。他们有政界名人、好莱坞明星、杰出运动员、摇滚明星，也有商界名流。据美国统计局的报告，2011 年有 3 450 万美国人声称自己具有爱尔兰血统，这个数目是爱尔兰国内人口总和的 7 倍。与此同时，据移民政策研究所（Migration Policy Institute，MPI）出具的报告称，有 3 920 万美国人声称自己具有爱尔兰血统。这些报告的价值在于，在那些声称自己具有爱尔兰血统的人之中，大多对爱尔兰具有强烈的好感，这部分人对爱尔兰未来的发展来说，具有相当大的潜力。在第三代自称具有爱尔兰血统的 25 岁以上青年人之中，92.9% 的人至少拥有一所高校的毕业证书，有 33% 的人拥有本科学士及以上学位。而同时期美国国内的平均水平是 85.9% 的人至少拥有一所被认可的高校的毕业证书，其中有 28.5% 的人拥有本科学士及以上学位。无论是从接受高等教育的程度上还是从接受教育取得的成果上来看，爱尔兰人都处于平均值之上（参见图 2 - 3）。而从家庭贫困率来看，美国家庭贫困率的平均值是 11.7%，声称具有爱尔兰血统的家庭贫困率平均值为 7.3%，远低于美国家庭的贫困率。而从平均收入上来看，美国家庭的平均收入是 50 502 美元，而爱尔兰裔家庭的平均收入是 57 319 美元，也高于其平均值（参见图 2 - 4）。

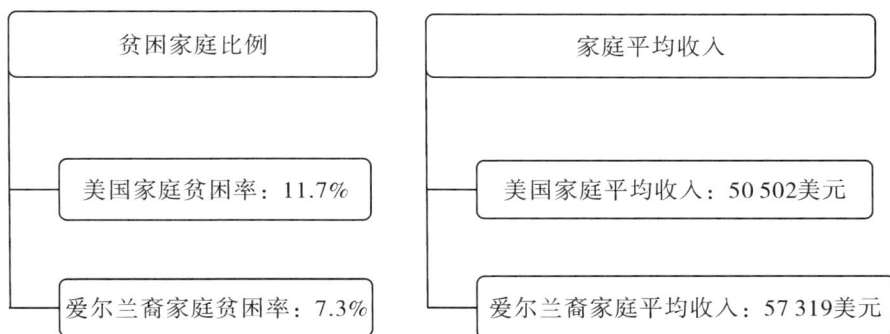

贫困家庭比例	家庭平均收入
美国家庭贫困率：11.7%	美国家庭平均收入：50 502美元
爱尔兰裔家庭贫困率：7.3%	爱尔兰裔家庭平均收入：57 319美元

图 2 - 4　2011 年美国贫困家庭及美籍爱尔兰裔贫困家庭比例及家庭平均收入（美元）
数据来源：US Census Bureau. Income, poverty and health insurance coverage：2011. http：//www. census. gov/topics/income-poverty. html，2016 年 6 月 27 日访问。

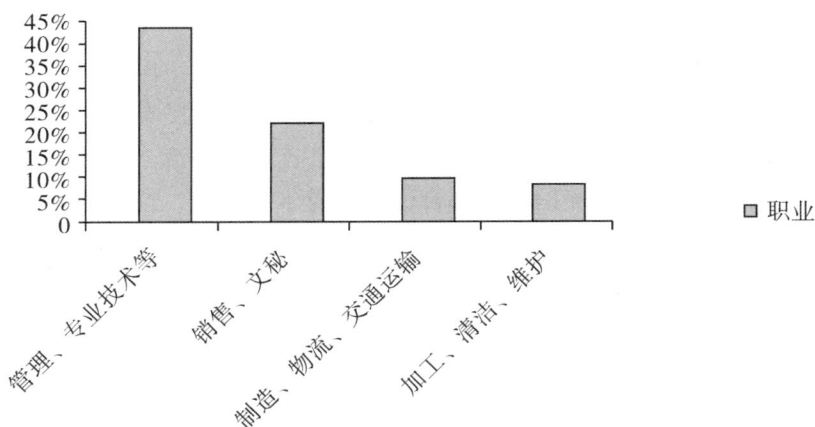

图 2 - 5　2011 年美籍爱尔兰侨民职业分布

数据来源：US Census Bureau. Industry and occupation. http：//www. census. gov/people/io/，
2014 年 5 月 15 日访问。

在该项统计数据中，16 岁以上声称具有爱尔兰血统的人中有 41% 从事管理、专业技术等其他相关职业；有 20.9% 的爱尔兰侨民从事销售和办公室文秘等职业；有 9.3% 的爱尔兰侨民从事制造业、物流和交通运输等行业；有 7.8% 的爱尔兰侨民从事加工、清洁、维护等职业（参见图 2 - 5）。

2. 英国爱尔兰侨民

经过数代的迁徙和几次移民潮的影响，在英国生活着大量的爱尔兰人。由于有着与爱尔兰地理位置相邻和生活习惯相似等优势，英国长久以来都是爱尔兰人喜爱的侨居地。从 1940 年开始，有大量的爱尔兰人移居英国，移民的高峰期在 20 世纪 70 年代出现。80 年代之后，伴随着爱尔兰经济的发展，爱尔兰移民史上出现了少有的移民停滞期，甚至一度出现了移入率高于移出率的情况。英国几乎没有性质单一的爱尔兰侨团，大多是由社会经济和文化等因素塑造出的混合性质的侨团。相同的肤色及相似的文化，使得爱尔兰侨民及其后裔并不将自己视为英国社会中的少数族裔。同时，较之其他文化不同、肤色不同的族群，英国的主流社会也常常忽视爱尔兰群体，这也就意味着来自爱尔兰的族群需求常常被政策的制定者所忽视。从英国国家统计局发布的数据来看，尽管近年来爱尔兰移民英国的人口数量略有下滑，但英国仍是爱尔兰人移民的首选地。20 世纪 50 年代到 70 年代，70% 的爱尔兰移民将移居地定为英国。2008 年经济危机之后，有 7 600 人

从爱尔兰移往英国，2013 年 4 月，有 21 900 人离开爱尔兰前往英国①（参见表 2-4）。这些数据包含了所有之前曾在爱尔兰生活和工作的人口数量，没有确定其中有多少人是具有爱尔兰血统和国籍的。

表 2-4　从爱尔兰迁往英格兰和威尔士的移民人口（2009—2013 年）

时间（年）	人数（人）
2009	13 200
2010	15 300
2011	20 000
2012	19 000
2013	21 900

数据来源：Office for National Statistics（UK）. Internal migration, England and Wales. https：//www. ons. gov. uk/peoplepopulationandcommunity/populationandmigration/migrationwithintheuk，2016 年 3 月 1 日访问。

在 2011 年进行的人口普查中，共有 750 万英国居民是在他国出生，占据了英国人口总数的 13%。有 531 087 人声称自己是爱尔兰裔，占英格兰和威尔士人口总数的 0.9%，其中有 407 357 人注明他们的出生地是爱尔兰。② 这是历史上爱尔兰人首次失去非英国出生人口族群人数第一名的位置。1951 年，英国共有 492 000人是在爱尔兰出生的居民，占非英国出生人口总数的 26%。2001 年，共有 473 000 人在爱尔兰出生但生活在英国，而爱尔兰族群也仍然是非英国出生的第一大少数族群，占这一人口总数的 10.2%。而在 2011 年，爱尔兰却排在非英国出生的少数族群的第四位，位列印度、波兰和巴基斯坦之后，占总数的 5.4%（参见表 2-5）。

①　根据英国统计局网站资料，笔者整理。Office for National Statistics（UK）. https：//www. ons. gov. uk/，2016 年 2 月 11 日。另外参见表 2-3。

②　Office for National Statistics（UK）. Census 2011. https：//www. ons. gov. uk/search？q = Census 2011，2016 年 6 月 28 日访问。

表2-5 七大非英国出生族群人数（1951—2011年）

（单位：人）

国家	时间						
	1951年	1961年	1971年	1981年	1991年	2001年	2011年
爱尔兰	492 000	683 000	676 000	580 000	570 000	473 000	407 000
波兰	152 000	120 000					579 000
印度	111 000	157 000	313 000	383 000	400 000	456 000	694 000
德国	96 000	121 000	148 000	170 000	202 000	244 000	274 000
俄罗斯	76 000						
牙买加		100 000	171 000	164 000	142 000		
巴基斯坦			136 000	182 000	225 000	308 000	482 000

数据来源：Office for National Statistics（UK）. Population by Country of Birth and Nationality. https：//www. ons. gov. uk/peoplepopulationandcommunity/populationandMigration/populationestimates/datasets/populationbycountryofbirthandnationality，2016年6月28日访问。

在爱尔兰侨民中，有61.4%的人拥有自己的私人房产，其中有33%的人拥有房屋的全部产权，有16.7%的人在外租房，21.7%的人租住在公租房里，这项数据中爱尔兰侨民的房产拥有率远远高于在英国生活的其他少数族裔群体。[1]

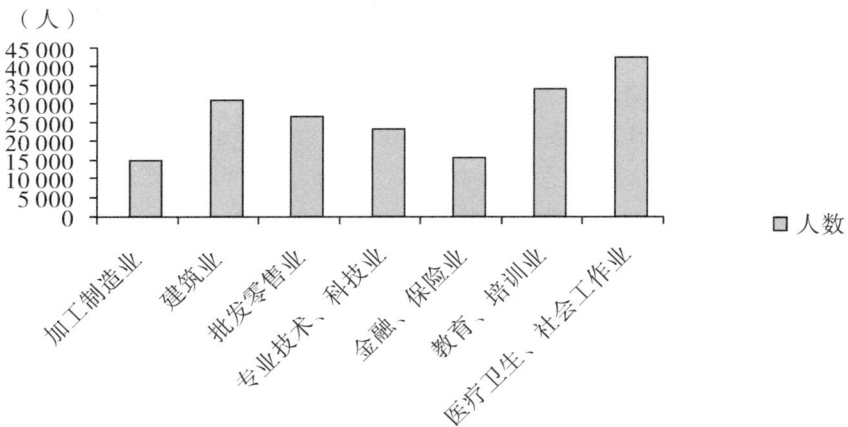

图2-6 2011年爱尔兰侨民在英格兰、威尔士的职业分布

数据来源：Office for National Statistics（UK）. Census 2011. https：//www. ons. gov. uk/peoplepopulationandcommunity/populationandmigration/populationestimates/bulletins/2011census/，2016年6月28日访问。

---

[1] Office for National Statistics（UK）. Census 2011. https：//www. ons. gov. uk/search？q = Census 2011，2016年6月28日访问。

在就业市场中，爱尔兰人仍是英国劳动力市场中最大的少数族裔群体。20世纪 50 年代，"移民"一词往往等同于劳工移民，被视为从事建筑或制造业工作的男性以及从事保姆、护理行业的女性等低技术领域的工人群体。从 2011 年英国人口普查的数据来看，新兴爱尔兰移民群体所从事的职业较之前的侨民群体更加广泛。16 岁以上被雇佣的 264 082 位移民群体中，有 11.2% 的人口从事与建筑业相关的行业，从事销售员等职业的人口占 9.7%，从事科研等相关专业的人口占人口总额的 8.5%，从事教育行业的人口占 12.3%，从事健康和社会工作的人口占 15.4%。这些移民所从事的职业与早期从爱尔兰移居英国的移民所从事的职业有天壤之别。与早期爱尔兰侨民的男性主要从事建筑行业、女性从事家政服务行业相比，越来越多新生代侨民进入了对教育水平要求更高的专业、管理领域。从 2011 年英国国家统计局发布的数据来看，在英格兰和威尔士，共有 14 370 名爱尔兰人从事加工制造业，29 800 名爱尔兰人从事建筑业，25 860 名爱尔兰人从事批发零售业，22 510 名爱尔兰人从事专业技术和科技行业，15 050 名爱尔兰人从事金融、保险等行业，32 580 名爱尔兰人从事教育、培训业，40 860 名爱尔兰人从事医疗卫生和社会工作等行业（参见图 2－6）。

从以上数据可以得知，爱尔兰人在英国的就业范围几乎涵盖了所有行业领域。同时，也有大量的人从事最尖端的科学技术领域职业和管理类职业。从 2011 年英国人口普查的数据可以得知，16 岁以上的爱尔兰劳动人口中，12.8% 的人是管理者、企业的高层或者部门领导，27.5% 的人从事专业技术领域的工作，13.4% 的人从事与教育、科技相关的工作。这三类职业是爱尔兰侨民就业的三大领域，占据了爱尔兰就业人口的 53.7%。值得指出的是，相对于其他生活在英国的少数族裔和英国公民平均教育水平，爱尔兰侨民普遍拥有较高的学历。16 岁以上的爱尔兰侨民中有 33.6% 的人拥有四级资质以上的教育水平，而英国接受四级资质以上教育水平的人口平均比例仅为 27.2%。① 这也就意味着，在劳动市场中爱尔兰的年轻侨民相对于其他少数族裔拥有着更强的竞争力。

三、爱尔兰政府对侨民资源的再认识

（一）侨民战略研究的兴起

由于受英国殖民的影响，爱尔兰大量的人口移出从 19 世纪早期开始到 20 世

---

① Office for National Statistics（UK）. Census 2011. https：//www. ons. gov. uk/peoplepopulationand community/populationandmigration/populationestimates/bulletins/2011census/，2013 年 5 月 16 日访问。

纪中期才逐渐结束。尽管爱尔兰海外侨民是爱尔兰民族独立运动的核心及主要推动者，但爱尔兰独立后却刻意将爱尔兰海外侨民的影响淡化，自此以后，爱尔兰海外侨民被排除在爱尔兰国家的组成部分之外。[①]

20世纪末，伴随"新全球主权形式"理论的诞生[②]，海外侨民重新被视为国内资源的一部分。一些传统移民大国包括爱尔兰，开始重新关注海外侨民。20世纪90年代，爱尔兰国内就"全球化"以及"文化及身份认同应去领土化"等问题进行了激烈的讨论，最后得出结论，认为应当以更宽广的视野将海外爱尔兰人视为爱尔兰国家的一部分。[③]"侨民"一词的出现及其话语权最初掌握在少数知识分子及政治领袖手中。在20世纪90年代，爱尔兰学界及媒体界开始使用"侨民"一词，他们对侨民这一外部因素将给爱尔兰人身份认同造成的不确定前景表示担忧。其中有的从全球化与爱尔兰文化的角度进行剖析，有的通过主权国家的视角来探讨，还有一些人则以欧共体成员国的身份视角去研究。[④] 学界与媒体的这些探讨也引起了政府的重视，时任爱尔兰总统的玛丽·罗宾逊正面回应了这些担忧。

（二）爱尔兰政府对侨民资源的重新审视

1990年，玛丽·罗宾逊在其总统就职演讲中谈到，自己作为爱尔兰的总统，在任期内最重要的角色首先是爱尔兰国家及民众的利益代表，但与此同时，她也是身处世界各地的爱尔兰海外侨民的代表。借由这次演讲，爱尔兰官方将爱尔兰人的身份进行重新认定，认为"爱尔兰人"的身份认同应当是更多元的、不限制其居住地的一种广泛认同，海外侨民也应当被视作爱尔兰人。此后，罗宾逊又多次强化这一认识与观念。1995年2月，罗宾逊就爱尔兰海外侨民问题召开了国家议会的联席会议。在这次会议上，她以"珍惜海外侨民资源"为题发表讲话，意在强调应以"去领土化"的身份看待爱尔兰海外侨民问题。她说：

对我而言，爱尔兰人并不是指简单领土意义上所谓的居住在这片土地上的公

---

① GRAY B. The Irish diaspora: globalised belong（s）. Irish journal of sociology，2002（11）.

② HARDI M，NEGRI A. Empire. Harvard University Press，2000：18.

③ HARDI M，NEGRI A. Empire. Harvard University Press，2000：18.

④ GILLESPIE P. Diaspora a resource to the Celtic Tiger. Irish times，2000（1）；KEARNEY B. Across the frontiers：Ireland in the 1990s. Wolfhound Press，1988；KEARNEY B. Migration：the Irish at home and a-board. Wolfhound Press，1990；KEARNEY B. Vision of Europe. Wolfhound Press，1992；KEARNEY B. Post-na-tionalist Ireland：politics，culture，philosophy. Routledge，1997；O'TOOLE F. Black hole，green card：the dis-appearance of Ireland. New Island Books，1994；O'TOOLE F. The Ex-Isle of Erin，images of global Ireland. New Is-land Books，1994.

民。事实上，于我而言，它更是指仍积极与这个国家取得联系，并感觉与这块土地仍然共享荣誉、感觉自己身体里流淌着爱尔兰的血液、与这片土地上的居民有着同样的文化观念的人。我在此呼吁，如果我们能改变我们以往的观念和看法，用心倾听这些与我们同根同源却由于各种原因而背井离乡侨居他国的海外爱尔兰人的声音，我敢保证，"侨民"将不再仅仅是历史发展和变迁的结果，他们也是为我们民族伟大历史中做出奋斗和贡献的一个重要组成部分……跨过爱尔兰广袤的海岸线与这些侨居他乡的"侨民"取得联系，为我们的国家、社会和文化带来的价值将不只局限于文化的多元性、价值的多样性，也将为我们的社会带来更多多元、宽容、非偏见……的品德。如果我们希望通过爱尔兰海外侨民折射出与我们同样而单一的特征，或者是与爱尔兰具有单一、紧密的联系，那么我们可能就会失望了……因为，这样的狭隘胸襟将会使我们失去文化多样性提供给我们的更多机会、力量和资源的话语权。①

在这篇演讲中，爱尔兰作为一个民族国家，它所代表的"我们"涵盖了爱尔兰海外多元的侨民。换句话说，作为祖（籍）国的爱尔兰，也将是其海外侨民利益的代表。爱尔兰总统罗宾逊在她接下来的演讲中谈到，珍惜爱尔兰海外侨民的最重要方式首先是将"祖（籍）国"这一概念建立在一个设想为"宁静而和平之地"的基础上，而构成群体多元化的"爱尔兰人"将会带领全体爱尔兰人民通向此圣洁之地，赋予爱尔兰侨民"多元、宽容、非偏见"等特质的同时，其实质也证明了此时的爱尔兰社会中正存在着排外、不宽容、偏见的问题。② 尽管爱尔兰在"侨民"一词的概念中，认为侨民丰富了爱尔兰的自由多元主义、发掘了民族主义的慈善捐赠的潜力，却刻意模糊了社会中所存在的排外主义的呼声以及爱尔兰在世界工业体系中已被边缘化的事实。对生活在爱尔兰的许多人来说，这种抽象的、涵盖了多居住地、多代移民的"想象的共同体"，是与自己日常生活相距甚远的。③ 20世纪90年代中期，一项旨在保护部分移民的利益而扩大爱尔兰国会上议院代表权的计划在面对爱尔兰国内大范围的反对呼声时被叫停。反对者反对政府给予海外侨民插手爱尔兰事务的权利，认为爱尔兰的事务只能由生活在这片土地上的公民决定。爱尔兰政府期望爱尔兰大众与更广范围的侨

① ROBINSON M. Cherishing the Irish diaspora. Address to the House of the Oireachtas，1995：1-2.
② GRAY B. Whitely scripts：Irish women's racialised belongings in London. European journal of cultural studies，2002（5）；IGNATIEV N. How the Irish became white. Routledge，1995；JACOBSON M F. Special Sorrows：The diasporic imagination of Irish，Polish and Jewish immigrants in the United States，Harvard University Press，1995.
③ BYRNE P. Emigration：the great non-issue. The Furrow，1995（69）.

民取得联系的方式似乎超出了普通大众的承受范围，散居世界各地的侨民被包含在一个扩大化的爱尔兰人身份认同之内的特征也远远超出了普通民众的想象。"侨民"一词从概念上包含了从爱尔兰移出的移民以及他们的后代。从罗宾逊1995年发表的一篇讲话中可知，侨民涵盖了所有想象可及的、各种类型的、各种经历和各种经验的海外爱尔兰人。但是，从制度上来看，爱尔兰却仍将他们视为独立的个体，将他们排除在投票等政治权利之外。然而，海外侨民仍然积极地通过言论和话语干预爱尔兰国内的政治社会生活，并产生了一定的影响。比如说，对爱尔兰共和国和平进程框架的影响和干预；爱尔兰大众媒体都是"新爱尔兰人"及爱尔兰文化的代言人；爱尔兰总统麦卡利斯公开承诺，全球爱尔兰人是一家。在《贝尔法斯特协议》——即"欢乐星期五协议"之后，爱尔兰议会通过宪法纠正案正式承认了居住在海外的爱尔兰人具备的一些政治权利，并实际赋予了一定的权利。[①] 自此以后，在爱尔兰经济全球化的过程中，海外爱尔兰侨民开始承担起越来越重要的责任。

由于国内面临严峻的经济形势，而海外爱尔兰侨民所拥有的资本、管理经验、技术等优势正好可资利用，爱尔兰政府也认识到了这一点。为了使爱尔兰经济得到发展，爱尔兰政府出台侨民战略也就顺理成章了。

第二节　爱尔兰侨民战略的出台

一、爱尔兰侨民战略的制定路径

侨民战略的制定是由下列几个路径构成的：①确定爱尔兰的侨民群体以及谁是爱尔兰所需的目标人群。②确定爱尔兰自身发展的首要目标，并将爱尔兰侨民可参与祖（籍）国经济建设的一般路径制定出来。③更准确地搜集和掌握侨民的个人信息，以更好地制定适合的政策来发挥侨民的力量。④了解侨民需要，制定吸引侨民回国参与经济建设的政策。⑤解决影响侨民回祖（籍）国投资、创业的最大障碍。

---

① 《贝尔法斯特协议》即"欢乐星期五协议"在多个政治团体的讨论、谈判和协商之后，于1998年4月10日达成一致。该协议承认了在北爱尔兰和平进程中，北爱尔兰人民所拥有的自主选择其是归属英联邦抑或爱尔兰共和国的权利。同时，该项协议在权利、公平、机会、安全、政治、打击犯罪等领域，英国政府与爱尔兰政府也取得了一致的看法。

（一）确定爱尔兰侨民群体

通过已有的数据对"爱尔兰人"进行定义，将会更加准确地确定国家在制定侨民战略时所要面对的对象。伴随着爱尔兰的经济发展，侨民战略的内容也不断调整，需要更多元的、广泛意义上的"爱尔兰人"来支持爱尔兰社会、经济的发展。因此，准确定义目标群体将有利于侨民战略制定的精确性和多元性。

《爱尔兰宪法》第二条对什么样的人可称为"爱尔兰人"作出了法律意义上的确认，认为出生在爱尔兰的人民与生俱来就是爱尔兰民族的一部分。同时，符合法律规定并申请成为爱尔兰的公民也是爱尔兰民族的一部分。除此之外，出生在国外的爱尔兰后裔也是爱尔兰人的一部分。[1]

由宪法规定可以看出，爱尔兰所涉及的侨民群体与其他国家相比，具有包含对象更广泛的特征。随着爱尔兰自身需求的变化以及国际影响力的增强，海外越来越多的非爱尔兰人也开始对爱尔兰的文化、经济产生浓厚的兴趣，并参与到爱尔兰的社会经济建设中来，爱尔兰政府将这个对爱尔兰存有好感的群体也视为爱尔兰侨民战略的对象之一，这部分"亲和侨民"也成为爱尔兰侨民主体的组成部分。

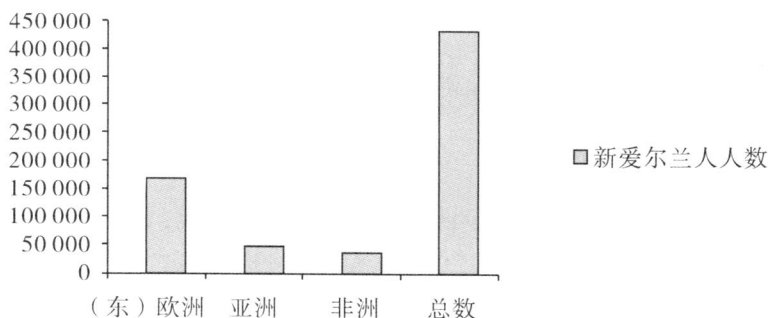

图 2 - 7　2006 年新爱尔兰人人数及来源

数据来源：爱尔兰统计局 . Population and Migration Estimates（A）2006. http：//www. cso. ie/en/statistics/population/archive/releasearchive2006/，2016 年 6 月 28 日。

所谓"新爱尔兰人"（New Irish），是指通过合法的途径移居到爱尔兰生活、工作的人，这些人大多是在爱尔兰国内经济形势良好的时期因为经济等因素而前往爱尔兰的，他们在参与爱尔兰经济建设的同时，也分享了爱尔兰经济建设获得的成果。据爱尔兰统计局的报告，截至 2006 年，从世界各地前来爱尔兰工作和学习的移民有 419 733 人，其中来自（东）欧洲国家的有 163 227 人，来自亚洲国家的有

---

[1] 《爱尔兰宪法》第二条，1931 年 7 月 1 日制定，1937 年 10 月 29 日执行。

46 952 人，来自非洲国家的有 35 326 人，"新爱尔兰人"的总数占爱尔兰人口总数（4 172 013 人）的 10.06%（参见图 2 - 7）。在此之后，伴随欧盟新成员国的增加，"新爱尔兰人"的人数也随之增加。他们不仅为爱尔兰带来了资金、技术以及人际网络，也随之建立起了自己的侨民组织，形成了自己的侨民网络。

而《爱尔兰宪法》中所指的海外爱尔兰人既包括在爱尔兰出生却侨居于国外的爱尔兰人，也包括在海外出生和生活的爱尔兰人后裔。据爱尔兰官方统计，约有 80 万出生于爱尔兰却在海外生活的爱尔兰侨民，约有 8 000 万声称拥有爱尔兰血统的爱尔兰人。①

从上述表格中不难发现，到爱尔兰旅游和学习的人数众多。仅 2005 年就有 25 319 人次在爱尔兰留学，而前往爱尔兰旅游的观光客人数更是庞大，高达 810 万人次。② 而这一部分人大多对爱尔兰抱有好感，他们虽然不是爱尔兰国籍，却在前往爱尔兰旅游、留学或者工作之后，认为自己与爱尔兰有密切的联系，这些人都是潜在的"新爱尔兰人"群体，而在加入爱尔兰国籍之前，他们则被视为爱尔兰的"亲和侨民"。随着爱尔兰经济发展的需要，越来越多人前往爱尔兰工作、学习和旅游，爱尔兰也认识到这部分群体的潜力，爱尔兰的经济社会发展需要吸引更多的群体前往爱尔兰投资、工作，故而"亲和侨民"也成为爱尔兰侨民战略的目标群体之一，在制定相应的侨民政策时，也将这一部分人囊括在内。对爱尔兰社会而言，这部分"亲和侨民"虽然没有流淌着爱尔兰的血液，但对爱尔兰国家怀有特殊的感情，对爱尔兰文化持有强烈的认同。因此，这一部分群体也属于爱尔兰人的重要组成部分。

2009 年爱尔兰基金会的研究报告显示，目前声称自己具有爱尔兰血统的人数大概为 8 000 万。而在这部分人之中，又有大约 80 万人出生于爱尔兰却侨居他国。其中，大约有 500 000 人出生于爱尔兰后移居英国；有 156 000 人出生于爱尔兰后移居美国；有 50 000 人出生于爱尔兰后移居澳大利亚；有 22 800 人出生于爱尔兰后移居加拿大；在爱尔兰出生后移居法国和德国的移民各有 16 000 人；而在西班牙，则有 8 000 人出生于爱尔兰后又移民于此。这一部分人均为宪法所规定的出生于爱尔兰而天然具有爱尔兰公民身份的群体。③

从爱尔兰人在世界各地的分布图来看，侨居人数排名第一的是美国。在美国，

① 爱尔兰中央统计局 . Population and Migration Estimates April 2015. http：//www. cso. ie/en/releasesandpublications/er/pme/populationandmigrationestimatesapril2015/，2016 年 6 月 27 日访问。

② 笔者根据爱尔兰中央统计局数据整理。http：//www. cso. ie/en/releasesandpublications/er/pme/Populationandmigrationestimatesapril2015/，2016 年 6 月 23 日访问。

③ AIKINS K, SANDS A. WHITE N. A comparative review of international diaspora strategies ：the Global Irish making difference together. The Ireland Fund, 2009：3.

共有3 400万爱尔兰人生活在此。从这一数量比来看，几乎每9到10个在美的爱尔兰人可在爱尔兰找到亲戚，而从家庭成员来看，几乎每一个家庭都与美国产生了天然的联系。在加拿大，声称具有爱尔兰血统的人数高达380万，是世界各地爱尔兰侨民总数排在第二位的国家。澳大利亚共有180万声称自己是具有爱尔兰血统的爱尔兰侨民。阿根廷共有50万声称自己是具有爱尔兰血统的爱尔兰侨民。不难发现，除了英国，北美是爱尔兰人分布较广的区域。而这部分声称自己具有爱尔兰血统的人，也被宪法归为"爱尔兰人"共同体中的重要组成部分。（参见图2-8）

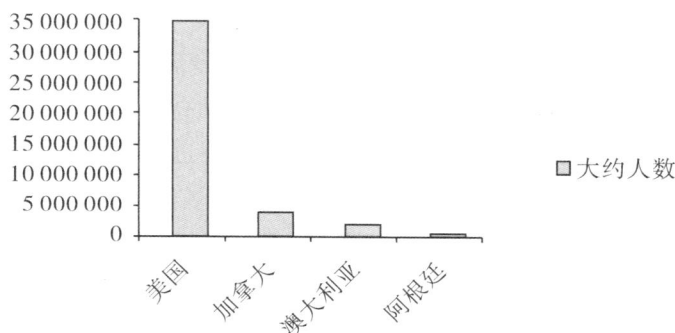

图2-8　2010年分布于世界各地的爱尔兰人

数据来源：爱尔兰中央统计局. Population and migration estimates. http：//www.cso.ie/ en/ releasesand publications/er/ pme/ populationandmigrationestimatesapril2015/，2016年3月25日。

（二）确定经济发展首要目标

在制定侨民战略之前，首先要对祖（籍）国发展的首要目标进行全面的分析和评估。在建立起侨民战略与祖（籍）国经济发展的联系之前，必须仔细地确认祖（籍）国的发展首要目标，以避免制订不现实的计划以及无法达到计划所要达到的目标。

自20世纪90年代开始，爱尔兰经历了一系列剧烈的变革。历史上的爱尔兰在欧洲是一个被边缘化的、经济落后的、高移民率的、贫穷且落后的、以农业为主的国家。1985年，爱尔兰的失业率超过18%。1987年，爱尔兰的国内生产总值仅达到欧共体国家国内平均生产总值的63%。[1]

1957年，爱尔兰、希腊、冰岛和土耳其这四个国家被欧洲经合组织评定为

---

[1]　孟繁伊南：《欧盟地区经济政策对爱尔兰的影响》，陕西师范大学硕士学位论文，2013年，第40页。

不发达的国家和被边缘化的国家。① 这在爱尔兰境内引发了强烈的讨论，讨论的主题是：是继续维持爱尔兰工业产品和农业产品的出口贸易在英国市场所占有的优势地位，还是以积极的姿态应对贸易自由主义的浪潮。由此可见，在爱尔兰独立之后，对其宗主国——英国的经济依赖仍然很严重，而爱尔兰经济发展的最大障碍就是殖民体系造成的对英国市场的依赖。

爱尔兰加入欧共体之后，于 1988 年向欧共体提交了《国家发展计划》，提出了国家发展的目标：希望通过欧共体基金的援助，促进爱尔兰经济的持续发展，提高爱尔兰的就业水平，提高和加强爱尔兰各行政区的竞争力，促进爱尔兰社会的进步和凝聚力，同时整个国家能够得到均衡的发展。爱尔兰在 20 世纪 90 年代仍然面临着许多社会问题，包括失业率高、工业化发展缓慢、人口分布不均等，仍然处于欧洲的边缘位置……因此，爱尔兰希望推动高新技术产业的发展，加强通信设施的建设，开发能源，同时加强环境保护，促进教育事业的发展并加强社会凝聚力，发展地方乡镇企业。由此可见，尽管爱尔兰加入了欧共体，但仍然需要解决一系列的国内社会、经济问题，例如工业化程度低、地方经济不发达、教育程度低、高新技术产业率低等。而改变原有的经济结构、解除对英国经济的依赖、提高教育水平、推动高新技术产业建设等正是此时爱尔兰社会经济建设的最大需求。

20 世纪晚期到 21 世纪初，爱尔兰经历了历史上前所未有的繁荣期。然而，2008 年之后，经济危机在全球范围内迅速蔓延，爱尔兰也无法幸免。受其影响，国内经济下滑，"复苏"爱尔兰经济，走出危机，由传统的工业经济向知识经济转型，成为这一时期的爱尔兰经济建设的首要目标。② 爱尔兰共和国总理恩达·肯尼曾说过：2008 年经济危机之后，再次剥夺了我们国民所拥有的幸福生活，尤其是我们的年轻人，他们失去了所应得的、在国内工作的机会……我们的经济亟须复苏，我们国家的名誉和未来与海外侨民紧密地联系在一起……而政府如何有效动员爱尔兰侨民及全球范围内的爱尔兰后裔参与祖（籍）国经济复苏就显得尤为重要。③

爱尔兰社会保护部部长乔安·巴顿认为，爱尔兰与侨民的关系不仅关系到彼此的利益和福祉，更关乎爱尔兰国家的未来。爱尔兰移民在世界范围内的影响力是被很多国家所看重的。通过这些侨民的经验和专业技能来度过经济危机，让国

---

① CROTTY W，SCHMITT D E. Ireland on the world stage，Pearson Education Limited，2002：55.

② AIKINS K，SANDS A，WHITE N. A comparative review of international diaspora strategies：the Global Irish making difference together. The Ireland Fund，2009：12.

③ Department of foreign affairs and trade. Global Irish：Ireland Diaspora Policy，2015：6.

家的经济发展步入正轨并以此创造更多的工作机会。[①]

为了重新树立爱尔兰的国际地位，度过经济危机，爱尔兰政府希望通过制定合理的政策来吸引海外侨民回归祖（籍）国参与经济建设，并通过他们的经验和技术来实现爱尔兰经济复苏和转型。在制定一系列切实可行的政策之后，很多移民回归爱尔兰，并用他们的专业技能和管理经验，回馈祖（籍）国，成为爱尔兰经济复苏的动力。

（三）搜集侨民的个人信息

对现有侨民群体的数量、侨居地、性别、年龄、受教育程度、技能、职业、投资、慈善捐款、所属侨民群体和他们自身所需发展目标数据的搜集和整理，有利于更好地制定合适的侨民战略，以帮助爱尔兰经济复苏和向知识经济转型。

（四）了解侨民需要

对于如何动员和吸引侨民回国创业、工作，首先通过各种侨民组织和侨民网络听取目标群体的需求，以激励该群体回国就业。应根据自身侨民群体不同的需求，通过提升大使馆和领事馆服务、拓展公民权、给海外侨民以各种福利资助，鼓励侨民回归并建立帮助侨民回归的服务及咨询类组织，拓展海外公民投票权，以鼓励侨民团体参政，支持文化交流和语言教育服务，建立、培养并促进侨民社会网络发展，推动侨民短期返回祖（籍）国进行了解、交流。

（五）解决影响侨民回国的障碍

通过对国家宏观及微观的制度和机构组织的架构、经济、文化、社会（包括教育、医疗、住房）等进行分析，了解潜在或已经存在的影响侨民为祖（籍）国的建设做贡献的制度，并改善和解决所存在的障碍，发挥侨民战略的最大作用。

爱尔兰在建国后，由于经济长期处于低迷状态，政府也曾制定过一些政策鼓励海外侨民回国参与爱尔兰社会经济建设。然而，由于国内基础设施建设落后、教育水平低、失业率高、自身经济环境差等因素，这些政策并没有发挥很好的作用和效果。在解决好这些问题之后，爱尔兰通过提供更多的就业机会、营造优越的工作环境、简化商业及公司登记程序、降低赋税、拓展侨民一定的公民权利等制度，为侨民回流爱尔兰扫除了障碍。

---

① Department of foreign affairs and trade. Global Irish：Ireland diaspora policy，2015：6.

二、爱尔兰侨民战略内容与实施

（一）爱尔兰侨民战略思想的提出

爱尔兰独立后关注的核心始终是爱尔兰国内的公民。对海外的爱尔兰人，其提供的服务也仅限于一般的外交领域，对海外爱尔兰裔移民所承担的责任及福利则大多被天主教会所包揽。在爱尔兰独立早期，以天主教会为基础成立的天主教国际女士保护组织和爱尔兰青年天主教组织帮助希望出国的侨民寻找更好的工作机会，以及为侨居国的新移民寻找住房，同时确保他们与当地的天主教会取得联系。这样的组织及其工作伴随着天主教在都柏林成立天主教徒福利局而迈出了制度化的一步，出台了扶助天主教移民的相关办法。但同时，由天主教会牵头成立的组织也反映了当时生活在爱尔兰的中产阶级对在海外求生的工人阶级是否能够继续对天主教国家和教会保持忠诚产生了怀疑。

1954 年，一份关于海外爱尔兰人群生活的报告提到，在离开爱尔兰去寻找更好的工作机会之后，大部分移民较之前在爱尔兰生活时的生活水平有了不同程度的提高，与此同时，这些移民也同样改善了他们仍然留在祖（籍）国生活的亲人的生活水平和经济状况。大量侨汇的流入使得爱尔兰国内的贫困率有效下降，促进了国内经济水平的平衡，缩小了富裕阶层和贫困阶层之间的差距。在此之后，由约翰主编出版的论文集《消失的爱尔兰人》（1953）中提出了对人口数量快速下降而产生的恐慌，并在《爱尔兰国籍及公民权利法案》（1956）生成之前在全国范围内引发了广泛的讨论，并最终在一定程度上促成了对何谓"爱尔兰人"及其所拥有的公民权在法律意义上进行确认。这部法案规定了在爱尔兰出生的爱尔兰人无论他们现在身处何处，他们以及他们三代内的子孙都天生具有爱尔兰公民的权利。尽管这部法案试图改变爱尔兰人口数量下降的事实，但效果却并不明显。

1957 年，爱尔兰驻伦敦大使提出为移民提供服务最有效的机构是教会、志愿者机构和大使馆。同年，这项主张更是从制度上将教会为侨民提供服务的方式呈现出来，新成立的爱尔兰圣公委员会正式接手了爱尔兰海外侨民的援助事务。很多牧师作为爱尔兰海外侨民服务组织的开拓者，建立了大量爱尔兰人中心和爱尔兰人联络点，以尽力解决和满足每一个海外侨民在异国他乡所面临的困难和需求。与此相比，爱尔兰政府仍然扮演着与以往相同的消极角色。1965 年，爱尔兰总统肖恩·利马斯在其所发表的某次讲话中提到，从某种程度上来说，在英国，爱尔兰人中心机构的体制是不健全的，而在具体实践中，由于多方面的限制

更是不可能长久存在的。[①]

　　爱尔兰政府对侨民态度的改变发生在 1968 年爱尔兰劳动部部长在要求劳动部应改进就业环境、创造就业岗位的一次谈话，他认为爱尔兰国内的青少年应当向在海外工作的移民学习。这是爱尔兰政府的领导人第一次在公开场合谈到人民有选择是否移民的权利。[②] 与此同时，政府也从某一层面承认了海外侨民对爱尔兰国内经济发展所具有的优势。

　　1969 年，爱尔兰天主教移民咨询委员会建议爱尔兰外交部部长停止使用移民（emigration）一词，认为爱尔兰历史上的大多数移民都是拥有苦难经历的可怜人，建议使用海外爱尔兰人（Irish abroad/Overseas Irish）代替"移民"一词。[③] 这是爱尔兰对侨民首次进行概念界定，标志着爱尔兰正逐步迈向现代、进步的国家轨道。20 世纪 70 至 80 年代，爱尔兰政府开始逐渐认识并资助侨民，并将其视为国家福利拓展的一种方式。在 20 世纪 70 年代早期，劳动部部长在都柏林举行了一场关于海外福利提供的会议，通过了资助青年人前往英国求学就业的项目。这一项目在 1984 年被另一个项目所取代，将资助改为分配给在英国工作或求学且生活贫苦并在相关机构均有备案的移民。1989 年，伴随着爱尔兰对侨民认识的加深，一个多部门参与并讨论如何指导、发展、吸引"亲和侨民"，建立侨民信息中心的会议召开了。在此之后，爱尔兰政府对侨民越发重视，一个跨国界的组织——爱尔兰国家教育与就业机构诞生了，这个组织的目标是增加在欧洲的工作岗位和促进人才的自由流动。

　　20 世纪 80 年代，爱尔兰国内流传着一句非常有意思的话：有雄心大志的人就应该移民，工人想要提高个人技能就应该去国外学习。这段话表明社会对劳工的流动性越来越关注，并且认为国外工作的经验对工人技能的提升具有一定的帮助。20 世纪 90 年代，大部分 80 年代出国的侨民回归爱尔兰，成就了爱尔兰"凯尔特之虎"的经济奇迹。尽管在此之后，爱尔兰的宪法和政府均在政治层面上为爱尔兰侨民敞开了大门，然而，仅仅依靠天主教堂机构在第一线为侨民提供服务的力量始终是有限的，一些需要救助的侨民并不能及时得到帮助。因此，在 1998 年，爱尔兰侨民圣公委员会（IECE）委托研究机构做了一个关于现有侨民政策的调查，调查报告重申了爱尔兰侨民圣公委员会及牧师在社会、大众以及为海外侨民提供社会服务过程中的角色，并由此表达了侨民政策改革的夙愿，希望政府制定起全面的政策，完善基础服务设施建设。这份报告的出台以及《贝尔法

　　① COLLYER M. Emigration nations: policies and ideologies of engagement. Palgrave Macmillan, 2013: 105.
　　② COLLYER M. Emigration nations: policies and ideologies of engagement. Palgrave Macmillan, 2013: 106.
　　③ COLLYER M. Emigration nations: policies and ideologies of engagement. Palgrave Macmillan, 2013: 106.

斯特协议》的颁布，在 21 世纪早期成为爱尔兰政府与侨民关系的参考点。

进入 21 世纪初，爱尔兰政府重新审视海外爱尔兰人对国家的意义，并出台了一份报告，建议完善政府对海外爱尔兰人的基础福利并满足他们基本的社会、文化和生活需求。尽管这份报告在国内遭到了一定的抵触和反对，但在天主教会和其他组织的活动和游说之下，爱尔兰政府最终在爱尔兰外交部成立了分管侨务的下属机构，这个机构的主要职责就是为爱尔兰侨民提供援助，为希望回到祖（籍）国生活和就业的侨民提供建议和帮助。同时，通过支持志愿者机构开展的工作来强化与海外侨民的关系，根据《宪法》第二条来加强爱尔兰与爱尔兰侨裔的联系。随后，这个机构提交了一项涵盖范围更广、涉及层面更深的移民资助项目，并制定了截至 2008 年应当完成的核心工作。这个项目所需的资金数目非常大，仅从 2004 年到 2011 年为侨民开展的文化、福利及运动活动就需要 9 300 万美元。2011 年，有大约 1 127 万美元用以支持超过 20 个国家的 200 个爱尔兰侨民组织的壮大和发展。[1] 为侨民提供福利是为了重建侨民过去对国家所没有的荣誉感，而对文化以及爱尔兰后代的支持则是为了培养其对爱尔兰文化共同体的认同感和其对祖（籍）国爱尔兰的归属感，同时强化与爱尔兰之间的联系和交流。爱尔兰经济学家大卫认为，未来的政府是服务型的政府，而其服务的关键则是对人才的服务。而爱尔兰人才的后备库和巨大潜力正是源于广大的海外侨民。他们为爱尔兰提供了广阔的、具有高等教育的且是英语系的世界人才流动资源库，而这正是 21 世纪爱尔兰发展的一支强大生力军。[2]

2008 年全球经济的下滑同样影响了爱尔兰经济的发展。2009 年爱尔兰召开了"全球爱尔兰人经济论坛"，会议召集了全球范围内最具影响力的爱尔兰文化、商业协会的 112 个成员。这场会议共有两个目的，一是号召生活在爱尔兰的爱尔兰人、爱尔兰侨民和所有爱尔兰"亲和侨民"团结在一起，帮助爱尔兰度过经济危机，快速实现经济复苏。二是在爱尔兰和全球爱尔兰侨民团体之间建立战略伙伴的关系，尤其是加深在经济方面的合作。

这两个目标随后在政府颁布的政策中一一得到补充。这些政策文件包括《促进就业行动计划 2012》、《科学发展战略》、《工业创新计划》（2006—2013）、《2008 年建立爱尔兰智慧型经济》以及《爱尔兰创新工作组 2010 年报告》等。

（二）爱尔兰侨民战略的内容

爱尔兰在确定了自己的首要发展目标、掌握了侨民的各项信息之后，便随之

---

[1] COLLYER M. Emigration nations：policies and ideologies of engagement. Palgrave Macmillan，2013：108.

[2] COLLYER M. Emigration nations：policies and ideologies of engagement. Palgrave Macmillan，2013：108.

制定了自己的侨民战略，并依据不同的对象给予相应的政策支持。从侨民战略所涉及的对象关系来看，大概有四种：爱尔兰与爱尔兰侨民的关系，爱尔兰与新爱尔兰人的关系，爱尔兰侨民与爱尔兰侨民的关系，以及爱尔兰侨民与新爱尔兰人之间的关系。根据这四个不同对象的关系，侨民战略也会有所不同。以第一组爱尔兰与爱尔兰侨民为例，爱尔兰作为祖（籍）国对爱尔兰侨民可提供的帮助和支持是条款 A，而在这一组关系中，爱尔兰侨民能帮助祖（籍）国——爱尔兰培养和发展的则是条款 B。以此类推，爱尔兰与新爱尔兰人之间，爱尔兰作为其住在国，可为新爱尔兰人提供的帮助和支持是条款 C，而新爱尔兰人可对爱尔兰国家建设作出的贡献则是条款 D。爱尔兰侨民与爱尔兰侨民之间，可提供的帮助和支持是条款 E，而互相之间可以培养和发展的则是条款 F。爱尔兰侨民与新爱尔兰人之间可提供的帮助和支持是条款 G，而爱尔兰人可对新爱尔兰人培养和发展的则是条款 H（参见表 2 - 6）。

表 2 - 6　爱尔兰侨民战略所涉及的各类群体的关系构成

关系	帮助和支持	培养、发展
爱尔兰—爱尔兰侨民	A	B
爱尔兰—新爱尔兰人	C	D
爱尔兰侨民—爱尔兰侨民	E	F
爱尔兰侨民—新爱尔兰人	G	H

资料来源：BOYLE M，KITCHIN R. Towards an Irish diaspora strategy：a position paper. NIRSA working paper series，2008（8）：10.

爱尔兰对爱尔兰侨民可提供的帮助和支持的条款 A 里，包括社会福利、资助、建议、信息提供、（政治）游说、法律援助、移民回流帮助服务、文化建设、新闻媒体等。而侨民可对爱尔兰发展作出的贡献则有商业网络支持、慈善捐款、政治支持、商业支持、投资、爱尔兰市场的建立等。

除此之外，还有大量的活动通过一些其他的方式补充到条款 A 中的计划，比如：持续支持在海外生活的身心脆弱的爱尔兰青年弱势群体；促进文化交流项目；扩大海外文化宣传的项目；给海外爱尔兰高年级学生提供回祖（籍）国参观和参加夏令营活动的机会，以强化与其之间的联系；支持海外学校为爱尔兰裔学生开办关于爱尔兰文化及其他相关课程；在传统的侨民联系网络之外拓展新渠道以动员爱尔兰裔青少年；通过爱尔兰"商业代表"项目指导海外侨民商业公司和侨民群体的发展；资助海外爱尔兰侨民的创新型小企业和爱尔兰国内有潜力的企业的发展；支持爱尔兰侨民战略、海外侨民基金、爱尔兰侨民历史以及当代

移民如何促进爱尔兰文化和认同的研究；通过支持基因检测的研究机构来研究爱尔兰裔的家族族谱以促进爱尔兰国家认同和国家发展。

爱尔兰对新爱尔兰人之间的关系塑造是基于爱尔兰通过引进海外人才回国助力其经济发展才逐步建立起来的，而伴随着这部分新爱尔兰人来此工作并帮助新爱尔兰人定居于此，爱尔兰与新爱尔兰人之间的关系才逐渐发展起来。爱尔兰对新爱尔兰人的帮助和支持在条款 C 中，包括通过职业宣讲会的形式将爱尔兰所需人才的类目及相关信息传递给想要来爱尔兰就业的人，并为希望前往爱尔兰的贫困者提供旅费等。通过这些项目可以更好地吸引海外人才前来爱尔兰就业，也更有利于培养"亲和侨民"。即使这些海外人才可能再次因为经济、工作环境、教育等其他原因离开爱尔兰返回他们的祖（籍）国或者再次迁徙到其他国家工作、学习，爱尔兰也仍然鼓励这些曾经的"新爱尔兰人"，即爱尔兰的"亲和侨民"继续扮演着爱尔兰大家族中的一员，继续代表爱尔兰，甚至通过其他方式为爱尔兰工作。而新爱尔兰人对爱尔兰发展可作出的贡献在条款 D 中，包括发展"新爱尔兰人代表协会"（New Irish Ambassador）以及各种"校友"（Alumni）协会；推动和协助希望进入爱尔兰的投资者并为其提供建议；发展爱尔兰与侨民侨居国之间的商贸联系；扩展文化、社会，以及教育层面的国际交流。上述这些具体的项目通常都是由新爱尔兰人代表协会和校友协会开展的。这种通过海外侨民与侨民侨居国建立起来的更加公平、互利的侨民战略随着各个国家对侨民认识的逐渐加深而越发符合现实的需求。

爱尔兰侨民与侨民之间的关系，相对于爱尔兰侨民战略中所涉及的其他群体之间的关系，相关的研究较少，尽管从爱尔兰制定的一些侨民战略可看出政府已经逐渐认识到有效地发挥爱尔兰侨民对侨民之间的影响将会更大地激发出侨民群体所具有的潜力。旨在有效地资助爱尔兰侨民与侨民之间关系发展的项目条款 E，包括了慈善和福利计划。以爱尔兰人基金会为例，这个组织通过资助爱尔兰人交流中心、爱尔兰人田园生活中心等来推动爱尔兰人的经济增长，提升爱尔兰政府的执政能力等策略来完成爱尔兰政策从单纯关注"爱尔兰国家"到关注"爱尔兰侨民"的转移。

而如何促进和培养爱尔兰海外侨民组织内部机制的发展，则通过条款 F 实现，包括组织和发展在地方、地区、国际和国内的商业服务机构，并在此后通过这些组织为想在其他国家发展和开发新市场的侨民提供建议；通过文化交流项目赞助爱尔兰侨民回国进行短期旅游，参与竞技类运动等，加强侨居于不同国家的侨民群体的文化、体育交流，以增强这部分侨民对国家和本民族文化的认同；促使跨国侨民及其后代档案的建立，增强海外侨民对祖（籍）国的归属感。

而这几种侨民关系中被视为最值得开发和发展的是爱尔兰侨民与新爱尔兰人

之间的关系。爱尔兰侨民对新爱尔兰人的帮助和支持主要是通过条款 G 实现：包括对生活在爱尔兰的新爱尔兰人进行慈善捐赠；爱尔兰侨民和回流祖（籍）国的侨民根据自己在海外建立侨民组织的经验点对点地帮助这些新爱尔兰人建立的组织在爱尔兰成立和发展。

而作为促进和培养者的角色，爱尔兰侨民为新爱尔兰人提供的帮助条款 G 包含了与新爱尔兰建立一种共赢的、更富于生产力的商业联系，而这种共赢的战略可以更大程度地激发爱尔兰国内市场的潜力；为希望前往爱尔兰工作、生活的人群设立咨询中心，为这些新爱尔兰人前去爱尔兰工作和生活提供建议；为新爱尔兰人在爱尔兰生活、工作提供建议。同时，促进新爱尔兰人组织机构档案、新爱尔兰人后裔信息档案的建立。

2008 年经济危机之后，爱尔兰对自身的侨民战略进行了反思，认为爱尔兰侨民战略的核心应当是互助共赢的：在爱尔兰侨民及其居住国之间、在新爱尔兰人及其祖（籍）国之间充分利用各方的优势和资源，在其与爱尔兰之间建立起经济、技术、建议、支持等各类网络，以使得各方需求和利益得到最大化满足。在新时期，侨民不能仅被视为一种可利用的资源，政府需要投入更多的资金、精力以及制度的支持来培养和建立祖（籍）国与侨民之间的联系，在祖（籍）国与侨民群体之间建立一种更类似于战略伙伴的合作关系。[①]

2015 年 3 月，爱尔兰外交及贸易部颁布了《全球爱尔兰人：爱尔兰侨民战略》的声明，概述经济危机之后，为了促进爱尔兰经济快速复苏，爱尔兰海外侨民办公室应当处理的日常工作及其他任务，并强调了与爱尔兰海外侨民团体建立积极的互动所具有的非凡意义。

这是爱尔兰政府首次就爱尔兰侨民战略所发表的声明，认为爱尔兰应当与其侨民保持一种特殊且良好的关系，这种关系的实质是政府应当花费更多的精力和时间去培养和促进侨民个体与侨民组织的成长。这份声明给政府的角色下了明确的定义，认为政府既是领导者又是培养者，在此前提下，爱尔兰的侨民战略围绕着政府的角色应当由以下几个方面进行：给那些离开爱尔兰生活的侨民中需要帮助的人提供资助；尽可能与世界范围内各年龄阶层、各行业和生活在各个角落的爱尔兰人、爱尔兰后裔，或者是与对爱尔兰抱有好感的"亲和侨民"取得联系，建立积极的交流平台，帮助他们促进、加深彼此之间的联系；促进地区、国家、国际等更广阔范围内侨民组织的发展。生活在世界各地有着不同教育、生活、职业背景的人构成了爱尔兰的侨民群体，并为爱尔兰的发展作出了重要的贡献。无

---

① BOYLE M, KITCHIN R. Towards an Irish diaspora strategy: a position paper. NIRSA working paper series, 2008（8）：6 - 7.

论是个人或组织，都促成了爱尔兰过去的成就并形成了爱尔兰民族的特征，因此要认同和尊重每一个侨民及侨民组织为爱尔兰所作出的贡献，并根据现实情况所需对侨民战略做出必要的调整。[①]

简而言之，爱尔兰的侨民战略主要内容就是：在 2008 年之前，爱尔兰侨民战略主要是利用和动员爱尔兰海外侨民帮助爱尔兰实现经济腾飞和扩大国家的其他福利；2008 年之后则不仅仅是单方面利用爱尔兰海外侨民帮助爱尔兰实现经济复苏，更要与爱尔兰海外侨民建立合作共赢的战略伙伴关系，既要利用、开发侨民资源，也要涵养侨务资源，以利于侨务资源的可持续发展。

（三）爱尔兰侨民战略的实施路径

1. 资助侨民

2014 年，爱尔兰外交与贸易部提供资金资助了 210 个侨民组织，覆盖了五大洲20 多个国家。从政策层面来看，侨民资助项目不仅仅针对在海外生活困难的侨民，也包括了希望启程离开爱尔兰的人、在海外生活希望回到爱尔兰的人，以及希望得到帮助的爱尔兰裔第二、第三代移民，甚至是世界范围内的爱尔兰后裔都可以从这项救助计划中受益。移民资助项目表现出爱尔兰政府对海外侨民的关心，以及对全球爱尔兰侨团的重视。这个项目旨在强化全球爱尔兰人、爱尔兰侨团与祖（籍）国之间的密切联系。爱尔兰外交与贸易部下属的爱尔兰外侨办（Irish Abroad Unit，IAU）与爱尔兰驻外大使馆和领事馆共同合作，以确保此项目的顺利实施。

在 2004 年到 2014 年这 11 年，侨民资助项目共帮助了超过 30 个国家的 470多个团体的发展，共给予资金 1.26 亿欧元。从规模很小的侨民社群组织、志愿者服务团队，到规模很大的非营利机构均从这个项目中获益。而侨民资助项目想要达到的目标则有以下几点：第一，促进、加强爱尔兰与全球爱尔兰人之间的联系；第二，记录爱尔兰海外侨民各种不断变化的需求，尤其是老年人、残疾人等弱势群体的需求；第三，促进爱尔兰侨民聚集地附近的侨民志愿者组织的发展；第四，培养一个更具有拼搏意识的爱尔兰社会；第五，促进爱尔兰经济协会的发展；第六，促进爱尔兰海内外商业贸易网络的发展；第七，了解爱尔兰新生代海外群体的需求；第八，建立、资助与海外爱尔兰群体、爱尔兰"亲和侨民"之间联系的新渠道；第九，促进理解侨民苦难经历的意识发展。

从 2009 年到 2013 年，爱尔兰侨民资助项目基金在加拿大共投入597 686欧元。其中，2009 年投入 104 819 欧元，2010 年投入 76 131 欧元，2011 年投入

---

① Department of foreign affairs and trade. Global Irish：Ireland's diaspora policy，2015：4.

138 244欧元，2012 年投入 152 498 欧元，2013 年投入 125 993 欧元。① 这些资金均用于支持和动员在加拿大的爱尔兰侨民组织发展。

在 2015 年的财政预算中，爱尔兰政府批准了 1 259.5 万欧元的资金来支持和动员侨民发展。这一款项除了包含 1 159.5 万欧元的 2015 年侨民资助项目，又额外增加了 100 万欧元用以支持新侨民项目和资助地方政府发展与他们的侨民联系。② 这项基金在继续支持以往项目的同时，也开展了新的项目和计划用以加深和拓展爱尔兰与全球侨民的接触和联系。

与此同时，该计划认为相对于侨民动员的传统方式，爱尔兰将拨出部分资金与一些较大的侨民机构和组织开展长期合作，这些组织由于具有丰富的经验和较强的实力，能为侨民提供更加优渥的服务，而且与这些组织合作，政府将更加容易追踪侨民资助项目的进展，评估侨民战略的绩效。这样长期而持久的资助项目将更具有战略性，也将使得爱尔兰侨民从侨民战略中所取得的利益最大化。伦敦被预设为这个项目基金的试验田，如果成功，这个模式则将在全球范围内展开。

英国的爱尔兰侨民在 2009 年共获得 846 万欧元的项目资金，2010 年获得了814 万欧元，2011 年获得了 783 万欧元，2012 年获得了 759 万欧元，2013 年获得了 618 万欧元。伦敦获得了流入英国侨民资助项目资金的绝大部分。2013 年，伦敦的爱尔兰机构所获得的资金占资金总额的 65%。近年来，资金的流向主要定位于给海外弱势侨民提供福利支持、信息咨询，对侨民开展技能培训，以及建立起专业网络用以支持相关产业发展，等等。2013 年，福利支持和服务提供占整个项目基金总额的 86%。③

与此同时，无论是大的组织或是小的团体申请侨民资助项目都将会面临更加严格的审查，以确保资金能到达真正有需要的地方。2014 年，大约有 20% 的海外侨民机构申请资助项目的金额少于 5 000欧元，但他们中有很多组织的存亡都可能取决于这一小笔款项。因此，为促进和维持这些小组织的发展，2016 年，爱尔兰对侨民组织发展项目基金的申请制度进行改革，简化这些申请金额少于5 000欧元组织的申请程序（参见图 2 - 9）。④

---

① BOYLE M，KITCHIN R. Towards an Irish diaspora strategy：a position paper. NIRSA working paper series，2008（8）：80.

② KENNEDY L，LYES M，RUSSELL M. Supporting the next generation of the Irish diaspora. Clinton Institute：University College Dublin，2014：26.

③ KENNEDY L，LYES M，RUSSELL M. Supporting the next generation of the Irish diaspora. Clinton Institute：University College Dublin，2014：26.

④ KENNEDY L，LYES M，RUSSELL M. Supporting the next generation of the Irish diaspora. Clinton Institute：University College Dublin，2014：27.

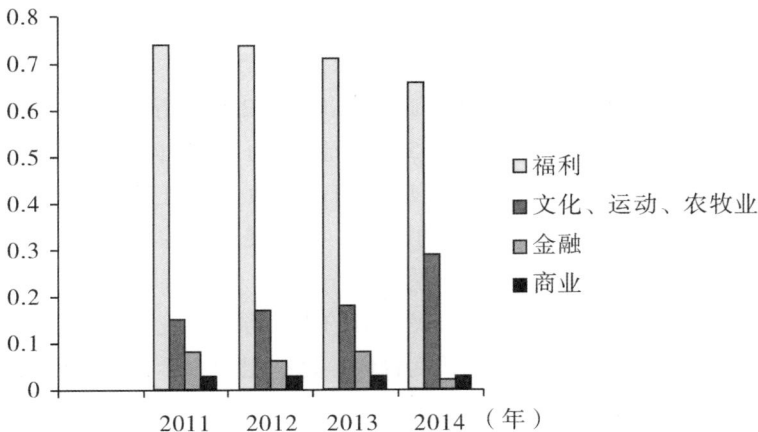

图2-9　侨民资助项目分类及其比例（2011—2014年）

资料来源：Department of foreign affairs and trade. Global Irish：Ireland's diaspora policy，2015：26.

　　侨民福利在侨民资助项目中占据了最重要的比例。侨民资助项目的初衷就是帮助在海外生活的侨民最弱势的部分群体，而通过福利支持海外侨民则是资助项目的核心。然而，想要对海外侨民全面覆盖福利资助项目却又是很难达到的。因此，与海外侨民团体的合作就显得尤为重要，他们可以帮助海外侨民了解祖（籍）国为其提供的服务，并获得他们所需的帮助。

　　海外侨民群体在侨居国之所以成为弱势群体，存在多方面的原因，如年龄、孤独、居住地、移民身份、工作性质、健康等。通过爱尔兰的领事馆、大使馆和各类侨团代表政府为爱尔兰人提供国际事务服务，负责为海外爱尔兰人提供护照、申请入籍、突发疾病、住院、遭遇伤害、被拘留扣押、突然死亡，以及各种有祖（籍）国为其提供的福利事务等紧急状况的救助与服务。[①] 同时，通过与社会团体开展合作来了解侨民的需求，以确保真正处于弱势且需要帮助的海外爱尔兰人能够获得来自祖（籍）国的支持与帮助。英国将成为侨民资助项目主要的福利支持国家，因为侨居英国的爱尔兰人大多由于两国天然的地理优势，旅程所需负担的交通费用低、使用同样的语言等原因而前往英国，这也就意味着他们中的绝大多数并没有做好充分准备就动身出国寻找工作机会以追求更好的生活。这部分群体在爱尔兰国内生活时本就处于弱势地位，在舍弃亲人、朋友和国家的救助前往英国之后，孤立无援的状态往往使他们的经济、心灵和健康情况更加恶

---

　　① 李秋红：《爱尔兰侨民与祖籍国经济发展》，暨南大学博士学位论文，2012年，第24页。

化。因此，英国将作为爱尔兰对海外侨民给予福利资助项目最主要的国家。①

20 世纪中后期，生活在英国的爱尔兰侨民已经逐渐迈入中老年期。2011 年英国人口普查结果显示，在英国工作生活的少数族裔群体中，爱尔兰人是老龄化程度最高的群体。这将带来包括健康、社会救助等在内的一系列问题和挑战。即使这一部分人口在英国大多生活稳定、居有定所，且大多都已完成养家糊口的责任，但正是这一年龄段的群体，往往会对祖（籍）国产生更为强烈的情感依赖。因此，爱尔兰政府通过与全球爱尔兰人组织合作，为这些中老年人提供建议和咨询服务，比如爱尔兰老年人建议网，通过各种活动和服务为侨居海外的爱尔兰裔中老年人提供更多的选择去保持健康，让其对生活充满向往与活力。

旅行者是移民群体中最容易受到伤害和影响的一个部分。因为他们中的很多人有可能来自很贫困的地区，对种族融合难以接受，文化水平或生理健康上均有可能存在一定的问题。爱尔兰侨民资助项目针对旅行者的部分，在英国将与一些社会团体以合作的方式进行。这些组织和机构将会针对在海外旅游的爱尔兰人的需求，量身定制服务项目。爱尔兰在此项目中的主要合作者是相关旅行运动机构，同时也包括其他一些爱尔兰海外旅行组织。

当海外爱尔兰人在别国由于没有遵守法律而成为阶下囚时，他们往往也会因不同的语言和文化无法得到公正的对待和处理。这种情况将恶化这些犯人的处境，不利于他们接受改造。因此，他们也需要得到来自祖（籍）国的救助。大使馆和领事馆在确保海外服刑的爱尔兰人所应具有的人身权利中扮演了重要的角色。除此之外，社会团体也将在此扮演许多重要的角色，比如爱尔兰海外囚犯委员会，他们帮助在海外服刑的犯人家属探视自己的亲人，并帮他们取得联系。这项计划主要将在英国开展，但在美国、澳大利亚等国也将应需开展此项服务。②

从爱尔兰迁出、侨居他国的侨民在心理与情感上都经历了包括孤独、压力、贫困等在内的一系列巨大的挑战，这也是很多侨民都面临心理问题的原因所在。当然，其心理问题也有可能与他们移民之前就存在的滥用酒精或毒品等情况有关。因此，侨民资助项目也通过合法的心理治疗服务对这一部分侨民予以救助。尤其是对"新移民"、情况复杂的移民和老年人，救助适当予以倾斜。

对拥有海外合法居住生活权的爱尔兰移民来说，他们所面对的压力和贫困都是他们自己所选择的生活，是为了建立起自己在这个新国家继续居留下去的资本和权利，因此他们所面对的挑战往往都是具有价值和意义的。而对于非法移民来说，他们却不

①　KENNEDY L，LYES M，RUSSELL M. Supporting the next generation of the Irish diaspora. Clinton Institute：University College Dublin，2014：24.

②　Department of foreign affairs and trade. Global Irish：Ireland's diaspora policy，2015：28.

得不面对毫无希望的生活和更多来自生存上的折磨，以及随时可能被迫遣返的危机。侨民资助项目也将涉及这一部分非法移民，帮助他们返回爱尔兰继续生活。

2. 扩大交流

政府有提高爱尔兰民众责任和社会意识的义务，确保民众认识到其与侨民之间、侨民与祖（籍）国之间取得交流和建立联系是非常重要的。政府应确保侨民与祖（籍）国联系方式的多元化，以满足现实生活中存在的多元化需求。

与海外侨民群体建立起有效的联系是政府侨民工作的关键和前提。爱尔兰外交与贸易部应在其中扮演重要的引领性角色，因为无法与侨民群体建立起有效的关系，侨民战略就根本无法实施。爱尔兰总理将直接参与爱尔兰外交与贸易部的海外侨民事务，并在其中扮演核心角色。而新成立的侨民事务办，由爱尔兰总理和爱尔兰外交经贸部同时领导，由此凸显侨民战略对爱尔兰国家的重要性。

跨界合作将产生非常巨大的能量，譬如，爱尔兰教育技能部与爱尔兰企业家协会在爱尔兰裔校友协会这一领域展开合作，通过爱尔兰学术机构的动员及运作，最后促成了爱尔兰教育品牌的推广。

政府机构在全球爱尔兰人以及全球爱尔兰经济会议这两个组织中扮演了重要的角色。2009 年，爱尔兰官方通过举办"全球爱尔兰人经济论坛"将世界各地的爱尔兰后裔以及在爱尔兰出生的工商界和文化界侨胞聚集在一起，讨论如何恢复爱尔兰在国际社会中的影响力并重振爱尔兰经济。[①] 从青年人的失业问题到文化旅游产业的推广，从传统的农牧业到知识经济转型，爱尔兰政府均有涉入。2013 年召开的全球爱尔兰人经济会议的目的就是通过制定连续的法案和措施促使爱尔兰经济迅速复苏。而爱尔兰亚太商业论坛，联络了太平洋和亚洲地区与爱尔兰有关的 11 个商业集团，通过论坛的方式交流经验、促进资源的流动。[②]

具有专业技能、接受过高等教育、具有丰富工作经验的劳动力人口将成为爱尔兰经济复苏的重要因素。因此，大量的措施和提案被爱尔兰政府部门、侨民组织以及私人机构提出，以促使旨在增加海外爱尔兰人在祖（籍）国的工作和就业法案的通过。这些组织和政府部门都认为必须担负起重构"凯尔特之虎"的重任，而海外侨民则被视为可以帮助爱尔兰保护荣誉、重拾名誉，甚至光大爱尔兰声誉的最佳人选。

当然，爱尔兰的国家制度中也存在着许多行政障碍，限制了海外侨民回国发展的愿望。例如在一些职业资格证照的认可上与国际不接轨，侨民享受福利的权利、

---

① 李秋红：《爱尔兰侨民与祖籍国经济发展》，暨南大学博士学位论文，2012 年，第 26 页。

② ANCIEN D，BOYLE M，KITCHIN R. Exploring diaspora strategies：lesson for Ireland. NIRSA：NUI May-nooth，2009：12.

子女的教育问题及签证等问题都限制了侨民回国发展的愿望。2014 年，爱尔兰交通部、旅游和运动部、道路安全部以及爱尔兰驻渥太华领事馆与加拿大当局签署了一项关于持有爱尔兰驾驶证可在渥太华当地直接换证的协议。与此同时，加拿大的其他省份也加速开展爱尔兰驾驶证的换领。① 加拿大对爱尔兰驾驶证的认可对加拿大的爱尔兰社区产生了重要的影响，加拿大当局对爱尔兰各种证照认可的增多，将会促进当地新移民的就业率，提高爱尔兰侨民在加拿大生活的幸福指数。

爱尔兰各地方、郡也将在侨民战略中扮演重要的角色。因为对很多生活在国外的爱尔兰人来说，他们不仅认为自己是爱尔兰人，更认为自己属于爱尔兰的某一郡、某一市，甚至是某一教区的人民，而这种对地方归属的忠诚也将在其后代中得到传承。然而，现在通过郡、市、郊区与移民取得联系的这种传统方式相较以往却显得不再那么重要，很多移民对地方的归属感也随之下降。最近几年，爱尔兰政府又制订了大量的计划重建地方与侨民之间的联系和交流。2013 年，一场关于地方政府与海外侨民开展沟通联系的展览在都柏林举办，现场展出了大约5 000件由地方政府组织拥有和呈送的展品。展览展示了爱尔兰地方政府在过去为侨民动员工作所作出的卓越贡献。2014 年到 2016 年，爱尔兰旅游局与爱尔兰34 个地方政府采取合作，为爱尔兰近 700 个地方交流中心和地方节日的举办提供每年 100 万欧元的支持，用以支持地方组织与侨民进行积极联系。② 在过去，大量的人口由于经济条件差、工作机会少等原因选择迁徙他国以寻找更好的生活，而落后的地方也就往往意味着可能拥有更多的侨民资源。因此，积极地开展与外部侨民的联系与合作对地方政府和地方经济的发展来说是一股巨大的潜力，有利于解决爱尔兰各地方经济体之间发展不平衡的问题。2015 年，爱尔兰政府大力支持地方机构和地方发展组织去寻找、确认爱尔兰海外侨民的籍贯，并设法与这些侨民建立联系，取得交流。

除了加强爱尔兰侨民与其籍贯地取得联系，爱尔兰侨民个体对自己家族历史的探寻往往是激励侨民个人与爱尔兰取得交流的关键，而能否成功追溯其家族祖辈的源头则取决于庞大数量的人口信息的搜集和整理。爱尔兰国家档案馆将1901 年到 1911 年的人口普查数据电子化，这将成为族谱研究中的一项极有价值的工具。爱尔兰国家图书馆宣布将要把他们所搜集的所有天主教区人员的花名册，以微缩胶卷的形式呈现在网上供有需要的人免费阅览，这也将为族谱追寻计划提供助力。而爱尔兰移民动向组织，则是由爱尔兰侨民资助计划所支持的一家非营利性机构负责，他们的主要任务是在爱尔兰侨民与其离开爱尔兰之前的教区之间建

---

① Department of foreign affairs and trade. Global Irish：Ireland's diaspora policy，2015：32.

② Department of foreign affairs and trade. Global Irish：Ireland's diaspora policy，2015：32.

立联系。他们认为，与其等待爱尔兰侨民回到爱尔兰寻根，不如主动跟踪访问每一个从自己教区出国的人口，并妥善地记录他们散落在世界范围内的子孙后代，同时也邀请这些海外侨民继续成为爱尔兰原有教区中的一员。爱尔兰 XO 志愿者协会鼓励爱尔兰侨民回到祖（籍）国之后返回他们祖辈所生活的地区，并介绍这些侨民认识和了解他们的故土、他们祖辈生活在这里的亲人和朋友，意图在侨民与祖（籍）国之间建立起文化和民族共同体。

建立起有效的交流是侨民战略的基本要素。伴随着现代科技的发展，组织和动员全球范围内的侨民比以往任何时代都更有可能实现，也比以往任何时代都显得更重要。在过去的十年里，电子通信产业的极速发展，信息的交流和联系比任何时代都更加容易。爱尔兰政府通过这些技术来加深与侨民之间的联系，改善与侨民之间的交流也变得刻不容缓。在信息时代，如何确定侨民群体并按照他们所希望的方式与他们达成交流成为一个巨大挑战。在过去的实践中，爱尔兰采取的方式往往是通过与已经取得联系的侨民建立密切的接触与交流，来动员这些组织和个体，并在他们需要之时给予一定的帮助。然而，这样的帮助仅局限于爱尔兰所了解的侨民组织和个人所面临的困境。但在现实中，仍有很多爱尔兰当局无法获知的情况，他们同样亟需爱尔兰政府的救助和支持。因此，与侨民的交流必须有政府和非政府组织两条路径，而爱尔兰政府也不应当只是故事的讲述者，他们同时也是倾听者，应当多倾听侨民的意见，了解侨民的需求，才可以真正按照侨民的需求来提供帮助和服务，建立起高效的救助、联络机制。

全球爱尔兰人协会是爱尔兰侨民及其后裔接触爱尔兰资讯的关键，爱尔兰政府通过一系列报道将有关爱尔兰的运动、文化遗产等资讯呈现给爱尔兰侨民。同时，全球爱尔兰人协会与海外爱尔兰俱乐部、社会组织以及各种商业网络也将采取合作的方式为爱尔兰新侨民在其侨居地提供一些帮助。这些合作将包括为希望返回爱尔兰定居的侨民提供工作信息、职业培训信息，帮助他们创业，以及提供各种房屋居住和教育培训信息等。爱尔兰媒体也将在其中发挥重要的作用，通过全球爱尔兰人协会为侨居在世界各地的侨民定期发送他们所关心的资讯，包括回到爱尔兰就业、接受教育，通过政府网站以及各大资讯平台公布最新的工作机会，也可通过海外爱尔兰人聚居的社区组织机构将这些信息及时发布出去，提供给有需要的爱尔兰人。运用 Twitter 和 Facebook 等社交平台注册爱尔兰侨民事务部门以及各个侨民私人机构的社交账号，让侨民可以通过这种全公开与透明的方式了解爱尔兰的侨民政策，与爱尔兰开展交流，建立联系。在爱尔兰全力拓展交流方式的同时，传统的联系方式也不可忽略，通过信件、电话和邮件等方式发来的反馈信息也和新兴的交流平台同样重要。更多联络渠道的产生能为侨民提供更

多的选择，供他们选择自己喜欢的渠道与爱尔兰取得联系。①

相对于通过一些传统方式与爱尔兰侨民取得有效联系，爱尔兰独有的文化是其与海外侨民建立交流最有效的方式之一，因为爱尔兰文化的特征很容易在海外侨民群体及后裔中达成共识。而传统文化与现代文明的结合，也将为世界呈现出爱尔兰文化迷人、多元的一面。圣帕特里克节的举办在世界范围内得到了大量的关注，通过游行、文学、艺术和音乐等方式，展现了爱尔兰文化热情好客的一面。打造、推广爱尔兰文化品牌，将会有利于爱尔兰侨民认识和了解自己独有的爱尔兰文化，并强化自身的文化认同感，随之加强自身对爱尔兰国家的认同感。除此之外，爱尔兰政府通过与爱尔兰艺术中心、爱尔兰中心文化、巴黎伦敦爱尔兰中心等机构合作，以资助爱尔兰电影、画展、影展、音乐会、运动会、节日等形式吸引大批非爱尔兰裔人对爱尔兰产生好感，吸引潜在的"亲和侨民"。

3. 促进发展

爱尔兰政府与各种形式、各类大小的组织开展合作，以此达到为海内外爱尔兰人提供更好生活的目的。相对于政府，这些社会组织深深扎根于侨民社会，而且他们与侨民接触的平台和方式往往是爱尔兰政府所无法办到的。从某一方面来说，海外侨民机构更能掌握侨民动向，了解侨民需求，帮助海外爱尔兰社会健康成长和发展。因此，在侨民战略中，国家与侨民团体的合作也是必不可少的一个环节。政府与侨民团体机构的合作有两种方式，一是海外侨团根据他们所掌握的信息对政府在侨民战略实施的政策、方法等方面进行建议和指导，提出战略中存在的不足之处以及需要完善的地方。譬如，爱尔兰政府正在加大对海外侨民心理健康的关注和辅导，这正是源于其与爱尔兰、英国和美国的合作机构所提出的建议。科研机构在合作中通过政府的经验、财政和政策上的支持，使得自身的能力得以加强是政府与侨民机构合作的第二种方式。每年，爱尔兰政府都与 180 个以上的组织开展合作，他们在不同国家的不同领域以促进爱尔兰文化及工商业的繁荣发展为目的，开展了丰富的活动。

以全球爱尔兰公民 2015 年论坛为例，这是爱尔兰政府与克林顿研究所共同合作和开展的一个论坛，主要探讨海外爱尔兰人所面临的机遇与挑战，同时倾听普通侨民的心声。这个论坛聚集了来自侨民个人、群体和爱尔兰社会组织的各类代表，其目的在于为侨民群体和个人提供一次面对面的交流机会，将他们所遇到的挑战和面临的困难通过论坛峰会的方式直接传递给政府，在侨民和爱尔兰政府之间构建一座交流的桥梁。

为侨民提供咨询服务的团体有爱尔兰侨民咨询服务委员会，其前身是成立于

---

① Department of foreign affairs and trade. Global Irish：Ireland's diaspora policy，2015：43.

1984 年的 Dion 委员会，职责是为政府在有关英国的侨民团体相关事务上提供咨询和建议。侨民咨询服务委员会的主席和秘书为爱尔兰驻伦敦领事馆工作，这个委员会的其他成员则来源于在伦敦各行各业工作的爱尔兰裔侨民，他们自愿为爱尔兰侨民咨询委员会工作。这个机构的主要作用就是为爱尔兰在英国的侨民资助项目拨款提供建议，同时为侨民所需要的福利与爱尔兰相关部门进行沟通。[①]

盖尔运动协会（Gaelic Athletic Association）在全球有将近 400 个分部，其对爱尔兰海外侨民的影响力比很多组织都要大。盖尔运动协会不仅在英国和美国建立了它的交流中心，在世界上其他国家和地区也都发展迅速。它在海湾国家和地区、东南亚，以及遍布于整个欧洲的爱尔兰侨民社会里，都具有极大的影响力。盖尔运动协会除了继续扩展其在世界范围内的影响力，为爱尔兰建设提供强大的国际资源外，也开始为世界范围内的侨民提供生理和心理治疗及服务。爱尔兰外交贸易部下属的海外事务署在多年前就与该协会联合创办了英美两国爱尔兰侨民社区发展基金，以资助在学校及社区组织开展支持爱尔兰体育项目。从 2012 年开始，这个基金已经壮大为爱尔兰全球体育发展基金，支持了无数怀抱梦想的爱尔兰海外普通民众进入英、美俱乐部工作并成为职业运动员。

英国爱尔兰人协会，其前身是爱尔兰社团联盟，成立于 1973 年，目标在于促进爱尔兰职业技能和技术的共享，促进在英国的爱尔兰人组织的发展。爱尔兰政府与英国爱尔兰人协会通过多种路径展开合作，尤其是在促进小型爱尔兰侨民组织能力建设、确保其提供给侨民的服务质量上取得卓越的成果，同时他们也志愿为驻伦敦领事馆的侨民事务提供建议、资讯工作。

全球爱尔兰经济论坛首次召开的时间是 2009 年 9 月，全球爱尔兰人网则成立于 2010 年上半年。它们成功地将不同国家、不同经验背景的爱尔兰侨民及其后裔组织在一起，使他们为爱尔兰的发展无偿地奉献时间、经验和资源。全球爱尔兰人在促进爱尔兰从经济危机中复苏、重拾爱尔兰国际影响力的进程中扮演了重要的角色。这个网络论坛的建立主要有三大目标：一是为爱尔兰政府机构提供方案和建议，促进爱尔兰的经济、文化、旅游业的建设；二是举办关于经济、政治和文化的论坛，促成世界范围内爱尔兰商业、文化界精英人士意见的交流和资源的交换，以此为爱尔兰的持续发展出谋划策；三是通过论坛的形式向侨民征求未来发展战略的计划以及侨民战略实际操作的一些经验。

对爱尔兰政府而言，全球爱尔兰人网是一个非常有价值的资源，爱尔兰人网里的组织、成员向爱尔兰政府的官员、代表团、大使馆和政府机构提供了大量的建议用以拓展爱尔兰在全球市场的利益。这个组织的成立是由 2011 年和 2013 年

---

① Department of foreign affairs and trade. Global Irish：Ireland's diaspora policy，2015：42.

举办的两次爱尔兰经济论坛促成的。这两次会议致力于促进经济复苏、重建国家影响力和创造大量就业机会，也促成了爱尔兰就业法案的通过。2013 年，这个组织做出的最具影响力的决定就是推动了由爱尔兰企业家协会提议的职业指导制度，由组织中的成员指导将近 70 个中小规模的新兴企业，帮助他们提高生产力，增强竞争优势。①

爱尔兰商业网络的成立和发展得益于信息网络在全球范围内的普及和高新科技的推广。近年来，通过侨民资助项目对爱尔兰商业网络进行资助，促进了爱尔兰商业网在全球影响力的扩张。这些资助项目包括对爱尔兰商业网网站的建立和发展提出一些建议和指导。尽管这些资金的总量很小，却可以帮助爱尔兰商业网开展一些新的服务项目，创办一些新的机构。除此之外，政府可以通过资助具有价值的项目和机构来提升自己的声望和合法性。而爱尔兰政府支持爱尔兰人商业网络发展最主要的原因是希望爱尔兰商人和专业技术人才通过这个网络取得联系、寻找商机、谋求发展的机会。同时，通过这个网络去促成企业家和专业技术人才资源和技术的结合，创造更大的发展动力，并以此维持他们对祖（籍）国的信任和依赖。这个网络能增强爱尔兰作为全球市场中的一员对企业家的吸引力，促使他们前往爱尔兰投资。同样，这个网络也为爱尔兰国内企业打通了与外界联系的渠道，帮助他们与海外企业取得联系，拓展海外市场。爱尔兰的一些工商业网络正逐步走上全球化的轨道。爱尔兰国际商业网络在伦敦、纽约、都柏林均有分支机构。在东南亚，爱尔兰亚太商业论坛携手当地商人及商业组织在亚太地区创办了亚洲盖尔运动会（Asian Gaelic Games），填补了这个组织在亚洲的空白。②

爱尔兰行政管理培训指导项目是由爱尔兰侨民资助项目在线投入的一个教育工具。它允许任何出生于爱尔兰的人及其后代，以及所有"亲和侨民"在线登记后使用。通过这个工具，所有的爱尔兰人可以在线学习和分享管理方面的经验及知识，这一项目有利于培养具有管理学知识背景的人才。

慈善捐赠是侨民对国家作出贡献的一种重要方式。慈善组织通常是由侨民群体、个人或者侨团所组织建立的。③ 在爱尔兰国内慈善机构还处于起步阶段之时，很多海外爱尔兰人及其子孙后代，便为爱尔兰慈善事业的发展作出了巨大的贡献。随着一些杰出的爱尔兰人士的共同努力，爱尔兰慈善事业已在全球范围内成为一个著名的品牌。以爱尔兰基金会为例，它在全球 12 个国家通过 3 000 个优

---

① ANCIEN D，BOYLE M，KITCHIN R. The Scottish diaspora and diaspora strategy：insights and lessons from Ireland. Scottish government social research，2009：34.

② Department of foreign affairs and trade. Global Irish：Ireland's diaspora policy，2015：42.

③ ANCIEN D，BOYLE M，KITCHIN R. Exploring diaspora strategies：an international comparison. NIRSA：NUI Maynooth，2009：37.

秀组织为爱尔兰国家募集到超过 4. 8 亿美元的资金，为爱尔兰侨民组织与社会的发展作出了巨大的贡献。

促使侨民回流是爱尔兰应对不断加剧的经济危机而出台的另一措施。2008 年金融危机之后，大约有 193 200 名 19—24 岁的青年离开爱尔兰迁徙到其他国家。尽管在 2014 年 4 月，青少年群体离开爱尔兰的数量开始下降，但在这期间，仍有 29 000 名学生离开了爱尔兰。有数据显示，他们中的 47% 都拥有至少一个学位，或者除此之外的第三资质学历。① 爱尔兰政府认识到这一部分侨民大多具有一定的专业知识和丰富的管理经验，而爱尔兰亟需大量具有丰富经验的个人来加速爱尔兰经济的复苏。爱尔兰移民组织（Irish Emigrant Communities）的主要职责是吸引和招聘大量拥有专业技能的高级人才前往爱尔兰工作，爱尔兰政府部门和机构以及相关私人组织都出台了许多政策和措施来促进就业，设法与侨民取得联系，吸引他们回国参与经济建设 。同时，政府也在设法降低和减少人才流动中可能存在的障碍，例如职业资格证书的认可、驾照的认可、住房的提供以及工作机会的提供等。除了回国就业，还有很多爱尔兰侨民返回是因为祖（籍）国爱尔兰成熟的教育体系，尤其是第三资质学历。2014 年 3 月，爱尔兰教育技能部部长宣布，爱尔兰移民的孩子只要曾在爱尔兰接受过五年的小学教育，便可享受欧盟教育补贴并在爱尔兰获得大学升学或者入读本科第三资格学历课程的资格。②

平安的家（Safe Home）项目是由爱尔兰侨民资助项目支持，致力于为希望回到爱尔兰生活的老年侨民提供一些房屋的选择和信息服务。同时，这个机构也为其他国家希望到爱尔兰定居的人提供一些建议和帮助。

4. 认同侨民贡献

爱尔兰政府意识到，除了要促进爱尔兰侨民与祖（籍）国的交流与联系之外，也需要认同侨民为祖（籍）国发展所作出的贡献。在爱尔兰，同样有很多措施来保障侨民的贡献得到国家的承认和民众的认可。譬如，爱尔兰圣帕特里克科学奖章（The Science Foundation Ireland St. Patrick's Medal）是为在美国生活的爱尔兰裔杰出科学家、工程师、科技领军人才所设立的，以表彰他们运用自己的知识为爱尔兰相关科技领域所作出的杰出贡献。

爱尔兰海外杰出人才贡献总统奖章（The Presidential Distinguished Service Award for Irish Abroad）在 2012 年由政府设立，同年 11 月由爱尔兰总统颁发③。这个奖章是为了奖励那些在海外生活的爱尔兰侨民长久以来为爱尔兰国家及侨民

---

① Department of foreign affairs and trade. Global Irish：Ireland's diaspora policy，2015：46.
② Department of foreign affairs and trade. Global Irish：Ireland's diaspora policy，2015：46.
③ 颁发名单见附录。

组织发展所作出的杰出贡献。这个奖章对所有生活在海外的爱尔兰侨民开放。

爱尔兰未来奖章（Future of the Award）于 2012 年设立，它的目的在于认可爱尔兰人在世界范围内所作出的杰出贡献，并予以奖励。从 2012 年开始，这个奖章已经颁发给了来自不同地方和领域的 30 位杰出人士。奖章虽然只是一份荣誉，但也代表了国家对他们付出的认可。

爱尔兰后裔证（The Certificate of Irish Heritage）是由爱尔兰官方颁发给祖先曾是爱尔兰公民者的一项证书。2011 年，爱尔兰官方对那些无法被赋予爱尔兰公民权的爱尔兰后裔采取这一种实用主义的方式，通过官方渠道对爱尔兰后裔身份进行认可，尽可能将他们动员和团结到爱尔兰民族大家庭中来。同时，爱尔兰政府也可以通过这一方式帮助爱尔兰后裔探寻他们祖辈的历史脉络。爱尔兰后裔证的普及率很高，美国前总统克林顿、奥巴马，著名演员汤姆·克鲁斯及奥林皮安·罗德科伊均获得此项证书。

5. 其他措施

即使爱尔兰的大部分侨民组织和机构都仅依靠一己之力蓬勃发展，没有获得太多来自官方的援助，但是，爱尔兰政府仍在侨民战略的实施中起到了中流砥柱的作用。面对不同时期国内需求和国际形势的变化，爱尔兰政府必须与时俱进，根据海外侨民的需求及时调整和拓展侨民战略的内容。

近几年，爱尔兰社会的多元性以大量新移民到来的方式呈现出来。他们中的很多人将爱尔兰视为他们永久的家园，从而选择成为爱尔兰的公民，积极地为爱尔兰社会和组织作贡献。同时，他们也为爱尔兰政府开辟了一条条来自世界各地的新侨民网络联系路径。这些新侨民群体正积极地为爱尔兰的持续发展作出努力和贡献。除此之外，还有这样一个群体存在——他们曾经在爱尔兰工作、生活、学习过，在离开爱尔兰返回祖（籍）国之后，仍然对爱尔兰怀抱着强烈的感情和认同。与这个群体取得联系、沟通，也同样会为爱尔兰的发展提供动力，并将在世界市场拓展爱尔兰发展的机会。对于这个移民群体，爱尔兰政府在他们返回祖（籍）国之后，也会为他们开放居住权，以此加强与这一部分人的联系，并加深他们对自己爱尔兰身份的认同感。

通过爱尔兰第三资格学历建立和强化与爱尔兰裔毕业生和海外非爱尔兰裔毕业生之间的联系是爱尔兰侨民战略的另一项重要举措。建立起这层联系的网络不论是对爱尔兰第三资格学历本身，还是对整个爱尔兰国家都具有巨大的意义，将会为爱尔兰的发展带来无限潜力。爱尔兰政府通过与国际校友会合作的方式，强化彼此之间的联系，积极动员校友会在信息共享、共同开发等领域上采取行动，并积极促进校友在 2015 年到 2020 年成为爱尔兰国际教育与技能战略中的一部分。

在 2015 年，爱尔兰设立了校友会挑战基金用以支持相关机构采取一种全新的方式与爱尔兰政府合作，以积极联系与动员在世界范围内工作的爱尔兰裔与非爱尔兰裔毕业生。[①]

三、爱尔兰侨民战略的特色

（一）从园丁到合作者的政府角色转变

与美国这样的发达国家的侨民战略运作采取公私合营的机制不一样，爱尔兰采取了政府引导的运行机制。在 2008 年之前，爱尔兰政府在这种机制中的角色可称为园丁型角色。在这样的关系结构中，尽管爱尔兰政府制定了侨民战略，动员与引导爱尔兰侨民参与祖（籍）国的经济建设，但这种政府引导的导向型非常明显，就是要爱尔兰侨民单方面地为爱尔兰经济发展作出贡献。这是因为爱尔兰虽然拥有大量的爱尔兰侨民，但建国之后的历届爱尔兰政府无暇他顾，其关注的重点始终在国内公民身上。爱尔兰政府对海外爱尔兰侨民所提供的服务，也仅限于一般的外交领域的服务，其对海外侨民所要承担的责任及福利义务则大多被天主教会所包揽。

2008 年金融危机之后，爱尔兰政府更加倾向于与侨民个人、组织之间建立一种共赢的关系。爱尔兰根据此次金融危机的经验教训，认为在金融危机之前的爱尔兰侨民政策注重培养和促进侨民组织的发展、积极动员侨民回归祖（籍）国参与经济建设本身并没有错，但给予侨民组织和个人发展的过度自由，导致爱尔兰国内产业发展不均衡、过度倚重外资等情况出现，爱尔兰经济在危机中遭受了重挫。因此，为了快速复苏经济，并促使爱尔兰经济向知识经济转型，政府采取了一种与侨民组织均衡发展的模式，在促进和支持侨民组织及个人发展的同时，也适当加入行政干预，扮演管理者和领导者的角色。自此，爱尔兰政府角色已发生改变，成为合作型政府。在此种角色关系下，政府与侨民组织平衡发展，共同向侨民战略的目标努力。

从表 2-7 可以看出，爱尔兰通过引导、合作等方式，为海外侨民提供了大量的服务和支持。在为弱势群体提供服务方面，爱尔兰政府从 1984 年起，就通过 Dion 协会，支持在英工作、具有专业技能的人士为在英生活的爱尔兰弱势群体提供帮助和建议。2003 年，Dion 协会成为爱尔兰外交部下属海外事务处理署的一个合作机构，海外事务处理署通过与各个侨民组织开展合作，资助海外侨民弱势群体。

---

① DEENIHAN. Connect again alumni conference，2014：53.

表 2 - 7　爱尔兰侨民战略合作制度体系

海外侨民（拓展公民权）资助机构	爱尔兰外交部 爱尔兰侨民事务部 大使馆 领事馆 与欧盟 、联合国、世界卫生组织、经济合作与发展组织的合作 驻英爱尔兰人福利咨询会议 教育科学部——海外儿童受虐处理部 爱尔兰海外囚犯委员会 爱尔兰移民建议网 社会家庭事务部
商业网络资助机构	爱尔兰企业家协会 爱尔兰工业发展署（IDA） 爱尔兰工业发展领导组 专业技术人士网络： 美国—爱尔兰生物学家联席会 英国—爱尔兰科学家联席会 爱尔兰人在纽约计算机协会 爱尔兰人在旧金山计算机协会 爱尔兰人在伦敦计算机专业协会 爱尔兰人在他乡商业联络网 亚太爱尔兰人商业论坛 爱尔兰基金会
回流移民资助机构	移民建议网 安全家园 国际人才博览会 终极关怀移民项目 生态环境部 移民与当地政府——住房基金援助计划
"亲和侨民" 资助机构	爱尔兰商业及就业联盟 爱尔兰商业及就业联盟出口项目 爱尔兰国际发展工作 其他在爱侨民机构

（续上表）

慈善捐赠机构	爱尔兰基金会 爱尔兰国际基金会 大西洋慈善机构
侨民社会与文化项目、组织机构	爱尔兰俱乐部 世界圣帕特里克节日 打造爱尔兰文化品牌 移民在线新闻 爱尔兰公众服务广播 爱尔兰侨民论坛 爱尔兰大学校友社区 国外爱尔兰人网 欧洲爱尔兰人网 爱尔兰旅游局 爱尔兰国家档案局 爱尔兰祖先与历史研究协会

资料来源：ANCIEN D，BOYLE M，KITCHIN R. The scottish diaspora and diaspora strategy：insights and lessons from Ireland. Scottish government social research，2009：31 – 33.

2006 年，近 200 个项目获得了来自侨民资助项目的资金支持。教育和科学部支持了一系列计划以防止海外移民群体遭受来自家庭、社会的伤害。爱尔兰海外囚犯委员会针对爱尔兰公民所应享有的人权对在海外服刑的侨民提供支持和服务，改善他们的生存状况，帮助他们更好地完成改造。生态环境部与爱尔兰地方政府合作，除了为希望返回爱尔兰生活的老年侨民提供住房咨询和建议等服务之外，也为希望前往爱尔兰就业和生活的潜在移民提供各种资讯。

从商业网络上来看，爱尔兰拥有一系列完整的策略用以促进爱尔兰商业网络的发展。到目前为止，爱尔兰商业网络机构通过组织和运作各种形式的资本，已在世界范围内资助了 60 多个商业组织的成功运作。这些组织中有一些是通过爱尔兰商业项目的引导而建立的，例如爱尔兰生物学家联席会、爱尔兰科学家联席会等，但是他们中的绝大多数都是由海外爱尔兰人自己的社会组织所操作、运转的。商业网络在知识经济中扮演着重要的角色，而由海外精英侨民群体组成的技能、知识、信息、商业、金融等信息网络对祖（籍）国在信息的搜集、人才资源的召集和动员无疑是一股巨大的力量。

与专家信息网络的合作，可以使某一领域的专家，譬如法律、管理、IT、生物科技等领域的精英，通过与祖（籍）国产生密集的联系，在祖（籍）国内对其所擅长的某一领域进行特定援助，如知识交流、技术指导、风险投资等，使得祖（籍）国对应领域得到长足发展。在爱尔兰，这样的协会有爱尔兰科技领袖协会，这是一个由在硅谷工作的精英人士支持 ICT 行业在祖（籍）国发展而成立的协会；生物学家联席会，这个组织的主要成员是由在美国工作的生物学家构成的；爱尔兰英国科学家联席会，是由在伦敦工作的科学家组成的一个组织，他们的目的在于将科技转化为商业并在爱尔兰寻找商机。

专业知识网络指的是由地区和地方组织建立的关于交流专业知识和技能的网络，他们常常以某一城市为单位范围，聚焦的问题往往既关注社会，也关注技能；既关注交流，也关注思想和建议。这种类型的组织在爱尔兰有爱尔兰人旧金山网、爱尔兰—伦敦专业人士网，这两个组织的会员人数都超过了一千。

跨国商业网建立的首要目标是促进祖（籍）国与目标区域之间的经济增长和经济联系。侨民在跨国商业网中打破了原有的贸易壁垒作用，并为跨国商业网络本身创造了知识、文化、技能、跨国贸易的开展等机遇。在爱尔兰，这样的组织机构有爱尔兰—匈牙利商业中心、爱尔兰—挪威商业联盟、爱尔兰—芬兰商业俱乐部等。

全球知识网络是用于联系祖（籍）国与目的地之间的跨国组织，致力于促进知识、商业、慈善、技能和指导、建议的交流发展，以及决策的制定等。以爱尔兰亚太商业论坛为例，它联合了 11 个在亚太地区的爱尔兰商业组织，以峰会的形式促进信息交流和观念革新，并加强彼此之间的联系。除此之外，爱尔兰基金会也是一个全球性质的慈善组织，同时也存在部分商业活动。它共有 23 个分部，跨越了 10 个国家。

在"亲和侨民"方面，爱尔兰也吸引了大量对爱尔兰持有好感的移民前往爱尔兰生活、定居。爱尔兰侨民资助项目通过与"他乡人在爱尔兰商业网"（Irish-Other Country Business Network）合作，来促进爱尔兰新侨民快速融入爱尔兰并成为其民族的一员。这样的"亲和侨民"组织还有爱尔兰—土耳其商业联盟（Ireland Turkey Business Association，ITBA），这个组织旨在为生活在爱尔兰的土耳其商人和爱尔兰本地企业进入土耳其寻找商机。同时，ITBA 也在海外扮演着爱尔兰大家族一员的角色，在世界范围内展现爱尔兰文化以及社会的多样性和包容性。

在慈善事业上，爱尔兰本土的慈善事业机构与爱尔兰侨民建立起来的慈善机构相比，力量便显得十分薄弱了。爱尔兰基金会、爱尔兰全球基金会、大西洋慈善组织都是爱尔兰侨民慈善事业中的佼佼者。

（二）政府态度从消极到积极

政府对侨民的看法，以及侨民战略制定的目的决定了一段时期内侨民战略的特点。在历史上，爱尔兰是一个侨民大国，与海外侨民交流联系的历史可以追溯到几个世纪之前。可是，在国家成立的早期，爱尔兰政府却由于种种原因始终没有认识到海外庞大侨民群体所拥有的巨大潜力并将之用来促进国家的发展。因此，在此之前，爱尔兰政府都是采取较为消极的侨民政策，为侨民提供支持和服务大多都由天主教会来执行，这一时期的侨民政策并没有产生特别积极的作用。

进入 20 世纪 80 年代之后，全球化速度加快。爱尔兰意识到自己如果不加快全球化进程，将会成为一个永远徘徊于欧洲边缘的、仅拥有 463.54 万人口的小国。而在此时，侨居于海外、经过数代发展奋斗的海外爱尔兰人却已取得了辉煌的成就，他们掌握了尖端的专业技能，拥有了大量的资金、资本和人脉，甚至在某些国家还具有了一定的政治影响力，相对于爱尔兰仍处于欧洲边缘国家地位，海外近 8 000 万爱尔兰人已经形成一股不容小觑的力量。自此以后，爱尔兰政府开始重新审视自己的侨民政策，正式将侨民资源视为爱尔兰国家政策制定中必不可少的一部分。在此阶段，爱尔兰国家的首要目标是促进经济发展、促进国内经济转型，积极吸引外商投资，争取高新技术产业落户爱尔兰，这一时期爱尔兰的侨民战略都是围绕着发展和转型而制定的。因此，在此时期，爱尔兰侨民政策的特点便是尊重工商业发展规律，为工商业发展提供便利。在结构上，其侨民战略呈现出一种"灵活"（flexible）、"便捷"（light）的形态，以人为本，便民、利民，积极在国内营造适合工商业发展的生态环境，同时让侨民自己主导侨民组织未来的发展，不对其采取过多干预。[①]"灵活""便捷"是这一时期爱尔兰侨民战略的特点。近 8 000 万移民原因各不相同的爱尔兰海外侨民，移民时间多则有几个世纪，少则一年半载，移入的国家不同，生活环境、教育背景不尽相同，对爱尔兰的国家和文化认同也不尽相同，如此广大的海外侨民的需求也必将是多元的，在爱尔兰侨民战略的实践过程中可能遇到的问题也将以多样性的方式呈现。因此，爱尔兰政府应该在促进爱尔兰国内经济发展和经济转型的大前提下对其侨民战略实践中出现的一些问题采取灵活的态度，更好地促进经济以及与侨民群体关系的发展。而"便捷"则是爱尔兰政府在制度上对海外侨民回国发展将面对的一系列行政审批从简，以提高办事效率、增强侨民与祖（籍）国感情、促进爱尔兰的经济发展。

---

① ANCIEN D，BOYLE M，KITCHIN R. The Scottish diaspora and diaspora strategy：insights and lessons from ireland. Scottish government social research，2009：40.

2008 年金融危机之后，这一时期侨民战略的目的在于复苏爱尔兰经济和打造知识经济。促进人才的回流是这一时期侨民战略工作的重点。而爱尔兰的回流侨民和新侨民来自于世界上不同的国家，具有不同的文化背景、宗教信仰和经济状况等。据此，为了使每一个侨民群体在爱尔兰具有更强的归属感和认同感，更加积极主动地参与到爱尔兰经济复苏这一侨民战略的终极目标中来，这一时期侨民战略的特点除了"灵活""便捷"，还有"多样性"这一特征。"灵活""便捷"以及"多样性"的侨民战略更加符合新形势下爱尔兰经济发展的需求。

第三节　爱尔兰侨民战略的实施效果

爱尔兰侨民在不同的阶段，尤其是 20 世纪 90 年代以来对爱尔兰的发展贡献良多，意义重大。这与爱尔兰制定并适时调整其侨民战略密不可分。总体来说，爱尔兰侨民战略是成功的，其实施效果良好。

侨民一般会以金融资本、人际资本、文化资本、社会资本以及其他资本五种形式来参与促进祖（籍）国的经济发展。以金融资本的媒介方式参与祖（籍）国经济建设是其中最主要的方式之一。金融方式包括侨汇、资本流动、工商业贸易、慈善贸易、风险投资和天使投资以及零售业等方式。人际资本则是通过教育交流、合作研发、移民等形式为祖（籍）国发展作出贡献。文化资本，则是通过打造和宣传自己国家独有的人文、历史和运动，包括旅游观光业的发展，提升国家软实力，吸引侨民以及所谓的"亲和侨民"参与祖（籍）国的发展建设。社会资本是通过侨民对自身文化、行为规范、价值观的认可，将侨民连接成一个强有力的文化共同体来有效动员侨民参与祖（籍）国建设。除了以上方式，侨民还可以通过自己在侨居国的经济影响力和政治影响力对祖（籍）国政策的制定产生影响，甚至可以通过政治游说的方式来影响祖（籍）国的政治决策，促进祖（籍）国社会经济的发展。

爱尔兰侨民在参与祖（籍）国经济发展的过程中，也主要通过上述资本的形式促进爱尔兰经济的发展，建立起以软件、生物科技等特色经济，使爱尔兰经济从以农牧业为主的经济结构进而迈向知识型的经济结构，并在此期间快速发展，获得"凯尔特之虎"的美誉。同时，爱尔兰侨民也通过爱尔兰文化品牌的塑造，为爱尔兰软实力的增长作出了贡献，吸引了大量"亲和侨民"前往爱尔兰工作、生活，通过自身的影响力对北爱尔兰和平进程进行斡旋，保证了爱尔兰的和平与稳定，为爱尔兰的发展营造了良好的外部环境。

一、爱尔兰侨民的直接贡献

（一）助推爱尔兰海外资金流入

侨汇由来已久，历来便是侨民支持祖（籍）国经济建设的一种重要方式。在全球资本和人力市场流动中，祖（籍）国可以通过多种方式从侨民群体处获益，侨汇便是其中最显而易见的一种渠道。侨汇能够资助仍在祖（籍）国生活的居民购买食物、药品，维持健康和其他消费。侨汇带来的影响是持久的，通过侨汇带来的工商业链条能在其祖（籍）国制造出大量的工作岗位进而带来经济的繁荣，降低祖（籍）国的贫困率。在19世纪和20世纪的欧洲，西班牙、意大利和爱尔兰等国都曾有过在经济上极度依赖侨汇的时期。推动侨汇流动往往是侨民战略中促进金融资本流入祖（籍）国的第一条内容。因此，侨汇在金融资本中占据了基础性的地位。在爱尔兰，仅从英国流入的侨汇就超过了30亿英镑。[①]现如今，爱尔兰政府正致力于采取复合的方式消化侨民为祖（籍）国所带来的金融资本。这是因为相对于侨汇，越来越多的侨民更倾向于选择经济投资的方式来回馈祖（籍）国。在海外，爱尔兰拥有大量富裕的侨民。尤其是在美国，大量在爱尔兰出生或具有爱尔兰血统的企业家都拥有大量的金融资本可用于投资，他们在爱尔兰的侨汇和海外投资中都扮演了极其重要的角色。侨汇在外汇领域的影响力是不可低估的。同时，它也可以在有效地减少祖（籍）国贫困人口上充当积极因素。当疾病和灾难降临时，侨汇也是普通民众维持生计的一项重要经济来源，大众可以依靠侨汇来抵御自然灾害和疾病。因此，在金融资本以多种面孔呈现的今天，侨汇仍然是国家发展中最基础和最根本的一项侨民动员政策。尽管在如今的爱尔兰，侨汇的地位早已式微，但是其他方式的金融资本仍无法替代侨汇的基础性作用。

爱尔兰侨民在慈善领域成立的组织机构有爱尔兰基金会、爱尔兰全球基金会、大西洋慈善组织等。在过去的30年里，爱尔兰基金会募捐了30多亿欧元，大西洋慈善组织募集了50亿欧元，爱尔兰全球基金会募集了85亿欧元以上的资金用于支持爱尔兰发展。随着海外爱尔兰人平均资产的上升，未来3到5年里，可预计这些组织将会募集到更多的资金用以支持祖（籍）国发展。除了在慈善项目上有所作为，爱尔兰基金会也在北爱尔兰和平进程中作出了积极贡献。与此

---

① AIKINS K, SANDS A, WHITE N. A comparative review of international diaspora strategies：the Global Irish making difference together. The Ireland Fund，2009：31.

同时，在爱尔兰经济建设、体育文卫方面均可见到爱尔兰基金会的身影。

查克·芬尼是一位出生于美国新泽西的爱尔兰后裔，在经历大萧条之后，他创立了免税连锁商店，并成为亿万富翁。芬尼并没有为他所拥有的巨大财富感到快乐，在20世纪的最后一个季度，他将他手中的资产全部出售，并将其中的大部分资产以匿名的形式建立了大西洋慈善组织。大西洋慈善机构将大量的资金用于世界范围内的大学、科研机构、社会机构和社区企业的发展和运作中，而爱尔兰便获得了12亿美元的捐赠，其中约有7.5亿美元捐赠给了爱尔兰的高等院校。这位绅士坚信这样一条人生格言："活着便要给予。"他决定让大西洋慈善组织在他离世之后解散，这就意味着还有近30亿美元的财富用于支持慈善事业。最近的一条采访曝光了他的动机，他说，之所以这么做，是希望其他富翁可以跟随他的脚步，继续为慈善事业付出。[1]

爱尔兰拥有超过24 000个非营利性组织，其中注册在案的慈善机构就有7 500家，他们为爱尔兰募集了大量的慈善捐赠。[2] 很多爱尔兰侨民首次与爱尔兰取得联系就是通过这些慈善组织进行的。随着对其祖（籍）国的了解与联系的加深，他们与爱尔兰建立了更广泛和深刻的关系。当这些捐赠随着侨民对祖（籍）国的感情和需求日益加深之后，其中的一部分就逐渐采用投资的方式对祖（籍）国进行回馈。除了上文提到的大西洋慈善组织之外，爱尔兰全球基金会为爱尔兰募得慈善金额超过8.03亿欧元，而到目前为止，大西洋慈善组织已向爱尔兰捐赠12亿美元。[3] 这些慈善组织为爱尔兰带来了大量的资金，帮助爱尔兰的个人、组织和一些专业项目得到发展，也为爱尔兰慈善机构的运作提供了大量经验。

（二）建立爱尔兰支柱产业

爱尔兰被评为欧洲最适合创业的国家。2003年，爱尔兰在全球创业国家排行榜上名列第七，为该排行榜上排名最前的欧洲国家。为了支持和鼓励海外资本前来爱尔兰发展，爱尔兰政府大力支持工商业的发展，出台了一系列优惠措施。从企业税来看，爱尔兰的企业税仅有12.5%，与此相比，英国的企业税是21%，

①　Diaspora Matters. Global diaspora strategies toolkit. Impress Printing Works，2011：95.

②　AIKINS K，SANDS A，WHITE N. A comparative review of international diaspora strategies：the global Irish making difference together. The Ireland Fund，2009：33.

③　AIKINS K，SANDS A，WHITE N. A comparative review of international diaspora strategies：the Global Irish making difference together. The Ireland Fund，2009：33.

中国是 25%，美国的企业税则将近爱尔兰的四倍，高达 40%。更重要的是，爱尔兰对新成立企业的前三年，免收企业税。① 通过这种长期稳定的政策将税率保持在一个较低的水平，成功吸引了大量的外资企业将欧洲的总部设在爱尔兰，利用两国的税收差异进行税赋的合理规避。这些在爱尔兰新建的大量跨国公司的崛起带来大量的就业机会，带动出口，从而带动整体经济的发展，这也是爱尔兰政府一直鼓励外资和侨民前往爱尔兰进行投资和创业的原因。

20 世纪 80 年代到 90 年代初，爱尔兰政府意识到侨民是爱尔兰政府发展的巨大潜力，由爱尔兰工业发展署（Industrial Development Authority）提出了"爱尔兰共和国——我们是欧洲的生力军"这一口号，凸显了爱尔兰移民群体的知识层次高、年龄层次低等特点。随后，面对经济全球化大潮和知识经济时代的来临、跨国投资的兴起，爱尔兰人适时抓住机遇，积极吸引外国资本进入爱尔兰发展，其中大量的爱尔兰裔工、商、学界的高管和精英促成了跨国企业在爱尔兰的投资，爱尔兰政府也制定了优惠的税收和财政政策吸引大量的爱尔兰通信、生物科技等方面侨民的回流，在爱尔兰投资的高新技术跨国公司日渐增多。譬如 IBM 公司、英特尔公司、戴尔公司、富士通公司、摩托罗拉公司和盖特为公司等都将爱尔兰视为他们进驻欧洲的桥头堡，在欧洲市场出售的产品中，有 1/3 都是在爱尔兰生产、加工的。② 爱尔兰现在是世界上最大的电脑软件出口国，1999 年出口额达到 32.9 亿美元，而同期美国仅出口了 29.6 亿美元的软件。③ 微软在 20 世纪 80 年代中期就前往爱尔兰投资。英特尔公司在 1989 年就将欧洲生产基地设在爱尔兰，并在雷克斯利普投下近 25 亿美元，雇用了 3 000 多名工人。随后，英特尔公司又在爱尔兰投资了 20 亿美元兴建芯片厂，该厂在 2004 年创造了 1 000 个就业机会。戴尔公司在爱尔兰利默里克建厂，该工厂共雇用了 3 500 名工人。④ 而在这些外资公司的中高层中，可见大量爱尔兰侨民的身影，如英特尔公司首席执行官 CEO 克雷格·巴特尔等，这些高新技术产业选择落户于爱尔兰，其中也有他们所作出的贡献。这些国外投资进驻爱尔兰蓬勃发展的同时，爱尔兰国内的科技企业的创新机制和创业动能也受到刺激并大幅发展。

① 王雅梅：《从全球化程度排名看爱尔兰的经济腾飞》，《四川行政学院学报》2004 年第 1 期。
② 刘桂山：《爱尔兰经济腾飞的秘诀》，《新闻瞭望周刊》，2001 年 7 月 9 日。
③ 萧兮：《爱尔兰经济的奇迹》，《国际经贸消息》，2008 年 8 月 9 日。
④ 萧兮：《爱尔兰经济的奇迹》，《国际经贸消息》，2008 年 8 月 9 日。

（百万欧元）

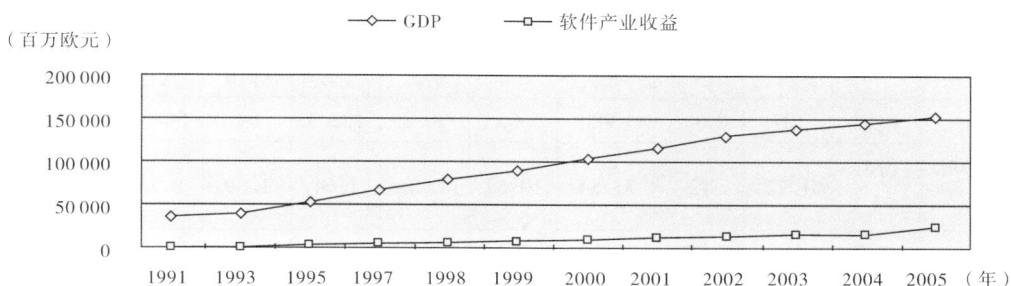

图 2 - 10　1991—2005 年爱尔兰 GDP 与软件产业收益

资料来源：Statistics Ireland. Ireland：Watson Wyatt Worldwide，2005. http：//www. nsd. ie/hem/ssii/stat/htm，2015 年 12 月 18 日。

截至 2005 年，爱尔兰全国共有 900 余家软件公司，其中外商直接投资的公司共有 140 余家。由于良好的投资环境和低税率等，爱尔兰近年在吸引外资方面成绩突出。爱尔兰中央统计局资料表明：2003 年，爱尔兰吸引外资 238.32 亿欧元，截至 2004 年底，爱尔兰共吸引外资 1 139.6 亿美元，共有 30 000 余名员工在这些公司就业（参见图 2 - 10）。① 谈到海外投资，就不得不谈爱尔兰政府成立的专门机构——工业发展局。它主要负责招商引资，为外国投资商提供服务，并说服海外优质的软件公司在爱尔兰成立分公司。工业发展局高效的工作使得爱尔兰成为外国直接投资的基地；同时爱尔兰政府又成立爱尔兰企业局，为本地软件企业发展和开拓海外市场服务。爱尔兰企业局在美国纽约、波士顿和硅谷设立了贸易和技术中心（企业孵化器），这些设施为爱尔兰本土企业开拓美国市场带来了巨大帮助。爱尔兰政府通过侨民成立的爱尔兰商业网络帮助爱尔兰商人以及专业技术人才与海外市场取得联系、寻找商机、谋求发展，同时促成企业家和专业技术人才的培养，吸引潜在移民，促使他们来到爱尔兰投资。

2004 年，爱尔兰的软件收入总额已经超过了 240 亿欧元，出口的产品和服务总额超过 230 亿欧元（参见表 2 - 8）。②

---

① http：//jlwz. gov. en/paper. jsp？ id =625，2014 年 2 月 5 日访问。

② http：//www. nsd. ie/htm/ssii/stat. htm，2014 年 2 月 5 日访问。

表 2 – 8　2001—2004 年全球软件增长规模（亿美元）

年份		爱尔兰	美国	西欧	日本	中国	印度	韩国	其他	全球
2000	规模	107	2 612	1 980	660.5	90.8	102.3	99	567.4	6 219
	份额（%）	1.72	42	31.84	10.62	1.46	1.64	1.59	9.12	100
2001	规模	118	2 797	2 159	712	133	122	168	756	6 965
	份额（%）	1.69	40.16	31	10.22	1.91	1.75	2.41	10.85	100
	增长（%）	10.3	7.1	9	7.8	46.5	19.3	69.7	33.2	12
2002	规模	132	3 100	2 420	770	192	170	252	910	7 946
	份额（%）	1.66	39.01	30.46	9.69	2.42	2.14	3.17	11.45	100
	增长（%）	11.9	10.8	12.1	8.1	44.4	39.3	50	20.4	14.1
2003	规模	150	3 400	2 673	861	265	206	306	1 013	8 874
	份额（%）	1.70	38.31	30.12	9.70	2.99	2.32	3.45	11.42	100
	增长（%）	13.6	9.7	10.5	11.8	38	21.2	21.4	11.3	11.7

资料来源：Statistics Ireland. Ireland：Watson Wyatt Worldwide, 2005. http：//www.nsd.ie/hem/ssii/stat/htm, 2014 年 2 月 5 日。

　　跨国公司对爱尔兰软件产业的贡献主要表现在：带动了爱尔兰本土软件企业的发展。跨国公司进入爱尔兰后，需要从本地寻找配套的软件咨询和服务公司。咨询和服务公司对资金和技术的要求很低，于是大批这类公司在爱尔兰出现。爱尔兰本土企业大多数是 20 世纪 90 年代中后期创办的，几十人规模的企业较多，上百人的企业就算大企业了。这些企业的共同特点是它们都是在为跨国公司提供软件咨询与服务的基础上发展起来的。尽管起步晚，发展情况也较差，但是很多本土企业在与跨国公司合作过程中，找到了自我发展的定位和机会，从而形成了自己的核心竞争力。在爱尔兰，知名度很高的公司都拥有自己的主导产品和服务，比如爱尔兰最著名的 Iona 公司即以中间产品闻名于世界。除了软件咨询产业，大量的农副产品加工业和生物医药产业也纷纷进入爱尔

兰，促成了爱尔兰的产业转型和经济发展。伴随着爱尔兰经济的发展，国内劳动力市场出现短缺和空白，爱尔兰政府一方面加紧对专业技术劳动力的培训，另一方面又鼓励海外爱尔兰人、爱尔兰后裔以及大量的非爱尔兰裔劳动力前往爱尔兰生活、就业，填补爱尔兰劳动力市场的空白，为爱尔兰发展做贡献。如今，外国公司在爱尔兰经济结构中的比重已经超过了30%，出口份额占爱尔兰出口总量的40%。

根据联合国1997年世界投资报告可知，爱尔兰是外商直接投资流入对国内生产总值和固定资本形成总额贡献最高的经济体之一。1997—2006年，累计流入爱尔兰的外商投资金额达到885亿美元，在经合组织成员国中位居第14。在2000年，爱尔兰人均拥有的外商直接投资流入存量达到了欧盟平均水平的两倍以上（参见图2-11）。外商的直接投资成为爱尔兰国内生产总值和出口增长的主要来源。爱尔兰共吸收了美国在欧洲投资总额的27%，对欧洲信息产业投资的70%。[①] 2009年，美国在爱尔兰共有1100多家跨国公司，其行业领域主要分布于工程、信息通信、生物制药、医疗器械、金融和国际服务等部门，每年的出口总额超过600亿美元，其中上文所提到的软件工程领域尤为突出。除此之外，在生物制药领域，世界排名前十的医药公司中有9家都在爱尔兰建立了工厂，爱尔兰共吸收了外商在欧洲的药品和保健品领域投资金额的1/3。[②]

（单位：美元）

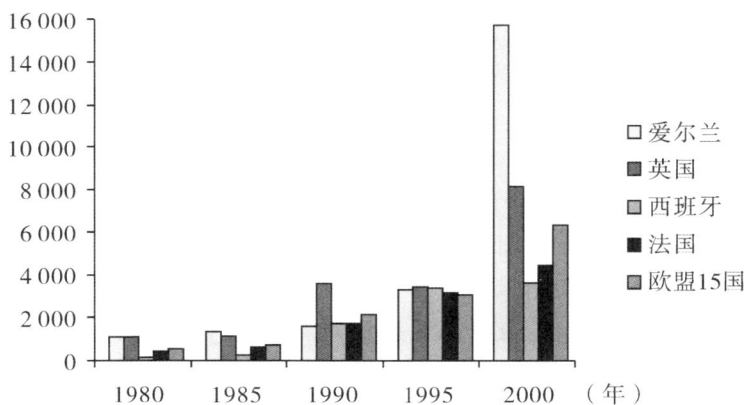

图2-11　1980—2000年欧盟国家人均拥有的FDI流入存量
资料来源：FDI stock from UNCTAD, 2001; population data from Eurostat.

---

① 梁剑：《论爱尔兰软件信息服务业发展历程》，《科技管理研究》2010年第5期。
② 王雅梅：《爱尔兰吸引外资的理论思考与分析》，《经济体制改革》2009年第4期。

爱尔兰制造业中的几个重要部门，如软件、药品、计算机和仪表工程、电气设备等几乎都是由外资所拥有。在外资企业的就业人数占爱尔兰制造业就业总数的一半左右。其中，2003 年有 46.7% 的劳动力人口在外资企业就业，2004 年这一数据高达 48.03%。随着外商投资的大规模流入，他们也帮助爱尔兰建立了与全球市场交流的桥梁，爱尔兰的出口迅速增长，经济结构从原有的农牧业为主成功转为由高科技为支柱产业，促进爱尔兰国内经济状况日益提升，降低了国内失业率，增加了就业机会，爱尔兰国内劳动力市场每日的劳动力缺口都超过 20 000人。失业率从 1993 年的 16% 降到了 21 世纪初的 5%，而国内生产总值的增长率连续 5 年保持在 8.5% 左右，是欧洲平均经济增长率的 3 倍以上。①

（三）打造爱尔兰海外专业技术人才网络

约翰·哈特尼是爱尔兰科技领导组织（Irish Technology Leadership Group）的创始人，这个组织的成员大多是在美国硅谷工作的爱尔兰裔高管或美籍爱尔兰人。他们积极参与爱尔兰工业化的建设，确保爱尔兰是美国高新技术企业在海外投资的战略标的，同时致力于加速高新技术科技企业的发展及全球化进程。他们在支持爱尔兰新兴高新企业和中小型高新企业进入美国市场的同时，也能获得来自美国机构的投资。他们运用手中的资本，促使美国很多高新技术公司将爱尔兰作为进入欧洲的基地，并确保爱尔兰始终是他们未来发展的核心地域。爱尔兰科技领导组织协会旗下共有 1 500 名成员，举办了多次商务考察、科技创新奖项颁发以及领导人峰会等活动，获得了大量来自政府部门和私人部门的专家建议和高管宣传。现任主席是英特尔公司的前任首席执行官克雷格·巴尔特，他为英特尔在爱尔兰设立欧洲运营中心做出了很大的努力。

麦肯纳是一名在阿联酋工作的爱尔兰律师，他从 2009 年开始前往中东并在该地区最大的一间律师事务所工作。麦肯纳在阿联酋工作了 6 年，在此之前，他还曾在美国、德国和沙特阿拉伯工作过。他已经习惯于离开爱尔兰，在远方生活、工作。尽管如此，他也为此失去了很多，比如家人和朋友等。尽管爱尔兰与阿联酋之间有着截然不同的文化体系和信仰，但是麦肯纳认为这并不妨碍阿联酋作为一个开放且热情的国家存在。2016 年 4 月 15 日，在爱尔兰刚召开的阿拉伯—爱尔兰商业论坛上，麦肯纳发表了讲话。他在阿拉伯世界长期工作的经验将对希望前往阿拉伯世界发展的爱尔兰人产生积极的作用。他称自己可以通过阿拉伯—爱尔兰商业论坛这一平台就更广泛的问题为爱尔兰民众和企业提供咨询、建

---

① 萧兮：《爱尔兰的经济奇迹》，《国际经贸消息》，2000 年 8 月 9 日。

议和指导的服务。包括在阿拉伯国家实施兼并、收购公司企业、创办合资企业、商业合同的拟定、私募股权投资、公司法、公司治理、公司重组和项目融资等事项，他都可以提供咨询与帮助。海外地区尽管由于油价的下跌，经济遭受到一定的影响，但不能否认的是，在中东地区仍然有许多的机会。①

诸如像麦肯纳般在异国他乡，甚至是民族文化和人种完全不同的地方工作和生活的人，他们的生活和工作经历对其他新侨民而言，是很宝贵的经验。同时，通过一定的侨团和组织，将这一部分人聚集起来，也拓展了爱尔兰在全球市场中的份额，建立爱尔兰进入全新市场的沟通桥梁。

2009 年 7 月，爱尔兰科技领导协会与都柏林三一学院以及都柏林大学签署了跨大西洋合作协议，该协议致力于推动爱尔兰创新产业发展、为爱尔兰新兴企业提供商机、推进爱尔兰政府创新联盟制定的目标。这项协议的另一个目标就是创立风险基金用以支持从都柏林三一学院和都柏林大学研究中获取技术为企业发展提供动力。

从爱尔兰科技领导协会分出的两大分支机构，一是位于美国圣何塞的爱尔兰创新中心；一是位于加利福尼亚的爱尔兰企业孵化中心，这个孵化中心为处于创业阶段的新兴企业提供办公楼、法律和资金援助、管理意见及商业机会。爱尔兰科技领导组织还创立了另一种投资模式，成立了爱尔兰科技风险基金，投资者在爱尔兰政府的支持下，将他们的资金转换为资本用以支持需要投资的新兴企业。

在知识经济时代，知识是经济发展和工业发展的关键。在过去，由于各国担心人才的流失会造成严重影响，政策的制定者们常常对想要移民的专业技术人才持有忧虑。而如今，将海外的专业技术人才也视为本国发展的资源是较为普遍的做法。人才在全球人力资本市场中自由流动，既能促进人才的培养，又能增加国家的人力资本，海外人才所拥有的知识、经验，以及特有的专业技能常常能为祖（籍）国和住在国带来发展的巨大潜力。从 1981 年到 1985 年，爱尔兰平均每年流失 15 000 人，而到 1986 年到 1989 年，每年则有 35 000 人移民海外，其中70% 都是年纪 25 岁以下接受过良好教育的群体。2008 年金融危机之后，大约有193 200 名 19—24 岁的青年人离开爱尔兰。尽管 2014 年 4 月之后，青年人离开爱尔兰的数量开始下降，但仍有 29 000 名青年学生离开爱尔兰前往他国。有数据显示，他们中的 47% 都拥有至少一个学位，或者除此之外的第三资质学历。②

① TAYLOR C. Dispelling myths about life in UAE. Irish Times. http：//www. irishtimes. com/life-and-style/generation-emigration/irish-business-abroad/dispelling-myths-about-life-in-uae-1. 2600269，2016 年 8 月 5 日访问。

② Department of foreign affairs and trade . Global Irish：Ireland's diaspora policy，2015：46.

爱尔兰外交部部长布莱恩先生提到，20 世纪 80 年代的爱尔兰侨民只是抱着单纯希望改善自己生活的态度出国，他们中有的人去了美国，有的人去了德国，其中一部分又回到了爱尔兰……在国外的工作中，他们的工作技能得到了提升，而这部分移民也成为爱尔兰发展的潜在人力资源。

在人才培养和创新机制建立方面，侨民建立的各类专家组织、专业信息组织使得法律、电子信息和生物科技、教育等领域的专家与祖（籍）国产生了密集的联系，对其所擅长的某一领域进行知识交流、技术交流，并提出建议指导，开展风险投资，使得爱尔兰相应领域得到长足的发展。如在硅谷工作的精英人士支持 ICT 行业在爱尔兰建立的爱尔兰科技领袖协会，还有在美工作的生物学家建立的生物学家联席会，在伦敦工作的科学家建立的爱尔兰英国科学家联席会，他们在指导爱尔兰相关领域建设的同时，帮助爱尔兰相应领域拓展海外市场，获得风险投资。相对于外资引入，爱尔兰政府在这一时期更加注重技术协作以及以研究为基础的项目合作，这些为爱尔兰高新技术产业在世界市场中地位的提升创造了条件和可能。

以软件产业为例，1991 年产业政策评估组在对爱尔兰政策进行评估时指出："爱尔兰不能指望通过发展先进技术建立世界一流的研究体系，应当把精力放在技术的运用上，这才可以提高现有产品的竞争力和质量水平。"① 随后，爱尔兰相关侨民组织在政府的支持下与爱尔兰高校进行了大量合作。以爱尔兰科技领导协会为例，它是由爱尔兰侨民自发建立的社会组织，其目的在于指导爱尔兰新兴企业的技术发展和为其开拓美国市场。它下属的两个分支机构——位于美国圣何塞的创新中心和位于加利福尼亚州的爱尔兰企业孵化中心均致力于以创新为动力来推动爱尔兰企业发展。爱尔兰科技领导协会还在爱尔兰国家创新联盟的支持下，与爱尔兰的两所高校——都柏林三一学院和都柏林大学签署协议，这种产、学、研结合的模式将推动研究机构的成果直接转换为商业资本，促进爱尔兰经济发展和创新体系的建立（参见图 2－12）。

在知识经济时代，对海外侨民祖（籍）国来说，海外侨民往往扮演着人才加速器的角色。海外侨民通过为祖（籍）国的青年提供教育指导、信息交流、职业培训等方式，开阔了这些青年人的国际化视野，有助于新兴科学家、企业家的产生。

---

① 桑倞：《爱尔兰软件产业的现状和发展道路》，《欧洲》2001 年第 5 期。

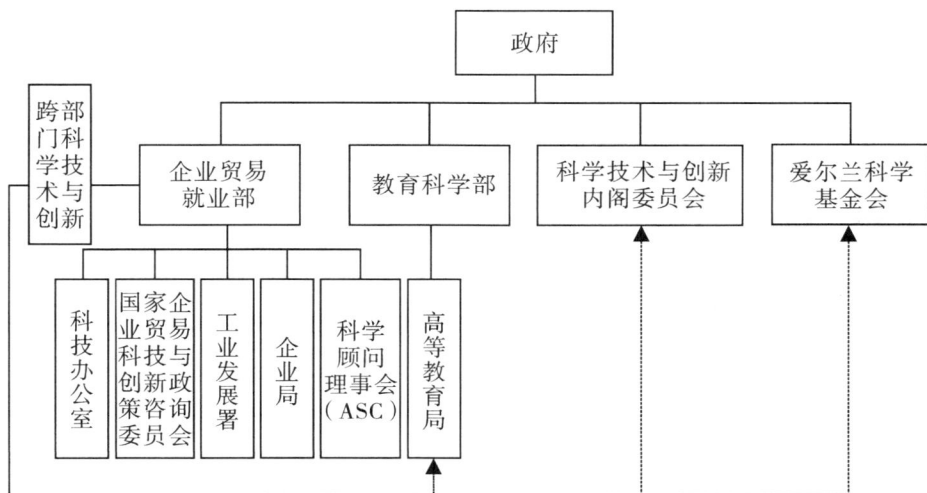

图 2 - 12　爱尔兰侨民参与祖（籍）国创新机制的模式
资料来源：桑惊：《爱尔兰软件产业的现状和发展道路》，《欧洲》2001 年第 5 期。

二、爱尔兰侨民的间接贡献

（一）推动爱尔兰旅游业发展

　　文化品牌是爱尔兰国际竞争力的一项因素，它在爱尔兰全球化进程中饰演着通往爱尔兰之门的角色。尽管并没有相关研究著述对爱尔兰的文学、艺术进行总结和研究，但只要一提起爱尔兰，就会想起其在历史长河中曾诞生的一些伟大的剧作、音乐和舞蹈，以及一些引领世界文艺发展的巨人，如肖恩、乔伊斯、王尔德、贝克特、斯威夫特、西尼、U2 乐队、范莫里森等，他们构成了爱尔兰国家软实力的一部分，增强了爱尔兰的国家影响力。爱尔兰品牌的核心应该是爱尔兰文化。在体育方面，以爱尔兰体育协会为例，它成立于 1884 年，并伴随着数量众多的爱尔兰移民在全世界传播开来。它为爱尔兰文化体育事业提供了有力支持，使得大量的体育组织和俱乐部在美国、加拿大、英国、新西兰以及欧洲大陆和世界上其他有爱尔兰人聚居的地方快速建立起来，使得爱尔兰的体育事业得到飞速发展。2009 年，前爱尔兰足球队和爱尔兰橄榄球队的成功，以及"喜力杯"的举行，获得了大批海内外观众的拥护，U2 乐队于 2009 年 7 月举办的三场世界巡演，共有 25 万名观众到场支持，其中有很大一部分来自海外，为都柏林经济创收 5 000 万欧元。①

　　U2 震惊世界的并不是他的音乐，而是他与音乐同步的社会活动，从他们的第一张唱片开始，U2 便树立了自己独特的形象——爱好和平、维护环境、反对战争、热心救助。所以在伊拉克战争时他们曾经身为英伦岛民却获得了反战国家之一法国的勋章。同时主唱 BONO 还与法国总统一起获得本年度（指 2014 年——引者注）诺贝尔和平奖的提名——通常这个奖的政治意味非常浓，往往属于政治家，或者社团领导人，我们看到 U2 的主唱却以一个艺术家的身份，一个致力于为世界上的弱者服务的身份，获得了这样举足轻重的奖项的瞩目，不过（应为"不管"——原文如此。引者注）最后他是否能够获得此奖，我们可以看到的是，这样的一个乐队正赢得了世界上所有热爱生活、珍惜生命、爱护环境的人们的尊重，他们从音乐当中建立了自己的地位，可在如今，他们跨越了音乐的界限，走向了更多与人们密切相关的领域，创造了前所未有的全新摇滚乐明星形象。

　　爱好和平并不是标榜在 U2 头顶的宣传语。数年来，BONO 会晤了数个大国的国家领导人，甚至发起了一场为贫困国家减免债务的活动，他的不懈努力获得了众多国家的首肯，并在实际上支持其行为，为挣扎在生存线上的众多人谋取了真正的福利。

　　U2 是现实的乐队。他们有创造力，有精力，有影响力。而这些，他们并没有像有些歌手那样只是在被动的情况下做一些慈善活动，而是将自己所拥有的各种资源都放到了一个相当大的目标当中，为全人类谋求幸福。

　　U2 的行为完全体现了摇滚乐最初的、最本源的精神——爱，一种完全博大的超越个体的爱。燃烧血液以之化为能量来驱动的爱。U2 从来不会待在家中幻想，前年他们获得格莱美奖的歌曲《美丽的一天》当中，对战争的痛恶，对地球环境的关注成为主题，并折服了无数歌迷。……U2 是爱尔兰人的骄傲，是爱尔兰人热爱自由，热爱生命的代表。②

　　大量喜爱 U2 乐队的歌迷在 2009 年 U2 乐队返回都柏林举办演唱会期间前往都柏林。U2 共在都柏林 Crock 公园举办了三场演唱会，提供了 25 万张门票。都柏林市区几乎所有的酒店在演唱会期间都被从境外赶来的歌迷住满。爱尔兰这支

---

　　① 《U2 家乡开场，为都柏林带来 5 000 万欧元收入》，http：//ent. qq. com/a/20090728/000348. htm，2016 年 6 月 28 日访问。

　　② 李文枫：《燃血无数年——关于 U2 乐队》，https：//site. douban. com/heyrock/widget/notes/16167032/note/346557391/，2018 年 3 月 2 日访问。

伟大的反战乐队，不仅在全球范围内借助自己和平的形象提升了爱尔兰国家在相关领域的形象，也为爱尔兰旅游、文化产业带来了巨大的经济效益。

表 2 - 9　爱尔兰外国游客数量

（单位：万人）

年份	1988	1989	1990	1991	1992	1993	1994	1995	1996	1997	1998	1999
游客数量	234.5	273.2	306.9	299.7	312.8	333.3	368.1	425.6	473.9	516.4	671.6	606.8

数据来源：笔者根据爱尔兰中央统计局资料整理。Population and Migration Estimates April 2015. http：//www. cso. ie/en/releasesandpublications/er/pme/populationandmigrationestimatesapril2015/，2016 年 2 月 7 日访问。

文化体育行业的蓬勃发展也使爱尔兰赢得了游客的青睐。从表 2 - 9 中，我们可以得知，爱尔兰游客数量呈逐年上升趋势。1988 年，到爱尔兰旅游的海外游客只有 234.5 万人次，1989 年有 273.2 万人次，1990 年上升到 306.9 万人次，1991 年出现短暂回落，仅有 299.7 万人次到爱尔兰旅游。1995 年实现大跨步发展，共有 425.6 万人次到爱尔兰旅游，1997 年有 516.4 万人次，1998 年则有 671.6 万人次。1988 年到 1998 这 11 年，访问爱尔兰的游客共增长 437.1 万人次，增长幅度高达 186%。英国是爱尔兰游客来源的最大市场。其中，1998 年到爱尔兰旅游的英国游客共有 319.9 万人次。紧随其后的是欧洲大陆，有 125.5 万人次。英国成为爱尔兰旅游业游客来源的最大市场主要有两个原因，首先是天然的地理位置决定了英国人将爱尔兰作为其旅游目的地的首选，其次是英国生活着大量的爱尔兰人后裔。[1] 北美是爱尔兰旅游业游客来源的第三大市场。1998 年共有 858 000 人次前往爱尔兰旅游，其原因也在于北美很多人都拥有爱尔兰人血统。[2] 譬如：在加拿大 1991 年人口普查中，有 378 万人声称自己具有爱尔兰血统，爱尔兰裔人是加拿大的第四大族群。拥有数量如此庞大的爱尔兰后裔的加拿大自然也就成了爱尔兰旅游业游客来源的三大市场之一。在 1985 年以前，加拿大游客选择的旅游目的地要么是英国，要么是欧洲大陆国家，爱尔兰次之。1985—1989 年，爱尔兰的地位逐渐上升，成为加拿大游客的三大旅游目的地之一，与英国和欧洲大陆国家三足鼎立。到 1994 年之后，爱尔兰反超英国和欧洲，并保持优势，

---

① VOLKMAN K E, GUYDOSH R M. Toursim in Ireland：observations on the impact of European Union funding and marketing strategies，ASAC，2001：7.

② VOLKMAN K E, GUYDOSH R M. Toursim in Ireland：observations on the impact of European Union funding and marketing strategies，ASAC，2001. 7.

成为加拿大游客旅游的首选。[①] 旅游业的快速发展，不仅增强了爱尔兰的国际影响力，也为爱尔兰带来了巨大的经济收入，有效地促进了爱尔兰经济的发展，为爱尔兰的腾飞作出了贡献。

（二）促进北爱尔兰和平进程

安全稳定的外部局势也是爱尔兰经济成长的关键，而北爱尔兰问题则是一直影响和制约爱尔兰发展的一个关键因素。北爱尔兰民族问题不仅与该地区的政治局势和经济状况息息相关，而且还对英国和爱尔兰两国关系的发展，对爱尔兰国内的政治经济生态都产生了极大的影响。[②]

从 20 世纪 80 年代中期开始，北爱尔兰和平进程出现一丝转机。在北爱尔兰局势动荡而紧张的情况下，出现了一些温和且非暴力的因素，而美籍爱尔兰人就在其中充当了这一微妙的角色。这源于他们坚信这样一句信条——和平是可以实现的最好的选择。美籍爱尔兰人企业、新生代移民个人、群体纷纷发表了他们的看法和观点，在其住在国进行政治游说，组成强大、有效的团体组织，并最终成功促使美国介入北爱尔兰和平问题，改变了原有北爱尔兰问题相关各方的比重和现状。美籍爱尔兰人在北爱尔兰和平进程中的表现说明侨民可在祖（籍）国和平发展中起到积极作用。尽管这个过程是漫长且曲折的，然而，其结果却可以为全体爱尔兰人民带来永久的和平与安宁。在北爱尔兰和平进程中，大量的侨民通过爱尔兰基金会将资金流向北爱尔兰，一些杰出的政治家也通过自己的政治影响力在英国与爱尔兰之间斡旋。美国前总统克林顿就是其中具有代表性的一位。在北爱和平进程中，美国一直发挥着特殊的影响和作用。早在爱尔兰独立战争初期，美籍爱尔兰人便向爱尔兰提供大量财政支持。而后，美国通过政治施压，迫使双方停火，促使爱尔兰取得独立。冷战结束后，具有爱尔兰血统的克林顿任命美国前参议员乔治·米切尔担任北爱尔兰和谈主席。在北爱尔兰和平谈判陷入僵局时，克林顿等爱尔兰裔政治家还曾亲自出面前往北爱尔兰进行斡旋。

又一次从北爱尔兰传来了好消息。超过 90% 的新芬党成员认可了《受难节协定》。由于约翰·休姆和格里·亚当斯的努力工作，协定肯定会得到很多天主教徒的支持。新教徒的意见更分裂。经过与各方协商后，我决定不从伯明翰到贝尔法斯特去亲自对这个协定发表看法。我不想给伊安·佩斯利任何弹药来攻击

---

① VOLKMAN K E, GUYDOSH R M. Toursim in Ireland: observations on the impact of European Union funding and marketing strategies, ASAC, 2001: 7.

② 刘泓：《北爱尔兰民族问题发展前景分析》，《世界民族》1997 年第 1 期。

我，指责我作为一个局外人却告诉北爱尔兰人该怎么做。相反，我和托尼·布莱尔会见了记者，并与英国广播公司和有线电视新闻网进行两次长时间的电视采访，支持全民公决。5 月 20 日，投票前两天，我还向北爱尔兰人民发表了一个简短的电台讲话，承诺道，如果他们投票给他们和他们的孩子一个永久的和平，美国一定会予以支持。而那正是他们所做的。《受难节协定》得到了 71% 的北爱尔兰人支持，包括大多数坚定的新教徒。在爱尔兰共和国，90% 多的人支持它。我从未如此为我的爱尔兰血统感到自豪。①

——克林顿

在卸任之前的最后一次外访中，美国总统克林顿对都柏林、贝尔法斯特、伦敦进行了三天的告别访问。克林顿任内一直在推动北爱尔兰和平进程，并担当重要角色，包括协助达成 1998 年的《北爱和平协议》，为新教徒和天主教两派设立联合地方议会奠下基础。据中国日报网站发布的消息称，美国国务院承认，克林顿可能是英国和爱尔兰会谈的幕后策划者，这些会谈旨在恢复北爱尔兰和平。②

早在卡特政府时期，美国政府便已插手北爱尔兰问题。卡特政府曾公开宣布，如果北爱尔兰冲突各方能展开和平协商，美国政府会向北爱尔兰提供必要的援助。在此之后，美国历届政府均重申了这一立场。它表明，因为美国生活着大量的爱尔兰后裔，美国政府及部分公众对北爱尔兰问题已经形成了一种新的观念，即北爱尔兰问题已不仅仅是英国的内政，而是与美国有着特殊关系的地区问题，美籍爱尔兰人的选票对两大政党都显得尤为重要。③ 1992 年大选前，克林顿一再呼吁加快北爱尔兰和平进程以获取爱尔兰裔选票。执政后，克林顿对北爱尔兰问题实施了一系列颇受关注的新政策，譬如取消对新芬党的武器禁运及其在美国募捐的限制，同时与该党领导人亚当斯在白宫进行了会谈，并最终促成了爱尔兰共和军的停火。美籍爱尔兰人的介入为北爱尔兰、爱尔兰的和平发展创造了稳定因素和前提基础。

① 比尔·克林顿著，李公昭等译：《我的生活》，南京：译林出版社，2004 年，第 849 页。
② 中国日报：《美国承认克林顿是北爱和平会谈的幕后策划者》，新浪网，http://news. sina. com. cn/w/298701. html，2001 年 7 月 11 日。
③ 洪建军：《4000 万爱尔兰裔美国公民的存在，使北爱问题成为与美国有着特殊关系的地区问题》，人民网，http：//www. people. com. cn/GB/channel2/18/20000525/76312. html，2000 年 5 月 3 日。

第四节　对我国侨务工作的启示

爱尔兰侨民战略成效显著，至少有两点值得我们借鉴与学习：一是爱尔兰政府能够精准把握侨民资源，二是政府角色的正确定位。

一、精准把握侨民资源

爱尔兰侨民战略之所以能取得较好的效果，与其精准把握侨务资源密切相关。这是值得我们学习与借鉴的。在我们国家，围绕侨民的概念还在争执不休，侨民的人数也是各执一词，既有庄国土教授团队的 4 000 多万之说，又有国务院侨办的 6 200 多万之说，也有习近平总书记在 2018 年 10 月考察暨南大学期间的 5 000 多万之说。之所以出现这么多说法，关键是对侨民的定义未能统一。如果连人数都搞不清楚，我们要制定比较切实可行的侨民战略就会有一些问题，其实施效果更会大打折扣。

与欧洲其他国家相比，"爱尔兰工业取得恢宏成绩的经验被视为外国直接投资的成就下的经典范本"。从 20 世纪 70 年代开始，爱尔兰采取了一系列切实可行的侨民战略，鼓励和拉动在海外的爱尔兰人回国投资，侨民将自己的所有转换为相应的投资资本投入到祖（籍）国的经济发展中来，从而在满足祖（籍）国需要的同时也实现自己的经济目的，建立了软件、生物工程、金融等为特色支柱产业的爱尔兰经济新形态，促成了爱尔兰由农牧经济向知识经济的跨越，同时也提高了爱尔兰在全球的经济地位，增强了国家影响力，在 1994—1998 年实现了经济的高速持续增长，开创了"凯尔特之虎"的辉煌历程。爱尔兰经济的发展不仅需要开拓国内市场，吸引更多的投资，同时也需要开拓国际市场，寻求更多的销路，在这种双向需求下，就为各种祖（籍）国与侨民之间紧密的交往联系圈的诞生与成长提供了沃土。世界各地的爱尔兰人通过各种不同的人际网络来交换各种信息与商机，分享各种经验和技术，从而满足了爱尔兰经济发展对资本和技术的需求，也促进了爱尔兰经济更好地融入国际经济中。经济危机之后，大量具有专业技能和经验的年轻爱尔兰人流失海外，爱尔兰政府认识到鼓励、动员拥有专业技能、经验及相关资源的海外爱尔兰人回国就业是爱尔兰应对经济危机、复苏经济的关键。因此，爱尔兰政府努力创造更多的就业岗位及有利的政策环境吸引这一部分爱尔兰人回国工作。

爱尔兰侨民战略之所以成功主要在于爱尔兰政府首先明确了对侨民的界定，即哪些人才是爱尔兰侨民？然后根据这一界定去摸清侨民资源，从而制定了具有爱尔兰特

色的侨民战略，以服务于爱尔兰国家发展大目标。值得注意的是，随着爱尔兰内外形势的变化，爱尔兰对侨民的定义和侨民战略本身都有与时俱进的调整。比如对侨民的定义，在 2008 年之前主要以血统来论，即凡是生活在海外且具有爱尔兰血统的都被计算在内，2008 年之后更创造出"亲和侨民"，即那些对爱尔兰友好、愿意来到爱尔兰并为爱尔兰的发展尽力的他国公民（不管其最后是否再次离开爱尔兰）。

　　为了落实其侨民战略，爱尔兰张政府采取了一系列有针对性的动员措施，激发了爱尔兰侨民回国或以其他方式支持祖（籍）国发展，爱尔兰也因此成就了 2008 年之前的"凯尔特之虎"的经济奇迹和 2008 年之后的经济复苏与经济转型。

二、政府角色的正确定位

　　爱尔兰侨民战略的成功，还得益于政府正确的角色定位。在经济危机之前，爱尔兰的首要目标是发展经济与经济转型。在经济危机之后，爱尔兰经济建设的首要目标是复苏经济和建立爱尔兰知识经济。因此，爱尔兰的侨民政策的特点便是尊重商业发展规律，为工商业发展提供便利。在结构上，其侨民战略呈现的是一种"灵活""便捷"的方式，以人为本、便民、利民，积极在国内营造适合工商业发展的生态环境，同时让侨民自己主导相关侨民组织的未来发展，不对其采取过多干预。"灵活""便捷"是这一时期侨民战略的特点。

　　从政府角色的定位上来看，爱尔兰政府在侨民战略的制定中，在经济危机之前主要扮演着园丁型的政府角色。积极促进和培养社会组织的发展，给予侨民社会组织充分空间，从而在爱尔兰侨民战略的制度架构中，呈现出社会组织起主要作用，爱尔兰政府通过侨民组织等机构，为海外侨民提供服务和支持。但由于过重依靠外资，在经济危机中，爱尔兰遭遇沉重打击。2008 年以后，爱尔兰政府重新调整侨民战略的首要目标，爱尔兰政府在侨民战略的职责也增加了管理，用以平衡政府与侨民组织在侨民战略实施中的关系，自此，爱尔兰政府和侨民组织在侨民战略的实践中呈现一种均衡的关系，爱尔兰政府由侨民战略中园丁型的政府转为合作型政府。

　　正是由于爱尔兰政府对侨民对象的准确定义，对自己目标和政府角色的准确定位，爱尔兰侨民战略呈现了灵活、便捷、便民、利民的特点，极大地促进了爱尔兰工商业的蓬勃发展，使得爱尔兰赢得了"凯尔特之虎"的名誉。

　　在我们国家，大政府和政府主导已成为一种习惯模式。这种模式有其优势，但也有不接地气、无法满足侨民实际需要和侨民自觉能动性不足的情况出现。如何变主导为服务，以侨民自主为基础开展侨务工作，这是我国政府需要认真思考与努力践行的。

第三章　发展中国家的侨民战略与发展研究
——以印度为例

发展中国家的侨民战略有一个共同的特征，即主要利用侨民为自己的经济发展服务，即便有其他方面的需求与任务，但都脱离不了经济建设这个中心。作为发展中国家的一员，印度侨民战略的这一特征也最为显著。虽然印度雄心勃勃，也赋予了其侨民战略充分调动印度侨民开展公共外交、为印度中心（即确立印度在南亚和印度洋地区的主导地位）奠定更稳固的基础等任务，但这毕竟不是主流，因为印度侨民主要是一些熟练和半熟练的劳工移民。这一特征，无论是从其侨民战略提出的背景、机制还是工作内容都得到体现。

第一节　印度侨民战略的出台

一、印度侨民发展简史

印度是世界上侨民资源最丰富的国家之一，侨民足迹遍布全球 200 多个国家和地区，其中主要分布在中东、美国、马来西亚、南非、澳大利亚和西欧。据海外印度人事务部（the Ministry of Overseas Indian Affairs，MOIA）2010—2011 年的年度报告，海外印度人数量已在 2 700 万人以上。[①]

印度移民史可追溯至 18 世纪 90 年代。[②] 根据移民规模、结构及地理分布上的不同，我们可以将这两百多年的印度移民史大致分为三个时期：18 世纪 90 年代至独立前；独立至 20 世纪 80 年代；20 世纪 80 年代后。在每个时期，都出现过一次移民潮，即 19 世纪 30—40 年代、20 世纪 60—70 年代及 20 世纪 80 年代以来。这些移民潮的产生各有其背景，移民的构成、规模及地理分布特点也各不

---

① 也有 2 500 万人之说。参见《印度总理："张开双臂"欢迎海外侨民》，中国新闻网，http：//xin-huanet. com/world/2015 - 01/08/c_127370766. htm，2015 年 1 月 8 日，2018 年 3 月 11 日访问。

② 何承金、曼世经：《印度海外移民及其影响》，《南亚研究季刊》1986 年第 3 期。

相同。

自 19 世纪初起，大量印度契约劳工迁往非洲的肯尼亚、乌干达、毛里求斯，东南亚的马来西亚、缅甸，大洋洲的斐济以及西印度群岛等地，在英属殖民地种植园、铁路、矿山、港口等从事艰苦劳动。为进一步满足种植园等对劳动力的需求，后来印度自由劳动力迁往斯里兰卡和马来西亚等地。无论是契约劳工还是自由劳力，在移民地的劳动都很艰辛，生活艰难。相比之下，印度商业性移民在海外的生活则较好。这类移民主要自 18 世纪末期起，迁往欧美某些国家以及一些英属殖民地，包括斯里兰卡、缅甸、马来西亚、肯尼亚、乌干达以及海湾国家。

独立后的一段时期内，印度移民主要前往近邻的尼泊尔。自 20 世纪 70 年代起，由于中东地区石油工业的发展，相关劳动力缺乏，大量印度劳务工人前往这些国家。与其他类移民不同，这些工人是临时合同工，只是按合同暂时移居中东，务工期满后就会回到印度，而很少能够留在当地。另外，战后英美等国移民政策变化，放宽了对移民的限制，吸引专业技能人士前往，于是这一时期前往西方国家的印度专业技术人员增多。20 世纪 60 年代后移民到北美的大多数印度人都是高技术人才及其家属。

自 20 世纪 80 年代起，印度移民潮进入一个全新阶段。这一阶段的移民构成特点是以高技术移民为主体。这一波移民潮主要是受到由信息与通信技术、生物技术、金融服务所构成的新经济的推动，移民者主要是科学家、技术人员等高技术人员，移民目的地主要是发达国家。

在印度移民史中，虽然迄今第一阶段即 18 世纪 90 年代至独立前的时间维度最长，但移民规模却是最小的。据不完全估计，印度对主要国家的移民净人数，1800—1980 年共计为 764.7 万~816 万，其中在 1800—1945 年的一个半世纪里，净迁出数在 312 万左右，占此间净迁出总数的 40% 左右；1946—1980 年净迁出数为 453.3 万~504.6 万，占此间净迁出总数的 60% 左右。换言之，第二次世界大战后的三十五年里净移民数为战前一个半世纪的 1.5 倍。[①]

20 世纪 80 年代以来，印度移民潮热度不减，移民规模也超过了历史上任何时期。以美国为例，1980 年，在美国的印度移民为 38.7 万多人，到 1990 年数量翻了一番，为 81.5 万多人，2000 年进一步增加至 167.8 万多人。[②] 到 2015 年，在美印度人已经有 440 多万人。[③] 近几年来，在世界十大移民流出国中，印度一

① 何承金、曼世经：《印度海外移民及其影响》，《南亚研究季刊》1986 年第 3 期。有的数字是根据文中数据计算而得的。

② RUBINOFF A G. The diaspora as a factor in U. S. – India relations. Asian affairs: an American review, 2005, 32 (3).

③ http：//moia. gov. in/writereaddata/pdf/Population_Overseas_Indian. pdf, 2016 年 8 月 12 日访问。

直处在前三甲的位置。关于海外印度人的具体数量，到目前为止尚无较为统一的说法。时任印度总理辛格在 2005 年第三届"海外印度人节"上说海外印度人总数为 2 500 万，此后这一说法逐渐为人们所接受和使用。据印度官方的最新数据，至 2015 年 1 月，海外印度人共 2 800 多万，其中印侨（NRIs）1 130 多万，印裔（PIOs）共 1 700 多万。[①]

独立前，印度移民的主要聚集地是欧洲殖民地，具体包括亚洲的马来西亚、缅甸、斯里兰卡，非洲的毛里求斯、肯尼亚、坦桑尼亚、乌干达，加勒比地区的苏里南、圭亚那、特立尼达、多巴哥、牙买加和大洋洲的斐济，另外还有少部分迁往英国、美国和加拿大，此外有少量移居巴林、科威特、阿曼、伊拉克等海湾国家。

自独立至 20 世纪 80 年代初，印度移民的主要聚集地发生了明显的变化。首先是南亚邻国尼泊尔成为其移民的最大单一目标国。第二次世界大战后印度第一波移民潮发生在 20 世纪 60—70 年代，而就在这二十年间，移居尼泊尔的印度人达到 272 万，约占此间印度移居海外人口总数的 57%～64%。[②] 另外，南亚的斯里兰卡和东南亚的马来西亚、新加坡以及中国香港也是其移民的目的地。其次是 20 世纪 70 年代大批印度工人前往沙特阿拉伯、阿联酋、阿曼、卡特尔、科威特、利比亚、伊拉克和巴林等海湾国家务工，成为当地劳务市场的主要力量之一。加上工人家属，1982 年在中东各国的印度籍人口已超过 100 万。最后是自第二次世界大战后，英国、美国、加拿大、澳大利亚等西方国家逐渐成为印度移民的重要目的地之一。到 20 世纪 80 年代初，定居这些国家的 75 万印度人中，英国占 44%，美国占 26%，加拿大占 14%，澳大利亚占 5%，西欧其他国家占 11%。[③] 虽然相对于迁往尼泊尔等南亚邻国和海湾国家的印度移民人数来说，并不算多，但它是印度第三波移民潮的前奏。

自 20 世纪 80 年代起，印度进入了第三波移民潮。这波移民潮时间上持续较长，迄今热度不减，人员结构上以高级人才为主，而地理上的明显特点是以西方发达国家为主要目的地，其中尤其以美国为主。如前所述，自 20 世纪 60 年代开始，越来越多的人移民西方发达国家。特别是自 1965 年美国修改移民法取消了对亚洲族裔移民的限制后，印度移民将美国作为全新的目的地，大量印度知识精英、专业技术人员涌入美国。20 世纪 80 年代后，美国对信息技术人才的需求越来越急切，促使美国制定了《1990 年移民与国籍法》，使得大量印度高级人才涌

---

① http：//moia. gov. in/writereaddata/pdf/Population_Overseas_Indian. pdf，2016 年 8 月 12 日访问。

② 何承金、曼世经：《印度海外移民及其影响》，《南亚研究季刊》1986 年第 3 期。

③ 何承金、曼世经：《印度海外移民及其影响》，《南亚研究季刊》1986 年第 3 期。

入美国，美国也因此成为拥有海外印度人最多的国家。美国印度裔移民的总量已从 1965 年的约 1 万人增加到 2015 年初的 440 多万，[①] 约占印度海外移民总数的 15%。当前在美、英、加、澳、意、德、法七个国家的印度移民数约占印度海外移民总数的三分之一。具体来说，截至 2015 年 1 月，印度海外移民的主要地理分布为：美国 445 万，沙特 280 万，马来西亚 215 万，莫桑比克 200 万，阿联酋 200 万，英国 182 万，斯里兰卡 161 万，南非 155 万，加拿大 101 万，毛里求斯 89 万，科威特 75 万，阿曼 70 万，新加坡 70 万，尼泊尔 60 万，卡塔尔 60 万，特立尼达和多巴哥 55 万，澳大利亚 48 万，巴林 35 万，圭亚那 32 万，斐济 31 万，留尼旺岛（法）30 万，荷兰 22 万，意大利 17 万，泰国 17 万，新西兰 15 万，苏里南 15 万，德国 11 万，印度尼西亚 11 万，法国 10 万。[②]

二、印度侨民战略的提出背景

虽然有着庞大的侨民资源，但是印度政府对待海外印度侨民的态度曾经非常冷淡，基本上是"不理不睬，任其自生自灭"，没有建立任何官方或正式的渠道与那些海外印度侨民群体进行联系和交往。[③] "在印度独立后长达 50 年间，长期执政的国大党政府对独立前从印巴次大陆移居海外的人员，尤其是 19 世纪中叶移民的契约劳工后裔不予承认，不以任何官方的方式与他们建立联系和交往……"[④] 直到 1991 年，印度才提出自己的侨民战略。印度此时能够提出其侨民战略是因为国内外形势逼迫所然。

（一）国际政治格局发生重大变化，迫使印度政府外交政策从抵触西方转变为接近美国

20 世纪 80 年代末 90 年代初，国际上发生的无异于原子弹爆炸的事件，就是东欧剧变和苏联解体。东欧剧变对世界发展和各国政治经济外交关系等造成了重大而深远的影响。就印度来说，就是迫使印度改变独立以来亲近苏联而疏远美国

---

① 前者为美国国家统计局的数字，转引自滕海区：《美国印度裔族群的形成及其经济成就探析》，《华人华侨历史研究》2013 年第 2 期；后者为印度海外印度人事务部的数字，详见 http：//moia. gov. in/writereaddata/pdf/Population_Overseas_Indian. pdf，2016 年 8 月 12 日访问。

② http：//moia. gov. in/writereaddata/pdf/Population_Overseas_Indian. pdf，2016 年 8 月 12 日访问。

③ 贾海涛：《印度政府海外印度人政策的演变》，《世界民族》2007 年第 2 期。

④ NARAYAN K L. Indian diaspora：a demographic perspective，1994. 转引自邱立本：《印度国际移民与侨务工作的历史与现状》，《华侨华人历史研究》2012 年第 1 期。据此，有的学者认为印度政府长期以来是忽视海外印度人的。但有的学者认为并不能称之为"忽视"，而且不是主观上故意的，是客观原因造成不能重视而已。

的外交政策。这为印度侨民战略的制定提供了国际政治背景。

自1947年独立起，印度外交战略的核心目标一直是使自己成为世界大国。印度开国元勋贾瓦哈拉尔·尼赫鲁曾明确提出："印度以它现在的地位，是不能在世界上扮演二等角色的。要么做一个有声有色的大国，要么销声匿迹，中间地位不能引动我，我也不相信中间地位是可能的。"① 此后，无论是国大党还是人民党执政，都没有放弃谋求与其人口、资源相称的"有声有色"的大国地位的努力。在冷战背景下，独立初的印度奉行不结盟外交政策，试图远离东西纷争，有利于国家发展。同时，一方面凭借其所选择的社会主义模式经济发展道路，印度成为苏联力图扶持的"社会主义的样板"，从苏联长期获得大量政治经济和军事援助；另一方面因其建立的西方民主政治体制，印度成为美国试图在第三世界建立的"西方民主的橱窗"，长期从西方获得大量经济政治乃至军事援助。

从东西两方受益成为冷战时期印度外来资金的重要来源，也是印度同时与美苏关系暧昧的主要表现。但纵观而言，冷战时期，南亚地区大致形成了美巴—苏印的关系格局。这种格局，既有美苏方面的原因，也是印度自身政策选择的结果。印度独立后的外交政策带有明显抵触西方甚至是反西方的色彩。"作为世界上最大的民主国家，印度是欧美之外最推崇西方政治价值观的国家。但是印度在独立后的经济和外交政策都是与西方对抗的，直到20世纪80年代后期，印度投票反对美国和西方的次数比苏联都多。在印度的政治家中，反对西方经济模式及其外交政策目标已经成了一个老习惯……印度在反殖斗争中深入人心的反帝思想已经蜕变成不假思索的反西方主义了。"② 美国对印度的宿敌巴基斯坦的战略需求和援助为印度的这种思想增添了现实的动力。虽然1962年中印边境冲突后印度一度非常倾向美国，但纵观冷战时期的大格局，印度基本上是倾向苏联而疏远美国的。特别是苏联入侵阿富汗后，美国将巴基斯坦视为对付苏联的前沿国家，向其提供大量军事和经济援助，而印度则更加偏向苏联，印苏之间保持着涵盖政治、经济、军事和安全领域的特殊关系，印美关系进一步紧张。

20世纪80年代末90年代初，东欧剧变，冷战结束，美苏两个超级大国的两极对抗以苏联的自动坍塌而结束，以一超多强为重要标志的后冷战时代开启。苏联的解体使印度失去了一直以来的战略依托，接替其衣钵的俄罗斯实行向西方看的外交政策，把以往的盟友都视为包袱而急于抛弃，印度也因此受到冷落。为应对冷战后新的国际格局，印度不得不调整其外交政策，寻求新的外交力量来源。由于冷战后美国成为唯一的超级大国，它的影响几乎无所不在，这使得印度不得

① 贾瓦哈拉尔·尼赫鲁著，齐文译：《印度的发现》，北京：世界知识社，1956年，第57页。
② 马加力：《崛起中的巨象——关注印度》，济南：山东大学出版社，2010年，第110页。

不重新认识美国对它的意义，最终如同许多国家一样，印度也把对美关系视为"重中之重"，由此印度外交实现了从冷战时期的"抵触西方"到冷战后期的"接近美国"的转变。加强与美国的政治经济联系，成为冷战后印度外交政策的首要目标。

（二）全球化广泛、深入发展，迫使印度改革内向型经济体制，发展对外关系

全球化是一个以经济全球化为核心的多元概念。经济全球化，是指在不断发展的科技革命和生产国际化的推动下，各国经济的相互依赖、相互渗透日益加深，形成有机整体，所有国家、地区和国家集团的每个经济部门和经济环节都成为这个整体不可分割的组成部分。世界贸易、国际金融和跨国公司的迅速增长是经济全球化的三大表现，又是经济全球化的直接推动力，三者相互作用，共同促进经济全球化发展。1940—1990 年，世界贸易增长迅速，贸易占全球收入的份额已从 7% 上升到 21%。无论是发达国家还是发展中国家，其外部市场都在飞速扩张，发展中国家现在占世界贸易额的 25%，而 10 年前仅占 20%。[1] 世界资本市场的流动性和一体化规模越来越大，数十万亿美元的国际流动资本在全世界寻找可赢利的投资。以计算机和信息技术为代表的新技术革命，大大推动了全球化的进程。

经济全球化的过程早已开始，进入 20 世纪 80 年代后，世界经济全球化的进程大大加快了，特别是以信息技术革命为中心的高新技术迅猛发展，不仅冲破了国界，而且缩小了各国和各地的距离，使世界经济越来越融为一个整体。随着东欧剧变、苏联解体，传统的计划经济国家纷纷放弃计划经济体制，转而向市场经济过渡，打破了世界市场走向统一的人为障碍。20 世纪 80 年代末 90 年代初，在一场大规模的市场化浪潮席卷下，全球实行市场经济的国家，由原来的日本、澳大利亚和西欧、北美的发达资本主义国家以及一批新兴工业化国家和地区，扩展到全球几乎所有国家和地区，这其中不仅有中国这样的社会主义国家实行市场经济，战后选择走"非资本主义道路"的一些亚洲、拉美和非洲国家也选择走私有化和市场经济的道路。世界经济一体化与区域集团化步伐明显加快，世界经济以前所未有的规模向全球化、自由化、市场化方向推进。

面对这种大趋势，能否从中受益，很大程度上取决于各国所采取的经济政策。从 20 世纪 60 年代起，以韩国，新加坡，中国台湾、香港为代表的一片新兴工业化国家和地区，改变过去的进口替代战略，通过实施出口导向和市场经济政策，这些国家和地区的经济增长率保持了 8%～9% 的高速增长。1978 年中国实

---

[1]　杨冬云：《印度经济改革与发展的制度分析》，北京：经济科学出版社，2006 年，第 86 页。

行改革开放，也取得了高速发展。这些亚洲邻国的经验再次证明了许多经济学家的研究，即开放和效率之间有着积极的联系，越是经济开放的国家，其国民经济的增长速度也越快。

与周边邻国的快速发展相反，原本基础较好的印度在进入 20 世纪 80 年代后，受其半封闭半管制型经济体制的约束，经济发展水平明显落后于这些国家。"40 年来印度在世界上仅树立了'一个贫穷、落后和依靠外援的大国'形象，被讽刺为'一个带着讨饭碗的大国'，与尼赫鲁总理要使印度成为一个'有声有色的大国'理想背道而驰。"① 而"周边国家经济迅速发展，正在成为一个更加统一、更具竞争力的市场，我们不能无动于衷。否则，印度将面临以一个亚洲最穷国进入 21 世纪的前景"②。正如 90 年代印度经济改革的设计师辛格所认识到的，要想摆脱这种局面，印度"融入全球化是不可避免的，国家必须追求适合出口增长和外资投入的政策"③。虽然经济全球化是一把双刃剑，但是，印度也能利用后发效应，借助全球化带来的知识和信息的快速传递，改变在全球经济中的被动地位。如果不快速积极融入全球经济中，则与富国和快速发展的周边国家之间的差距会越来越大。尤其是在冷战结束后，印度失去了游刃于美苏之间的优势地位，从而也就失去了基于这种政治地位而获得的经济上的优惠。获得有利的国际经济生态环境，快速地融入全球经济之中，成为印度的当务之急。

（三）印度经济危机的紧迫性和严峻性迫使印度政府放弃半管制的内向型发展模式，实行开放型的自由市场经济

独立后，印度虽然在政治上继承了英国的议会民主政体，但在发展模式上，开国元勋尼赫鲁力图吸取资本主义的自由市场经济与苏联的指令性计划经济的精华，采取混合经济的发展手段，以"社会主义类型"为目标，实际上实行的是仿效苏联的经济发展模式。其主要内容包括：①所有制方面，大力发展公营经济，并强调公营经济在国民经济发展中的制高点地位，形成了公有制与私有制并存且以公有制为主导的混合经济制度。②产业发展战略方面，优先发展重工业和基础工业，形成了优先发展重工业战略。③经济管理方法方面，实行高度集中的管制型计划经济。④经济发展战略方面，实行自力更生、进口替代的内向型发展战略。

在一定时期，这种模式发挥过积极作用，比如帮助独立后的印度在较短的时间内建立起了一套较完整的工业体系和国民经济体系。但这种经济发展模式的弊

---

① 郑瑞祥主编：《印度的崛起与中印关系》，北京：当代世界出版社，2006 年，第 55 页。
② 马加力：《关注印度——崛起中的大国》，天津：天津人民出版社，2002 年，第 33 页。
③ 杨冬云：《印度经济改革与发展的制度分析》，北京：经济科学出版社，2006 年，第 63 – 64 页。

端也十分突出，比如对公营经济的过分强调和对私营经济的过分压制、缺乏竞争机制、忽视出口和限制外资。其结果是，自独立至 20 世纪 80 年代初的 30 多年里，印度的国民经济增长速度一直保持在年均 3.5% 的水平。这种几乎不变的缓慢发展速度被印度经济学家形象地称为"低增长综合征"或"印度教徒式的增长率"，也被国际经济界戏称为"印度速度"。

针对这种情况，20 世纪 80 年代，英迪拉·甘地和拉吉夫·甘地母子在执政期间先后对印度经济政策进行了一些较有成效的调整，印度年均经济增长率上升到 5.6%。但这些调整没有触及印度经济体制的根本问题，仍然坚持尼赫鲁思想的基本方向，包括自力更生的发展方针、计划经济和公营经济的发展方向、优先发展重工业的发展路径等。这种靠外债累积的增长速度潜藏着巨大危机。国内政局的动荡、国外海湾危机及东欧剧变，使得印度在 1991 年爆发了债务危机和国际收支危机。当时印度外债约 700 亿美元，占国内生产总值的 54.4%，占国民生产总值的 26%，而外汇储备只有 10 亿美元。[1] 印度经济陷入举步维艰、面临崩溃的境地，10 多亿美元的外汇储备仅够支付两个星期的外贸进口，政府一度不得不将国家的几十吨黄金储备拿到英国进行抵押以换取外汇。1991—1992 年印度经济增长率骤然降至 1% 左右。[2]

国际收支危机引发的国际信誉问题和债台高筑成为引发印度 1991 年实行全面经济改革的导火索。而对东欧剧变的反思，促使印度放弃苏联模式，实行以市场化、私有化、自由化和全球化为核心目标的经济改革，以将印度经济体制从半管制的混合经济转向自由化市场经济。具体来说，就是在各个经济部门引进竞争机制，大幅度取消作为"半管制经济"核心的许可证制度，充分发挥市场调节作用，彻底改变进口替代战略，大力推动出口，积极引进外资，加速财政和金融体制改革。[3]

国际局势的变换、世界趋势的发展和国家战略的改变，促使印度自 1991 年全面实行经济改革后，就逐渐把主要的外交精力放在欧美等发达国家和新兴市场经济国家身上，特别是美国，成为印度外交的主要方向。究其原因，既因冷战后西方在世界政治经济格局中的主导和优势地位，也因印度实行全面经济改革，急需从西方获取资金、技术、管理经验等经济发展的必然要素，特别是随着第二次世界大战后印度在西方国家移民规模的不断壮大，海外移民已逐渐成为贸易、资本、技术和知识的重要来源。

---

① 杨冬云：《印度经济改革与发展的制度分析》，北京：经济科学出版社，2006 年，第 91 页。
② 马加力：《崛起中的巨象——关注印度》，济南：山东大学出版社，2010 年，第 158 页。
③ 贾瓦哈拉尔·尼赫鲁著，齐文译：《印度的发现》，北京：世界知识社，1956 年，第 57 页。

（四）印侨印裔规模壮大，在海外移民地的政治经济影响增强

海外印度人大多比较勤劳，所从事的主要是医生、学者等专业领域，商业以及航天、通信、计算机和软件业等高科技领域。在这些领域，印度移民成就斐然，成为发达国家某些科技领域的中流砥柱。到 1991 年，在国外特别是在美国的印度人中，有不少已经成为不同学术研究机构中的学术带头人、跨国企业的高层管理者、国际机构的高级官员等。在美国硅谷的科技人员中，印裔或印侨占相当高的比重。据估计，在 20 世纪 80 年代初，海外印度侨民每年的总收入已达450 亿卢布，大约相当于当年印度国民生产总值的 6%，[①] 拥有的财产至少为3 500亿美元[②]。即便如此，甚至在 20 世纪 90 年代之前，在印度本国人眼中，海外印度人都还被认为是获取些许资金援助的"摇钱树"，或者是拿着高额留学津贴却留在国外赚钱的"叛国者"。当时，对于海外印度人有一个专门的称呼，那就是"可有可无的印度人"。但是，现在印度需要重估与海外印度人之间的关系。面对紧缺的外汇储备和日益膨胀的国际收支赤字，印度非常需要大量吸引海外印度人的汇款、存款和投资。另外，正从农业社会向现代社会发展的印度，也十分需要他们的技术和管理经验。此外，随着经济实力的增强，海外印度人也积极参与当地政治。例如印裔美国人就在经济影响提升后逐渐介入政治，成为美国政治竞选资金的重要来源。海外印度人在感情上、文化上、经济上与他们的祖国有着十分密切的联系。特别是自 20 世纪 90 年代起，海外印度人"对自己的祖国有越来越浓烈的情感，这在年轻的印度人身上体现得越发明显"[③]。无论他们对印度的国内政策有着怎样的看法，他们都愿意为了印度的利益而对美国的对印政策进行游说。

综上所述，在印度政府眼里，海外印度人已经成为一笔不小的政治和经济财富。例如，"在和美国打交道方面，印度现在有了一笔比文化炫耀更为持久的资本，那就是超过百万人口的印裔美国人。印裔美国人社团架起了连接印美两国的桥梁"[④]。

---

① 马加力：《关注印度——崛起中的大国》，天津：天津人民出版社，2002 年，第 120 页。

② 马加力：《关注印度——崛起中的大国》，天津：天津人民出版社，2002 年，第 118 页。

③ 《海外印度人》，http://news.sohu.com/20061108/n246265153.shtml，2016 年 2 月 12 日访问。

④ 斯蒂芬·科亨著，刘满贵等译：《大象和孔雀：解读印度大战略》，北京：新华出版社，2002 年，第 331 页。

三、印度侨民战略的主要内容

与其他国家的侨民战略一样，印度的侨民战略也是服务与服从其国家发展大战略的。印度的国家发展大战略就是尼赫鲁所说的印度要做"有声有色的大国"，实际上是承袭了殖民时代寇松的"印度中心"战略，也就是要建立印度在南亚和印度洋地区的主导和中心地位，这是自尼赫鲁以来的历届印度政府孜孜以求的大国梦想。鉴于印度的国力和发展水平，尤其是 1991 年提出侨民战略时所面临的国内外形势，印度侨民战略的主要内容实际就是要借助海外印度侨民的汇款、存款和投资，科技和管理经验，帮助印度发展经济，[①] 同时也借助海外印度侨民的力量，在国际社会进行政治游说和公共外交，帮助印度营造友好的国际环境，为印度实现其大国梦想贡献心力。[②]

第二节　印度侨民战略领导机构设立及侨民政策战略改革

虽然 1991 年印度就开始提出侨民战略，但印度侨民战略的领导机构直到 2000 年才成立。不过，在正式成立领导机构之前，印度已就其侨民战略展开一系列运作，相继出台了一系列以增强海外印度侨民对印度的国家认同为目标的战略性改革政策。

一、成立领导机构

自 20 世纪 90 年代开始实行自由化改革，如何吸引海外印度移民的资金、技术和管理经验，成为印度政府侨务工作的重心。为了加速推进其侨民战略，2000 年 9 月，印度政府任命成立了高规格的海外印度移民高级委员会（the High Level Committee of Indian Diaspora，虽然直属外交部，但直接向印度总理负责），授权其对印度海外移民政策提出全面建议，具体任务包括评估印侨印裔在印度和东道

---

① 2017 年印度接受的侨汇高达 700 亿美元。早在 2013—2014 财政年度，印度接受的侨汇就超过 700 亿美元，达到 703.9 亿美元，占当时印度 GDP 的 3.41%。海外侨汇对印度经济影响由此可见一斑。"印度是真的需要他们！" 参见 Is Mr. Narendra Modi's foreign visit & his interaction with Indian diaspora just a publicity stunt or is there some serious strategy behind it? http://www.linkedin.com/pulse/mr-narendra-modis-foreign-visit-his-interaction-indian-archit-gupta，2018 年 2 月 12 日访问。

② KAPUR D. Indian diaspora as a strategic asset. Economic and political weekly，2003，38（5）：445 - 448.

国法律中的地位，研究海外印度移民的特征、要求、力量等以及他们对印度的期待，研究他们在印度经济、社会和技术发展中的作用，考察印裔在印度旅行、停留、投资等方面的现行体制，进而提出广泛的政策建议。2001 年底，该委员会提出了长达 570 页的研究报告。报告详细概括了海外印度人的现状，包括经济实力增长、政治地位提升等，提出了具体的政策建议，包括实行"印裔卡制度"、举办"海外印度人节"和颁发"海外印度人奖"、实施双重国籍，以及建立强有力的国家机构以实施建议。这份报告在印度侨民战略发展史上具有里程碑的意义。此后，主要依据此报告的建议，印度开始了全面的、系统的、具有战略高度的侨民政策改革。

二、侨民政策的战略改革措施

（一）实行"印裔卡""海外印度公民"等制度，解决海外印度人到印度投资、定居等的身份问题

长期以来，外国人（包括外籍印度人）到印度投资都比较困难，受到种种限制，这对印度政府力图吸引海外印度人投资的目标造成相当大的阻碍。如何解决这一难题？印度政府认为，从身份入手，解决国籍的限制是促使海外印度人到印度投资的重中之重。而受印度宪法规定不能实现双重国籍的限制，实行"印裔卡制度"（Person of Indian Origin Card Scheme）和"海外印度公民制度"（Overseas Citizenship of Indian Scheme），就成为消除外籍印度人向印度投资障碍的最佳途径。

1. 实行"印裔卡制度"

为解决海外移民回国发展的身份问题，便于海外印度人往来印度、在印度居住或从事商业文化活动，自 1999 年 3 月 30 日开始，印度实行"印裔卡制度"。据此制度，只需交纳 1 000 美元，则凡是根据 1935 年印度政府法令确认的印度裔人士本人及其配偶，或者其父母、祖父母、曾祖父母（即四代人）出生于印度或为印度永久居民的，以及印度公民的配偶，概言之，就是四代以内居住在世界各地（阿富汗、孟加拉国、不丹、中国、伊朗、尼泊尔、巴基斯坦和斯里兰卡除外）的海外印度人及其配偶，都可以申请印裔卡。印裔卡的申请等具体操作事务，由印度内务部负责。

1999 年，印度政府对"印裔卡制度"做了一些修改。2002 年 9 月 15 日起，印度政府实行了新的"印裔卡制度"。在新的制度里，办卡费用为成人 15 000 卢比（或等价当地货币），18 岁以下的交付 7 500 卢比（或等价当地货币）。之前

根据 1999 年"印裔卡制度"交付 1 000 美元而签发的印裔卡继续有效，但不退还资金，不过这种卡的有效期可以延长十年而不加收费用。那些对推动印度与住在国关系的发展起重要桥梁作用的杰出海外印度人，如果他们想要获得印裔卡的话，则不收费。印裔卡原来规定的期限是 15 年。2014 年 9 月 30 日印度政府将"印裔卡"的期限修改为终身有效，条件是申请人持有有效护照。

印裔卡持有者可获得的好处包括：可在印度免签证旅游；进入学院与研究所或者就业、经商等无须分别获得学生签证、就业签证或商务签证；如果在印度单次停留不超过 180 天，不需登记；如果超过 180 天，则只需在 180 天期满前的 30 天内，向"外国人登记官"（Foreign Registration Officer）或"地区外国人登记官"（Foreign Regional Registration Officer）登记即可；在经济、教育领域享有与印侨同等的便利；在印度获得、持有、转让、处置除农业种植业之外的不动产方面，享有与印侨同等的便利；可获得与印侨子女相同的进入印度教育机构（包括医学院、工程学院、技术研究所、管理研究所等）的便利。与印侨不同的是，印裔卡持有者不享有政治权利。[①]

印裔卡的主要优势在于它同样适用于申请者的配偶，而且该制度适用范围广，包含四代，以及印度公民或印裔卡持有人的外国配偶。但该政策的弊端主要在于其功利性明显，而且有有效期有限制、过期逗留需要登记等规定，导致它的受欢迎度有限。因此，在 2011 年"海外印度人节"的讲话中，印度总理首次提出将"印裔卡制度"与将要实行的"海外印度公民制度"合二为一。2015 年 1 月 9 日，印度正式宣布即日起将印裔卡与海外印度公民卡合并。不过该制度的实际运作开始于同年 12 月 2 日。据此制度规定，持有有效印裔卡的所有印裔都被视为海外印度公民卡持卡人，但因为海外印度公民卡相对灵巧，能给持卡人带来更多便利和服务，所以印度政府规劝依据 2002 年"印裔卡制度"而持有印裔卡者，登记将印裔卡换成海外印度公民卡，并且规定 2016 年 3 月 31 日为印裔卡换海外印度公民卡的最后在线申请期限。

印裔卡在下列情况下会被取消：以欺诈、虚报资料或隐瞒事实等方式获得；持卡人以行动或言论表示对印度宪法或印度其他法律的不满；持卡人是在与印度交战或正对印度实施外部入侵的国家的公民或臣民，或者是其他正帮助该国与印度交战或对印度实施外部入侵的国家的公民或臣民；持卡人因参与恐怖主义活动或走私毒品、武器弹药等被判刑，或犯罪徒刑达一年，或被罚款达一万卢比；或

---

① Department-related parliamentary standing committee on home affairs of India. One Hundred and Fifty Ninth Report on the Citizenship（Amendment）Bill（2011），March，2012.

者持卡人继续持卡不利于公众利益。①

2. 实行"海外印度公民制度"

印裔卡的诸多不足阻碍了海外印度侨民与印度之间关系的进一步发展，而印度经济改革的深化和印度经济的发展，使得海外印度侨民与印度都急于进一步发展相互间的联系，在此背景下，"海外印度公民制度"应运而生。

所谓"海外印度公民制度"，实际上是印度政府针对海外印度移民要求印度实行双重国籍呼声的一种替代选择。所谓双重国籍政策，是指政府允许国民拥有双重公民身份。虽然世界上有一些国家实行双重国籍政策，但因为完全的双重公民身份会引起严重的安全、社会、经济和政治后果，因此印度《宪法》第九条和1955年《国籍法》（the Citizenship Act，1955）第九节都禁止给予外国人双重国籍：不允许任何外国公民拥有印度国籍；任何印度人，在获取他国国籍的同时，等于自动放弃印度国籍。宪法还规定，外国侨民在印度不能拥有地产，不能担任公职，不能参军，原则上也不能在任何行业就业，等等。印度政府长期坚定地奉行这些政策。但进入21世纪后，由于印度国内经济发展和对外交往的需求，以及海外特别是北美和其他发达国家印度移民对双重国籍的持续要求，修改双重国籍的规定已经被印度内外视为打破投资瓶颈和维系海外印度人与印度感情的关键。印度被迫作出变革。2003年1月9日，在第一届"海外印度人节"大会上，印度总理瓦杰帕伊正式宣布，印度政府将实行双重国籍政策并即将启动立法程序修改《宪法》相关条款。该修正案在印度人民院经讨论修改后于5月9日获该院通过，12月23日获印度议会通过，翌年1月7日经印度总统批准而生效。根据该修正案，印度给予下列18个国家的印度移民以海外印度公民的身份：美国、英国、加拿大、澳大利亚、新西兰、新加坡、马来西亚、荷兰、意大利、爱尔兰、葡萄牙、瑞士、希腊、塞浦路斯、以色列、法国、瑞典和芬兰。2005年8月，该修正案又获得进一步的修改，规定授予除巴基斯坦和孟加拉国以外一切国家的印度裔外国人以海外印度公民身份。

根据2005年的修正，印度1955年《国籍法》第7A条规定的海外印度公民的登记条件包括：①成年且具备完全能力；②现是另一国公民，但本宪法生效之时及之后曾是印度公民；③现是另一国公民，但在本宪法生效之时有资格成为印度公民；④现是另一国公民，但曾属于1947年8月15日之后归属于印度的领土；⑤上述公民的子女或孙子女；⑥条款①所提之人之未成年子女。该条还规定，任何现在或曾经是巴基斯坦、孟加拉国或中央政府官方公布所特别指出的国

---

① http：//mha1. nic. in/pdfs/ForeigD-FAQs-PIO-Crd. pdf，2016年5月15日访问。

家之公民的，不能登记为海外印度公民。①

　　根据宪法的这一规定，该制度实际实施时，印度政府将申请登记海外印度公民持卡人的条件确定为：①1950 年 1 月 26 日《宪法》生效之时及之后是印度公民的；②1950 年 1 月 26 日有资格成为印度公民的；③曾属于 1947 年 8 月 15 日之后归属于印度的领土；④上述公民之子女、孙子女或曾孙子女；⑤上述之人之未成年子女；⑥父母双方或父母一方是印度公民的未成年子女；⑦印度公民之外国裔配偶或海外印度公民持卡人之外国裔配偶，且就在提交申请前其婚姻登记和持续时间不少于两年。此外，本人、父母或祖父母或曾祖父母任何一方是或曾是巴基斯坦、孟加拉国或中央政府官方公告特别指明的任何他国的公民的，不能登记为海外印度公民持卡人。② 根据印度政府的解释，"1950 年 1 月 26 日有资格成为印度公民的"，是指任何本人、父母或祖父母出生于 1935 年印度《政府法》所确定的印度并常驻国外的人；而 "1947 年 8 月 15 日之后归属于印度的领土"，是指锡金邦。

　　"海外印度公民制度" 自 2005 年 12 月 2 日正式开始实施，经由印度内务部网站在线申请。该卡持有人拥有如下好处：终身可不限次数、不限目的进入印度，相当于终身签证；无论在印度居住多久，都不用向 "外国人登记官" "地区外国人登记官" 或当地警察局登记；除了有关获得农业种植业产权的事务外，在经济、金融和教育领域拥有所有与印侨同样的便利。此外，在收养印度小孩方面与印侨平等，在印度境内航空票价方面与居住在国内的印度公民一样，在印度国家公园和野生动物保护区游玩时，门票费与印度国内游客相同，在医生、牙医、护士、药剂师、律师、建筑师和特许会计师等职业在印从业方面，与印侨一样。但海外印度公民不能在印度拥有公职，也不能参加选举投票。2005 年修改的 1955 年《国籍法》第 7B 条明示了海外印度公民被禁止的政治方面的权利，包括公职方面的机会平等权，登记为选民的权利，进行总统、副总统竞选的权利，被任命为最高法院法官、高等法院法官的权利，成为议员的权利，等等。此外，如果海外印度公民持卡人已登记五年，且在申请登记前已在印度常驻 12 个月，则其可以申请成为印度公民。

　　从上述内容可以看出，"海外印度公民制度" 是在印度宪法的框架内，给予印裔居住权和就业权，以及给予他们一些新的类似印度公民所享有的机会和权利。这种公民身份实际上不是双重国籍，海外印度公民实际上不是印度公民，而

---

① http：//moia. gov. in/services. aspx？ID1 = 37&id = m3&idp = 35&mainid = 23，2016 年 5 月 15 日访问。后来实施之时，规定将 e 的条件扩大为 "此等公民的子女、孙子女或曾孙子女"。

② http：//mha1. nic. in/pdfs/oci-faq. pdf，2016 年 5 月 15 日访问。

是印度裔的外国公民。对此海外印度人事务部官网曾特别指出："'海外印度公民'不要被误解为'双重公民'。'海外印度公民'不给予政治权利。印度《宪法》第 16 条所给予印度公民的有关公职领域平等就业的权利，'海外印度公民'并不享有。"① 也因此，海外印度公民卡并不能代替印度签证，海外印度公民卡持卡人到印度时需要同时携带护照。有鉴于此，康思坦缇诺·夏维尔称"海外印度公民身份"是有限的公民身份，是印度政府面对海外侨民的要求与国内对双重国籍的厌恶而进行的一次妥协似的创新。②

"海外印度公民制度"比"印裔卡制度"受欢迎，因为它提供终身签证，而且获得海外印度公民卡的过程更方便、快捷和简单，例如审批印裔卡，首先得经过安全机构的核查，才能被决定是否有资格得到该卡。而在办理海外印度公民卡时，这种安全检查是在该卡签发后进行的，所以大多数人喜欢海外印度公民卡，已有印裔卡的也愿意换成海外印度公民卡。自该制度开始实施起，大量有资格获得印裔卡者进行了海外印度公民卡登记。到 2011 年 12 月 15 日，共计 997 443 人获得了海外印度公民卡。③

（二）通过举办"海外印度人节"和颁发"海外印度人奖"等系列活动，加强海外印度人与印度以及海外印度人群体之间的联系和感情

印度侨民政策的一个重点，就是加强印度与海外印度人之间的感情联结，培养海外印度人对印度的认同感、归属感和自豪感。为此，印度政府采取了系列行动。

1. 举办"海外印度人节"和颁发"海外印度人奖"

海外印度人高级委员会在研究报告中，建议开展举办"海外印度人节"（Pravasi Bhartiya Dias，PBD）和颁发"海外印度人奖"（Pravasi Bharatiya Samman Award）活动。具体就是将每年的 1 月 9 日定为"海外印度人日"，由印度中央政府出面每年于这个时间在印度举办一次庆祝活动，表彰在国际社会表现比较突出或有卓越成就的若干海外印度人。之所以选择 1 月 9 日，是因为最杰出的海外

---

① http：//moia. gov. in/services. aspx？ id1 = 35&id = m3&idp = 35&mainid = 23。由于海外印度公民卡持有者并没有获得完全的公民权，称为"公民"并不合适，所以印度有关部门曾建议在海外印度公民卡与印裔卡合二为一后，不再称之为 Overseas Citizen of India（OCI）Card，而是改称为 Overseas Indian Card（OIC），持卡者不再称为"海外印度公民"（Overseas Citizens of India），而是改为"海外印度卡持有者"（Overseas Indian Card holder）。不过后来仍然保留了原来的称呼。

② XAVIER C H. Experimenting with diasporic incorporation：the overseas citizenship of India. Nationalism & ethnic politics，2011，17（1）.

③ Department-related parliamentary standing committee on home affairs of India. One Hundred and Fifty Ninth Report on the Citizenship（Amendment）Bill（2011），March，2012.

印度人甘地于 1915 年 1 月 9 日自南非返回印度，领导印度进行争取自由的斗争，定为此日是为纪念甘地并同时利用圣雄甘地的感召力。

　　印度政府依言而行。2003 年 1 月 9 日至 11 日，第一届"海外印度人节"在新德里举办。与会者包括大约 1 500 名来自世界各地的印度人，其中不乏诺贝尔奖获得者、著名企业家、商人和政治领袖等。印度总理以及主要的内阁部长都出席了大会，印度总理致辞，内阁部长以及各邦首长分别发表演讲，宣讲印度政府吸引海外印度人回国参与经济、文化建设的政策和措施。2004 年 1 月 9 日至 11 日，第二届"海外印度人节"依旧在新德里举行。印度总理、海外印度人高级委员会主席、外交部部长分别致辞。前特立尼达和多巴哥总理、毛里求斯副总理、马来西亚劳工部长、美国参议员等海外印度人到会并发表讲话。期间，印度政府首次为杰出印度人颁奖。此后，每年的"海外印度人节"与"海外印度人奖"颁奖活动同时举行。不过在时间上，活动时间从 2005 年起改为每年的 1 月 7 日至 9 日。

　　印度政府十分重视"海外印度人节"，将其称为侨务管理部门海外印度人事务部之"最重要的事"。每次"海外印度人节"活动都办得非常隆重和轰动，包括国家元首和政府首脑在内的印度政府高级官员纷纷与会。在每次会议的开幕式上，印度总理都要发表重要演说。在"海外印度人节"期间，举办各种各样的活动，包括颁发海外杰出印度人奖。"海外印度人奖"是印度给予海外印度人的最高荣誉，由印度总理亲自颁发奖项。迄今已有近 200 人获得该奖。该奖每年奖励的人数并不固定，获奖者可以是印侨或印裔，或者是印侨印裔建立或管理的组织与机构，条件是推动外国了解印度、支持印度的发展、密切印度与海外印度人团体及其住在国之间的关系、在某领域表现杰出而且这种表现增强了印度在其住在国的声誉。除颁奖外，还举办演讲、宴会、商业及投资促进会议、有关海外印度人的社会政治和文化学术研讨会、海外印度人的产品展览、贸易洽谈会和电影节、发行纪念邮票和首日封，以及开展海外旅游促销活动和体育活动等。举办这些活动，是为了表彰海外印度人对印度的贡献，加强海外印度人与祖国的联系，鼓励他们回国投资和贡献其知识与技术，并且建立不同移民群之间的交流平台，促进海外移民尤其是印裔新生代的印度族裔认同度和自豪感。

　　这些活动产生了积极影响，与会代表人数不断增加。2015 年"海外印度人节"有 5 000 名来自世界各地的代表与会。但相对于 2 800 多万海外印度人的规模来说，每年在印度某一城市（大部分为新德里）举办的"海外印度人节"仍然只能接触到少部分海外印度人。为弥补这一缺憾，接触那些不能参加每年在印度举行的"海外印度人节"的移民，以及提供一个让他们出力促进印度与他们东道国关系的平台，自 2007 年起，印度政府开始举办"地区海外印度人节"

（Regional Pravasi Bhartiya Dias，有时也被称为"微型海外印度人节"，即 Mini PBDs）。"地区海外印度人节"由印度海外印度人事务部、东道国政府、印度使团、杰出海外印度人和关注海外印度人需求的组织共同组织，时间并不固定，一般在下半年。至 2014 年，已在纽约、新加坡、海牙、德班、多伦多、毛里求斯、悉尼和伦敦等地举办过八届"地区海外印度人节"。"海外印度人节"已成为印侨印裔最大的联结平台。

2. 建立"海外印度人中心"

除了"海外印度人节"，另一被视为印度政府加强海外印度人与印度联系的里程碑式活动是建立"海外印度人中心"（the Pravasi Bharatiya Kendra），以纪念海外印度人的历史和推动他们参与到未来印度的发展中。建立该中心的建议早在多年前就已由一个政府任命的委员会提出，并于 2004 年时任印度总理瓦杰帕伊在第二届"海外印度人节"开幕式演说中予以宣布，但经过多年之后，建立"海外印度人中心"的建议才开始落实。2011 年 1 月 8 日，时任印度总理辛格在新德里举行的"2011 年海外印度人节"的开幕式上为该中心的大楼奠基揭幕。

之所以要建立"海外印度人中心"，是因为印度政府认识到海外印度人对了解其祖先和统一信息、保护文献的需求，希望把该中心作为印度与海外印度人之间以及海外印度人相互之间网络联系的中间点，并进一步将其发展为印度和海外印度人的进行可持续的、共生的、互惠的经济、社会和文化活动的中心。完工后的"海外印度人中心"包括：海外印度人研究中心、印度文化中心、会客室、商业中心、展厅、餐馆和其他设施。到时，该中心将不仅是海外印度人所经受的苦难和后来所取得的进步和成就的纪念物，还将成为说明世界各地印度人历史的永久展示地和海外印度人的研究中心，成为所有海外印度人共同期望保持文化身份和文化气质的象征。该中心还会为海外印度青年提供短期课程和培训计划，"成为海外印度人运用技巧、知识和资源帮助印度加速发展过程的理想场所"。

建立在新德里的占地约 9 800 平方米的"海外印度人中心"，原计划在两年内即到 2013 年 4 月完成。但由于资金不足等原因，后来该工程也未能如期完工，反而被过度拖延。2014 年印度总理向印侨承诺 2015 年"海外印度人节"时可以使用该中心，可到 2015 年初，该工程并未能如期完成。

3. 开展"认识印度计划""研究印度计划""寻根计划"和"教育奖学金计划"等系列计划

印度青年是印度侨民战略特别关注的目标。加强他们对印度的认同感和联系，成为印度侨民战略的重要内容。为在文化、语言、习俗等软领域加强印度与海外印度青年之间的联系，政府政策开展了"认识印度计划""研究印度计划""寻根计划"和"教育奖学金计划"等系列计划。

"认识印度计划"（the Know India Programme，KIP）：该计划开始于 2003 年 12 月，头 5 期（至 2006 年中）称为"印度移民青年实习计划"（the Internship Programme for Diaspora Youth，IPDY）。这是一个为期三周的计划，目的是帮助印度青年移民了解印度的方方面面，熟悉印度在经济、工业、教育、科学技术、信息技术、文化等领域的进步和取得的成绩，让他们更亲近他们祖先的土地，加深他们与当代印度的联系。该计划由海外印度人事务部负责，具体实施时选择一两个州政府作为合作伙伴。该计划每年举行 4～5 期。每期候选人先经由印度海外使团领导人的推荐，然后选取不超过 40 名 18～26 岁的印度青年移民（不包括印侨，且必须是在读大学生或大学毕业生）参加。整个活动期间被选中者会得到热情招待，由印度提供食宿、境内游和其他补贴，但参加者自行购买从住在国到印度的机票，一旦成功完成该计划，则其最便宜的经济舱国际机票价的 90% 可以得到偿还。计划内容包括：介绍印度、印度宪法及印度的政治进程、各领域的发展以及参访某些行业和乡村；与声望高的大学、学院、研究所的老师和学生及非政府组织和妇女事务组织开展互动活动；接触印度媒体和瑜伽；拜访印度高级官员。至 2015 年 9 月，海外印度人事务部已组织 34 期"认识印度计划"，共有约千名海外印度青年参加①。

"研究印度计划"（the Study India Programme，SIP）：该计划由海外印度人事务部发起，具体与有声望的印度大学或研究所合作实施。对象是 18～26 岁的海外印度青年（仅限印裔外国公民，不包括印侨）。计划的目的是通过四周暑假学校短期课程，帮助他们熟悉印度的历史、传统、社会政治及经济发展等，让他们更好地理解和欣赏当代印度，密切与印度的联系。参加者从印度海外使团领导人的推荐中产生。计划实施期间，参加者在印度的食宿、交通等一切费用由印度负责。一旦参加者成功完成该计划，他们的经济舱国际机票价的 90% 将得到补偿。学习内容包括学术内容、文化内容和参观访问。学术内容重在理解当代印度及其发展、印度的政治和金融体制及其经济、社会和管理结构。文化内容包括了解印度的神话、历史、艺术、手工艺品、舞蹈、烹饪、语音和古老传统。参访对象包括重要的机构、工厂和乡村。该计划与"认识印度计划"的主要不同点，在于它是基于学术基础上的研究。"研究印度计划"于 2012 年 9 月开始实施，基本上每年一次，至 2015 年初共实施三次，参加人员共 41 人。

"寻根计划"（the Tracing Your Roots Program）：该计划开始于 2008 年 12 月，

---

① http：//moia. gov. in/services. aspx？ ID1 = 304&id = m4&idp = 42&mainid = 23，http：//moia. gov. in/services. aspx？ id1 = 42&idp = 42&mainid = 23，2016 年 8 月 2 日访问。参加人数是根据前者网页上具体数据和该活动每期规模计算得出。

由海外印度人事务部发起，旨在帮助海外印度人（仅限印裔）在印度寻根问祖。程序是先由申请人向住在国印度外交使团填写详细表格，并交付等值于 30 000 卢比的美元、欧元或其他印度驻外使团可接受的外国货币。外交使团一旦接受申请，就将其上交给海外印度人事务部，事务部就开启寻根行动。寻根的具体行动由海外印度人事务部委托的组织或公司实施。该组织或公司会先得到 10 000 卢比的预付款。如果寻根成功，它将提交详细结果，如近亲的姓名、先人祖籍地及可能的家谱，并得到剩下的 20 000 卢比。如果没有成功，这 20 000 卢比会返还给申请人。

"海外移民子女奖学金计划"（the Scholarship Program for Diaspora Children，SPDC）：该计划开始于 2006—2007 学年，旨在为海外印度青年提供教育机会，让他们在印度大学里学习技术与职业课程，并推动印度成为高等教育学习的中心。参加者来自 40 个海外印度人数较多的国家，经由考试选出，印度政府负担费用的 60% ~70%。依据该计划，每年给予 100 名 17 ~21 岁的印裔印侨学生多达 4 000 美元的奖学金在印度学习工程、技术、人文、博雅教育、商业、管理、新闻、酒店管理、农业、畜牧业及其他本科课程。人数分配上，印裔印侨各为 50 人，一方人数不够时可由另一方填满。印侨学生必须符合一些条件才能参加该计划，比如在过去六年中必须在外国至少接受三年教育，以及候选人家庭月总收入不超过 2 250 美元。该计划的实施比前几项计划复杂。印度政府企业 EdCIL 被指定代理实施该计划。

"海外印度青年俱乐部"（Overseas Indian Youth Club，OIYC）：该俱乐部由海外印度人事务部倡议设立，对象是来自有大量海外印度移民的国家中的 18 ~30 岁移民青年，主要目的是使海外印度青年了解印度的发展，培养他们对祖（籍）国的归属感。"海外印度青年俱乐部"通过在印度驻外使团设立的制度机制，紧密联系海外印度青年和专业人士，为他们在印度开展社会工作提供便利。该俱乐部的核心成员是参加过"认识印度计划"的青年，也包括参加过"研究印度计划""海外移民子女奖学金计划"的青年等等。通过这一核心团体，印度驻外使团就能接触到其他海外移民青年。迄今"海外印度青年俱乐部"计划主要在已经积极参与"认识印度计划"的多个国家开展，例如新加坡、南非的德班、马来西亚的吉隆坡、特立尼达和多巴哥的西班牙港、斯里兰卡的科伦坡、毛里求斯的路易港、澳大利亚的墨尔本等等。

除了上述计划外，海外印度人事务部还主持"认识果阿计划"（Know Goa Programme）的德里与阿格拉部分。"认识果阿计划"自 2008 年以来每年开展一次，是印度西岸果阿邦政府组织的一项计划，对象是其祖先从果阿移民、现居于海外的 18 ~28 岁印侨或印裔青年。该计划包括安排参访感兴趣的教育、文化、

历史与工业之地，与当地青年和草根代表互动，会见重要政府高官，以及参观首都德里和阿格拉的世界遗产遗址。海外印度人事务部负责拟定访问德里各地的计划和安排与联邦官员们的会面。

（三）与一些国家商谈和签订系列协议等，保护劳工移民在海外的工作和福利

学者们通常认为、事实上也确有其事的是，印度自改革以来的侨民政策，主要是为吸引投资和技术移民而制定的，其中又尤以欧美发达国家的印度移民为主要目标。然而，尽管如此，印度仍然重视出境工人移民，海外印度人事务部称出境工人移民事务是"特别优先处理的内容"。这些劳工在境外时间或长或短，一般合同结束后就回到印度，但在境外时他们面临诸多问题。为此，印度政府采取了系列措施以便利他们到海外工作和生活，从出境前的审查监督合同条款细则、提供劳工技能培训，到出境后的设立基金会救济有困难的劳工，再到回程的保障，等等，服务尽职尽责。

1. 与海湾国家和马来西亚签订系列劳工福利保障协议

为保护劳工移民，印度政府在20世纪80年代与约旦和卡塔尔签署了劳工协议。但此后多年，没有其他进展。印度海外印度人事务部自2004年成立后，为保护劳工移民免受不公对待和获得福利，与接受印度劳工移民的主要国家就劳工福利保障签署了谅解备忘录。例如，2006年12月与阿联酋、2007年4月与科威特、2008年11月与阿曼、2009年1月与马来西亚分别签署了谅解备忘录。后来又与巴林、沙特阿拉伯及也门或签署或商谈了谅解备忘录。这些谅解备忘录一般都包含下列原则：①宣布双方都希望增强就业计划以及在保护工人及其利益方面共同合作；②东道国采取措施在无工会的部门保护工人及其福利；③声明外国雇主将采取的招募印度工人的广泛措施；等等。此外，2007年11月与卡塔尔就现存的劳工协议签署了一个补充协议。

2. 与一些欧洲国家及韩国等亚洲国家签订社会安全保障协议

为保护工人的利益，海外印度人事务部已经与比利时、法国、德国、瑞士、卢森堡、荷兰、匈牙利、丹麦、捷克、韩国、挪威等国签署双边社会保障协议，与其他一些国家进行商谈，协议的内容包括短期合同免交社会保障金、出境劳工回到母国或迁往第三国时养老金可以汇出等；与海湾国家签订劳动力福利保障协定；与马来西亚签订熟练和半熟练技术工人福利保障协定等。

3. 建立"印度工人资源中心"

2010年12月31日，印度在迪拜建立了移民求助和投诉机构"印度工人资源中心"（Indian Workers' Resource Center）。该中心由海外印度人事务部创议设立，由印度驻迪拜大使馆主持，提供24小时热线电话。该中心的主要目的是就

法律、经济和社会问题方面帮助在阿联酋的印度劳工移民，包括为逃亡的少女和被抛弃的家庭主妇提供避难所。

4. 实施"海外印度人人寿保险计划"

印度大约有 500 万持有出境许可证护照的半熟练与非熟练劳工在 17 个需要出境许可证才能出境务工的国家。① 这些工人大都不能获得正式的社会保障福利，但也会面临疾病、事故及其他不幸。为向这些出境劳工提供安全保障，印度政府实施义务性的保险计划"海外印度人人寿保险计划"（Pravasi Bhartiya Bima Yojana，PBBY）。自 2008 年 4 月 1 日起，参保者在该计划下可得保险费包括：受伤情况下最多可得 100 万卢比；因受伤、疾病等住院可得 7.5 万卢比；家人在印度住院 5 万卢比；产妇 2.5 万卢比；诉讼赔偿方面的法律支出 3 万卢比；身体不适归国可报实际单程经济舱机票；陪同人员可报实际单程经济舱机票。而参保者实际支付的保险费为：两年期 275 卢比，三年期 375 卢比。

5. 实施"圣雄甘地海外退休与人寿保险计划"

"圣雄甘地海外退休与人寿保险计划"（Mahatma Gandhi Pravasi Suraksha Yojana，MGPSY）也是旨在保护非熟练劳工的社会安全计划，具体来说就是帮助持有出境许可证护照的海外印度工人的抚恤和人寿保险基金计划。计划开始于 2012 年 5 月 1 日，是实验性的，目的是鼓励和帮助印度海外务工人员为其返回和重新安置以及抚恤存钱，并向他们提供自然死亡方面的人寿保险。参与该计划的人员具体条件包括：印度国民，年龄 18～50 岁，持有出境许可证护照，以及相关国家（阿拉伯联合酋长国及其他 ECR 国家）的有效工作许可或就业合同。计划具体分三大类：返回与重新安置储蓄、养老储蓄、针对自然死亡的人寿保险。在该计划中，印度工人需要缴纳的参保资金包括：抚恤计划每个财政年度 1 000～12 000 卢比，返回与重新安置计划每年 4 000 卢比。政府提供的配套资金包括：抚恤计划每年 1 000 卢比，返回与重新安置计划每年 900 卢比，以及另外为海外印度妇女工人抚恤计划每年提供 1 000 卢比。

此外，印度还采取了其他一些措施保护工人利益，如与一些国家商谈"人力资源流动伙伴协议"，为海外印度人开创新的就业机会；设立福利官员，监督劳工移民的福利保证；简化出境程序；等等。

---

① 这 17 个 ECR 国家分布是：阿拉伯联合酋长国、沙特、卡塔尔、阿曼、科威特、巴林、约旦、也门、阿富汗、苏丹、叙利亚、利比亚、马来西亚、印尼、黎巴嫩、泰国和伊拉克。

（四）实施其他针对海外印度人的援助与救济计划

1. 设立"印度人福利基金"

"印度人福利基金"（Indian Community Welfare Fund, ICWF）由海外印度人事务部设立，针对目标是在海外的所有印度公民，包括印度工人。当这些在海外的印度公民面临不幸时，由印度使团提供福利救济，而这种福利救济的紧急支出由"印度人福利基金"拨付。这些福利包括：为在海外从事家政服务的印度工人和低熟练劳工提供住宿；为有需要的海外印度人提供紧急医疗服务；为有需要的处于困境的海外印度人提供回国旅费；在有需要的时候为海外印度人提供最初的法律援助；支持在海外印度人人口超过 10 万的国家建立"海外印度人社区中心"（Overseas Indian Community Centres）；为被监禁或拘留的印度公民支付小额罚金；等等。

2. 实施"对被抛弃或被离婚印度妇女的法律与资金援助计划"

"对被抛弃或被离婚印度妇女的法律与资金援助计划"（Scheme for Legal/Financial Assistance to Indian Women Deserted / Divorced By Their NRI Husbands）对被其印度人丈夫或外国人丈夫抛弃，或者正在外国面临离婚程序的印度妇女提供法律或资金援助，保证她们的合法权益。这种援助有资金上的限制：在发达国家每一案例为 3 000 美元，发展中国家每一案例为 2 000 美元。这笔钱会划拨给为申请人选的法律辩护人，或"印度社团协会"，或妇女组织，或相关的非政府组织，以帮助其采取措施帮助该妇女准备材料等。

此外，印度政府为了保障海外印度专业人才的利益，还与欧洲、北美和太平洋地区的一些国家协商签订双边专业人才社会保障协定。印度还与波兰、捷克、挪威、瑞士、匈牙利、瑞典和法国等国协商扩展海外就业渠道，签订人力资源流动合作协定。

（五）采取综合人才吸引政策，吸引海外人才回流

印度虽然自 20 世纪 50 年代末起就开始吸引人才回流，但早期政策手段过于单一，主要是向回国人员提供科研经费和补贴，效果自然不太理想。自 20 世纪 90 年代起，印度加大了吸引人才回流的力度，从侨务、产业、税收、投资、教育等多方面政策入手，实施综合性的吸引人才回流政策。比如，侨务政策方面，实行"印裔卡制度"和"海外印度公民制度"，为海外印度人提供身份上的便利，又通过"海外印度人节"等系列活动和计划，加强海外印度人与印度的联系和感情。产业政策方面，大力发展 IT、生物医药等新兴产业，发挥海外人才的优势。税收政策方面，实行优惠于其他外国人和本国国民的税率。投资政策方

面，放宽投资的范围和额度，允许印裔设立小额融资银行和支付银行。教育方面，一方面在海外设立专门的印裔印侨学校，另一方面扩大海外印侨印裔到印度上学的机会，提供资金帮助等。印度还针对特定人才实施特殊的强制政策。例如，2010—2012 年，印度医学院学生流失 3 000 名，印度卫生部 2013 年暂停对去海外深造的医学院学生发放"无回国义务卡"。从 2013 年开始，印度医学院学生出国深造前都必须和政府签订回国契约书，如果不履行回国义务，印度卫生部将寻求美国政府的合作，取消其在美国从业的资格。

在重视和利用海外印度人才为印度社会发展作贡献方面，印度并不机械单一地依赖吸引海外人才回流政策。通过建立网络平台发挥不能回流的海外印度人的作业，推动他们参与印度的发展，也是印度政府侨务政策的重要内容。这样的网络平台，既有全球性的也有局部性的。全球性的就有例如"印度人全球知识网"这样一个针对全球海外印度人的电子化平台，目的是吸引和储备海外人才的知识、专业和技能。局部性的如 2008 年 1 月 16 日正式开通的印度官办网站"在美印裔专业人士网"，一个把美国和印度的个人、单位和产业联系起来的持续互动式的专业人才数据库和网站。该网站的目标是吸收 1 万名以上在美印裔专业人士成为会员，调动在美印裔科技人员的积极性，并通过做工作来达到如下目的：加强印度在前沿基础科学和先进技术领域的教育、研究和人才资源开发能力；增强印度科技型企业的竞争能力，利用风险资金，教育年轻人运用知识创造财富；推动印度科技人员和单位参与国际大科学项目，加入到国外重大的先进研究计划方案之中；把印度打造成一个全球研发平台，成为受人青睐的研发外包目标国；联络校友，建立友谊，发展有意向的、可持续的友好关系。

（六）设立海外印度人事务部

2004 年 5 月，印度政府本着精简、独立、高级别的原则，设立了管理海外印度人事务的专门机构"印侨事务部"（the Ministry of Non-Resident Indians' Affair），同年 9 月更名为"海外印度人事务部"，由一位内阁级部长领导。该部的职权随着更名而扩大，不仅负责印度侨民的事务，还负责印裔的事务。海外印度人事务部的设立是印度侨民战略中有关机制安排的一个重要举措，它的成立标志着印度侨务机构的整合和完善。"海外印度人事务部"成立后便成为印度管理移民事务的主要机构，专门负责海外印度人与母国印度之间的联系，为他们提供信息、合作与便利。该部依据四项事务而分为四个职能部门，即侨民服务处、金融服务处、出境服务处和管理服务处。

（七）加强印度政府高层与海外印度移民之间的联系，加深双方的了解

印度政府相关部门官员（上至总理），都非常重视利用各种机会加强与海外印度人的联系，听取他们对印度侨民政策的意见和建议。比如印度总理在访问美国时，在印裔美国人举行的招待会上了解他们对印度侨务政策的看法，并借此机会宣布印度重要的相关新举措。"海外印度人节"更是了解印侨印裔想法的好时机。印度高层还通过"总理全球咨询理事会"定期组团前往海外印度人居住国走访调查。同时，召开各种相关研讨会，邀请各国重要的部门如劳工部、人力资源发展部等参会，开展双边多领域合作和政策调整。此外，印度政府相关部门的官员也与海外印度移民组织等进行联系，讨论双方感兴趣的话题，听取他们对印度移民政策的建议。例如，2014 年 10 月 1 日，印度内务部部长与海外印度人事务部部长与"印侨全球组织"（Global Organization of People of Indian Origin）的负责人在美国就印裔卡与海外印度公民卡的合并以及海外印度人大会等问题，进行了深入交谈。

除上述措施外，印度政府为了适应全球化和信息化的发展，实施"移民电子化工程"（E – Migrate Project）。这是一个政府全面电子化的工程，也是一个全面整合机构和信息的电子化交互平台。电子化政府旨在统合各类移民管理机构，使其提供更加实时可靠的更新数据和信息，建立管理信息系统。这个移民电子化工程将使得移民的过程简单化、透明化和人性化。此外，印度政府还鼓励设立和资助研究印度移民的团体和机构，以进一步加强对印度海外移民的了解和认识，为印度制定移民战略服务。印度在制定侨务政策时，向来重视专家研究的意见和建议。1977 年印度政府召集全国侨务专家对印度海外移民问题进行探讨，探讨的结果形成了后来印度制定的主要针对劳务移民的侨务政策的基础。21 世纪初海外印度人高级委员会的研究成果，是迄今关于海外印度人历史与现状最为系统、广泛和权威的一份调查报告，这也是后来印度制定出迄今最为系统、全面广泛和深入的侨务政策的基础。

第三节　印度侨民战略的实施机制

所谓实施机制，就是实施规则（激励、约束等）的机构和制度，包括相关的机构安排，以及各要素之间的合作。它是使激励得以实施的条件和手段的总和。实施机制对于制度功能与绩效的发挥是至关重要的。要拥有完善和有效的实施机制，主要取决和体现于两个因素：一是制度安排的决策水平；二是制度安排的执行水平。完善的决策，主要表现为具有较高的客观性、广泛性、公平性、效率性、完备性、科学性和可操作性。这要求在决策的过程中要做到科学化、民主化、公开化和制度化，必须充分听取专家、社会公众的意见，并建立在程序化和制度化的基础之上。当然，再完善的决策要有效，必须拥有较高程度的执行水平，而高水平的执行有赖于执行机构健全高效的组织以及适当的执行力度。具体来说，执行机构必须职责明确、具有权威性，并有足够的经费和人员来保障制度安排的有效实施。

一、印度以往侨务机制的不足

在 21 世纪之前，印度侨民事务方面并没有形成健全有效的实施机制，具体表现为没有统一权威的决策机构，相关事务的决策与执行分散、零乱，简言之，无论是决策水平还是执行水平，都处在一个相对很低的层次上。实际上，在很长一段时间里印度政府对海外印度人事务缺乏清晰的政策思路，更遑论政策，因而谈不上健全有效的制度框架。这一时期，一方面，地方上，许多邦政府设立了处理海外印度人投资的专门机构；另一方面，在中央一级，印度政府在工业部、财政部、外交部等多部门设立了处理印侨印裔事务的专门机构，劳工部、内务部也多有涉及侨民事务。

具体来说，印度政府曾于 1960 年设立了印度投资中心，一并处理有关印度移民到印度投资的问题，该中心隶属于印度财政部，20 世纪 90 年代后划归外交部管辖，实际上并没有开展具体的移民事务管理工作。另外，自 20 世纪 70 年代起，为吸引海外印度人的投资与技术转让，动员在国外的科技人才回国工作，印度工业部设立了管理海外印度人工业投资和特许申请的专门机构，规定凡投资申请须在 45 天之内给予答复；财政部设立了统管海外印度人投资问题的专门机构，任命一名印侨投资专员负责批准向非工业部门的投资申请，协调政府财政拨款和处理海外印度人汇款问题；印度储备银行设立了印侨投资处，负责处理印侨、印裔和他们持多数股（60% 以上）的海外法人团体的投资事宜，并负责制定鼓励海外印度人资金流入的各种计划。此外，1984 年 1 月，印度外交部设立海外印度人处并于 1992 年 1 月将其并入领事护照签证处。2000 年 3 月 24 日，印度外交部又设立印侨印裔处。尽管印侨印裔处的设立有助于改善过去那种政出多头的局面，但还是缺乏全面有效的管理机制，无法处理移民所涉及的政治、经济、文化以及中央与地方政府关系等问题。而印度官僚机构工作效率不高、办事拖拉的现象，在这些机构同样严重存在，在资金的汇入汇出、审批投资申请、买卖股票、征收税款等过程中，手续繁杂，使不少预期的投资者感到迟疑甚至灰心。正如一

位印侨所说："当我要投资的时候，许多公司会主动上门收取支票。但是当我要收回资金的时候，却必须在远隔千里之外来对付官僚主义。"①

由于印度侨民事务的决策与管理分散、零乱，缺乏计划性、长期性、科学性、全面性，加上侨务工作本身经常牵涉多个部门，而相关部门间相互推诿、行政效率低下，致使印度侨务政策招致严重诟病。至 21 世纪初，海外印度人已有 2 500 多万人，是仅次于海外英国人和海外华人的第三大移民群体，在海外已经拥有广泛的政治、经济、文化和外交方面的影响力。21 世纪初国内外政治经济形势的变化和挑战，迫使印度政府急切寻求侨民的帮助。在内，希望得到他们的资金、技术和管理经验；在外，希望他们能支持印度的外交政策，促使住在国政府增加对印度的好感和支持。在此背景下，为加强海外移民与印度的联系，帮助政府制定印度与移民间互利互惠的政策框架，印度政府在 2000 年 9 月成立了一个高级别的调研组织——海外印度移民高级委员会，以对海外印度移民状况进行全方位的调查研究。该委员会虽隶属外交部，但直接向总理负责，主席是国会议员，其主要成员是包括前外交部部长在内的外交官员。委员会从印度自身和海外印度移民住在国的法律、政治、经济、社会、文化等多角度、多层次入手，对海外印度移民住在国的历史与现状，印度现行有关移民政策及移民对印度的期望，移民住在国中的经济、政治、社会地位与作用和他们对印度经济、政治和社会发展可以起到的作用等方方面面进行了研究。委员会于 2001 年底提交了研究报告。以该报告的建议为蓝本，印度政府对海外印度人事务的决策和管理做出了全新的制度安排，提升了机构层级，完善了组织架构。

二、全新侨务机制的建立与完善

（一）海外印度人事务部的创立

如前所述，长期以来，印度没有一个独立的、强有力的侨务管理机构，涉及印侨印裔的相关事务由劳工部、外交部、内务部、工业部、财政部等多部门共同管理，这些部门内部都设有处理印侨印裔事务的专门机构，但各机构间没有统一的目标与思路。这样的管理体制易于造成侨务政策的无序和无力，不能适应新的时代背景下印度侨务工作的需要。因此，根据海外印度移民高级委员会的建议，印度政府着手整合和完善侨务机构，把建立精简、独立、高级别的专门管理机构

---

① 康晓丽：《论印度的海外印度人政策及其对中国侨务政策的启示》，《南亚研究》2013 年第 1 期；马加力：《印度与海外印度人的经济联系》，《南亚研究》1986 年第 2 期。

作为侨务政策改革的重要内容。2004 年 5 月，专门机构印侨事务部成立，同年 9 月更名为"海外印度人事务部"。该部的职权随着更名而扩大，不仅负责印侨的事务，还负责印裔的事务，尤其是为确保侨务工作的相对集中开展，该部直接单独负责海外移民的回流事务。海外印度人事务部成立后，除必须分配给其他部门的事务外，某些部门的一些相关机构并入该部，例如之前与《移民法》及移民总保护官办公室相关的移民事务隶属于劳工部（其中移民总保护官办公室负责向劳工征募机构签发证书，这些征募机构向海外特别是海湾地区输送劳工）的职权范围，现在划归海外印度人事务部。该部成为 21 世纪初以来印度管理移民事务的主要机构，专门负责海外印度人与母国印度之间的联系，为海外印度人充当"朋友和向导"，为他们提供信息、合作与便利，最终目的和使命是"发展印度与海外印度移民以及发展海外印度移民之间的经济、社会和文化联系"。该部级别很高，部长为内阁成员。

海外印度人事务部被定位为一个现代、精干、有效的部门，提出的口号是简洁高效，因此自身规模不大。其内部结构依据四项事务而共分为四个职能部门，即侨民服务处、金融服务处、出境服务处和管理服务处。前三个部负责包括海外印度人团体与印度打交道的各方面事务，最后一个部门则是提供部门内部的支持。具体来说，海外移民局负责与所有海外印度人（包括印侨、印裔、海外印度公民及其他非前三类的海外印度人）相关的事务，其中包括在印度组织"海外印度人节"大会和在世界各地举办"微型海外印度人节"，颁发"海外印度人奖"，负责"海外印度公民制度""认识印度计划""研究印度计划""认识果阿计划""移民青少年学者计划""寻根计划"，以及宣传有关教育机构的信息等。

移民出境局专门负责处理所有有关印度出境移民主要是劳工移民的政策事务，具体包括负责制定改善出境移民管理的政策、提出相关法律修改建议、实施出境移民改革（包括制度变革和电子管理）、为印度出境移民制订福利计划、在国际移民事务中促进双边和多边合作等。自 2006 年 3 月成立以来，该局起草了用以取代《1983 年出境移民法》（*the Emigration Act*, 1983）的新出境移民立法，建议印度与海湾国家签署谅解备忘录，通过建立"印度人福利基金"建构了实施就地福利措施的框架，建立了"海外印度人中心"对就地福利进行协调，建立了"海外印度人就业委员会" ［the Indian Council for Overseas Employment, ICOE，后改名为"印度移民中心"（the India Centre for Migration，ICM）］，为政府就出境移民海外就业事务提供建议，以及通过研究就移民管理制定战略和措施，此外还负责管理"海外工人资源中心"（Overseas Workers' Resource Centre, OWRC）和"移民资源中心"（Migrant Resource Centres，MRC），以及保险和社会保障计划"海外印度人人寿保险计划"和"圣雄甘地海外退休与人寿保险计

划"等。

财务局旨在帮助海外印度人投资者和商人参与印度发展，因此其职责主要包括两点：一是促进海外印度人到印度投资，二是建立一套便利投资流程的制度框架。为便利海外印度人到印度投资，海外印度人事务部设立了"海外印度人促进中心"（Overseas Indian Facilitation Centre，OIFC），帮助海外印度人了解投资政策、掌握投资机会和提供财务服务。该中心由财务局管理。

海外印度人事务部虽然规模不大，但任务不小。通过上述该机构四个部门的职责，可以发现，它既要负责制度规划，又要负责具体实施。概而言之，自成立以来，海外印度人事务部的主要职责和成绩在于：

第一，掌握侨务战略的大方向，制定侨务战略规划与政策。在把握方向和制定政策规划时，海外印度人事务部始终秉持大格局的意识，从高度、宽度和广度三个维度建构一种大开大合的新格局。

第二，与外国谈判签署相关保护侨民的协定。海外印度人事务部一直十分重视在政府对政府层面，通过协定的方式在最可能广泛的范围内保护海外侨民，通过与不同国家签署不同类型的协定，给海外侨民尽可能多的保护和帮助。

第三，举办海外印度人大会等活动。举办海外印度人大会和颁发"海外印度人奖"被海外印度人事务部视为该机构标杆性的行动。自 2003 年第一次举办以来，该机构不仅保证了该活动的延续性和规模，而且根据实际情况，在全球性大会之外，还在不同地区举行"微型海外印度人大会"，以扩大影响。

第四，建构和管理具体执行体系，既包括建立和管理下设研究和执行机构，也包括寻求其他公私机构等协助执行相关政策措施。海外印度人事务部的使命是为海外印度人提供持续有效的服务，而"有效服务的持续性是由机制和伙伴决定的"，因此建立有效的实施机制和招徕伙伴，是海外印度人事务部职责的主要内容。

概而言之，印度政府以海外印度人事务部为核心，制定和实施针对海外印度人的各项政策措施，旨在建立一种制度框架，通过该制度框架网络持续地与海外印度人在经济、社会和文化领域保持联系并从中受益。在这一框架中，决策和管理机构是海外印度人事务部，而这一制度框架的执行，部分（如海外印度人大会）是在最高层面由海外印度人事务部亲自执行，更多的则是通过专门成立下设机构，或者利用各种各类社团组织和协会等公私组织，以及与政府其他部门和各邦政府合作来协助实现的。

（二）执行体系中的专门下设机构和协助机构

海外印度人事务部专门下设的执行机构，主要包括以下几个：

1. 总理全球咨询委员会

总理全球咨询委员会（the Prime Minister's Global Advisory Council of People of Indian Origin，PMGAC-OI）是海外印度人事务部于 2009 年特别设立的一个决策咨询机构，成员包括十几位来自全球各行业的杰出海外印度人和印度政府高层（包括海外印度人事务部部长、外交部部长及政府其他高层），由印度总理担任主席。该委员会是海外印度人与印度政府最高层之间的一个制度化的对话机制，也实际上是一个吸引全球各领域海外印度人智力人才的高端机构。印度高层通过总理全球咨询委员会定期组团前往海外印度人居住国走访调查，与海外印度人近距离接触，了解其需求，增进互动，吸纳人才。

具体说来，总理全球咨询委员会的主要职责包括：第一，为印度总理充当吸纳全球最强印度大脑的经验、知识和智慧的平台；第二，为印度与海外印度人之间的双向参与制定一项范围广泛的议程；第三，考虑获得海外印度人符合印度发展目标的技术知识和促进海外印度人对印度投资的方法；第四，考虑在印度加强制度与能力建设以响应海外印度人的经济、社会和文化需求的方法。

总理全球咨询委员会的建议是建设性的，政府制定政策与规划时会根据需要来采用。自 2010 年起，每年的 1 月初（即海外印度人大会举行期间）举行一次总理全球咨询委员会会议，会议由印度总理主持，出席会议的除了杰出的海外印度人外，还包括其他相关政府部门高层，如海外印度人事务部部长、外交部部长、工商业部部长、人力资源开发部部长等。会议期间，与会者相互就全球经济形势、西亚与海湾地区的发展、能源安全、亚太地区的趋势等国际问题及其对印度的意义等交换意见，对如何加强印度与海外印度人之间以及印度与其他国家之间的联系提出建议。

2. 印度移民中心

印度移民中心以前称为"海外印度人就业委员会"，是由海外印度人事务部于 2008 年 7 月成立的非营利社团，具有自主权。中心的宏观政策框架由管理理事会决定，具体由执行理事会执行。管理理事会主席由海外印度人事务部部长担任，理事会其他成员包括来自经济事务部、劳动与就业部的部长或其代表、一些邦政府的代表和知名专家等。

印度移民中心的核心使命是促进印度人海外就业和关注海外印度工人。主要目标包括：帮助设计和实施促进海外印度人就业的中长期战略；定期监管、研究和分析国际劳动力市场的趋向和各劳动力输送与接收国的战略；制定具有全球竞争力的国家劳动力供给战略；委托进行国际劳动力市场的研究并为印度青年发现新的海外就业机会；确立印度是熟练的、训练有素的合格劳工供给者的形象；同各国与国际工业、贸易和就业机构政府及非政府组织建立联系以发展和实施其海

外就业机会；等等。概而言之，其职责就是为国际移民事务充当思想库，促进海外印度人（主要是海外劳工）的就业。它的研究特点是与个人、研究机构和各政府合作，进行实验性的、与政策相关的分析研究，并由此获得在国际移民及管理中的经验和能力。它与意大利的欧洲大学研究所、印度的国际移民组织、美国的移民政策研究所、国际劳工组织等签订相关合作协议，就各种国际移民问题研究项目同与海外印度人事务部有合作的研究机构密切合作，如印度的发展研究中心、尼赫鲁大学、美国宾夕法尼亚大学的高级印度研究中心、牛津大学的国际移民研究所等。

迄今，印度移民中心与多个国内外研究机构合作，开展了多个基于实验的研究项目。例如，与意大利欧洲大学研究所合作开展实施的"印度—欧盟移民决策知识库开发"项目（Developing a Knowledgebase for Policymaking on India-EU Migration project），主要目标是就所有有关移民的事务加强印度与欧盟之间对话。该项目由欧盟委员会共同出资，研究人员包括印度与欧盟的与移民问题相关的主要学科领域（人口学、经济学、法学、社会学和政治学）的高级专家。印度也希望借此加强印度的移民研究，把相关研究成果等供印度政府、欧盟及其成员国、印度各邦政府、学术圈和民间团体使用。中心与世界卫生组织和国际移民组织共同合作开展"海湾地区印度移民工人健康研究"（Study on Health of Migrant Workers from India in the Gulf）项目，研究在阿拉伯联合酋长国、阿曼和巴林的主要来自印度喀拉拉邦、安得拉邦、中央邦和旁遮普邦的移民工人的健康状况，通过将他们与印度国内类似的人及与其他移民群体比较，研究印度工人中几种高发病率疾病的病因。与国际移民组织合作进行的"劳动力市场评估"（Labour Market Assessment，LMA）项目，对部分欧盟国家、澳大利亚和加拿大的劳动力市场进行考察，对相关国家的劳动力状况和行业机会进行了解，并对印度劳动力素质的提升提出建议。与非洲印度研究中心合作，从事"印度资本、商品和劳工在非洲的迁移项目研究"（Research Project on the Movement of Indian Capital, Goods and Labour in Africa），以就印度在非洲的移民建立统计数据库、分析系统，以及与非洲的智囊机构建立制度化联系，从而开展基于证据的研究。与国际移民组织合作，在印度东北部八个邦开展"印度东北部潜在移民技能开发计划"（Skill Development Initiative for Potential Migrants from the North-Eastern States of India），以提高潜在海外移民在国际劳动力市场的就业准备并增强就业能力。此外，中心还开展了一些其他计划，如与联合国相关机构合作开展"增力海湾地区移民女工"计划等。

3. 海外印度人促进中心

海外印度人促进中心是海外印度人事务部为促进海外印度人到印度投资与商

业开发，而于 2007 年 5 月与印度工业联盟（Confederation of Indian Industry，CII）合作建立的非营利的专门机构，具有自主权。它具体由海外印度人事务部财务局负责，具体由一个包括杰出海外印度人、工业联盟的领导和政府高级决策者的委员会管理。该中心建立的宗旨，是为海外印度人回国投资提供一站式服务，为他们提供投资诀窍和商业便利服务，包括对外投资咨询、法规许可、市场研究、合资伙伴鉴定、项目融资、核算、税收、证券投资等等。与此相关，该中心最显著的特点是有一个精通各领域知识的专家团队，帮助海外印度人到印度投资获得安全性和利润。不论投资多少，每位投资者都可以从这里得到量身定制的专业支持。

为便利海外印度人了解印度的各项政策措施，吸引他们回国投资，自 2008年起，海外印度人促进中心每年都编制小册子，分专题介绍印度的投资机会、趋势和经济状况等。这些小册子会发布在该中心的网站，也会分发给参加海外印度人大会的嘉宾。《返航回国——海外印度人投资规章手册》《难以置信的回国机会》《在印度做生意——海外印度移民指南》等小册子，及时介绍印度的经济情况、政策措施、法律法规和投资机会。中心网站及时更新印度政府的相关政策、专家文章、就海外印度人感兴趣的话题开展的在线研讨会、各邦和各行业对投资机会的保护以及在印度举行的投资者会议等。此外，该中心还在有杰出海外印度人的国家举办"投资者联系会"；组织海外印度人企业代表参访印度；发起"认识印度"计划，让海外青年移民企业家了解印度经济、市场和商业环境；还与印度知名公司合作，邀请海外移民 MBA 学生到印度进行工作体验；等等。中心还与各邦政府合作，为海外印度移民与各邦牵线搭桥，为他们提供信息和指导。中心还在移民人口集中的阿布扎比（阿拉伯联合酋长国首都）、英国和美国组织了系列投资互动会和商业联谊论坛，向他们推荐印度的投资机会。此外，中心为海外印度人建立了电子商务平台"移民知识网"（Diaspora Knowledge Network），已有上万海外印度人及其公司加入该网络。

4. 海外印度人印度发展基金

海外印度人印度发展基金（the India Development Foundation of Overseas Indians，IDF-OI），常被简称为"印度发展基金"，是由海外印度人事务部于 2008 年注册成立的一个非营利信托基金机构，具有自主权。基金由海外印度人事务部部长担任主席，董事会由著名的印度人和印侨组成。印度政府设立该基金，旨在推动和引领海外印度慈善家及海外印度慈善资本，作为其唯一可信赖的渠道，参与印度政府或地方政府的一些社会与发展项目，帮助印度社会发展。这些发展项目，既可以是国家级的，也可以是各邦政府的，甚至可以是非政府组织所实施的。捐赠者可以依照自身的喜好来挑选项目，参与的形式可以是单个人或多个人

一起参与一个或多个项目。比如，目前印度政府重点的一些建设项目，如清洁街道（Swachh Bharat Mission）和国家清洁恒河计划（National Mission for Clean Ganga），就有大量资金来自于通过印度发展基金提供的海外印度人慈善资金。迄今海外印度人通过印度发展基金参与建设的项目，主要领域包括修建学校、饮水工程、饮食卫生、通电项目、基础设施、帮助妇女和儿童等。对于海外印度人慈善资金参与的项目，印度发展基金会定期向他们报告项目的实施情况，展现透明度。为便于吸纳美国等海外印度人在资金实力雄厚的国家的慈善资金，印度发展基金还在美国等地注册成立慈善组织。

5. 海外工人资源中心

海外工人资源中心是印度政府主要针对中东劳工移民而建立的一个援助机构。印度海外劳工规模庞大，估计有600万人，其中90%在海湾地区。[①] 因为劳工移民经常面临无法及时获取海外招聘的信息以及招聘机构和出境移民手续的相关情况等问题，为进一步帮助前往海湾地区的印度移民，避免中介机构的欺诈行为，印度政府在古尔冈成立了该中心，为他们提供相关移民和就业信息、相关机构安排，并充当劳工移民的顾问与危机中心，帮助他们处理就业合同等方面的问题，帮助移民及其家庭克服危机状况。

大体上，海外工人资源中心的帮助包括用印地语、英语及其他方言等共11种语言，为前往海湾的劳工移民提供全天候免费热线服务电话和咨询、为处境很困难的印度工人提供住处、介绍就业国的法律法规政策和在海外会面临的问题等，同时提供电子平台进行实时互动。具体来说，中心操办的事情非常繁杂。它会告诉去海外的劳工哪些是要做的，哪些是不能做的。比如提醒移民要保留护照原件；如果是去海外就业必须持有就业签证，否则在就业国工作就是非法移民；移民可能需要的印度使领馆和外国使领馆的地址；签证状态；就业合同细节；去国外的相关程序。有些叮嘱比较琐碎，比如不要带吃食，在有的国家持毒会判终身监禁或死刑，到目的地后要给在印度的家人留两个可联系的在居住地的人名和电话，在就业国不要签任何其他就业合同或银行文件，携带的行李要如何如何，等等。

海外工人资源中心还与海外印度人事务部在福希、海德拉巴、古尔冈、金奈建立的移民资源中心密切合作。自20世纪70年代以来，为帮助海外移民，各国政府、非政府间组织和政府间组织纷纷在移民来源国和目的地国建立移民资源中心和其他类似机构。具体来说，移民资源中心是一种以社区为基础的组织，主要

---

① Ministry of Overseas Indian Affairs, Government of India, Annual Report 2012 - 2013. https://www.mea.gov.in/images/pdf/annual-report - 2012 - 13. pdf, 2015 年 4 月 17 日访问。

为移民提供居住地服务，主要目的是满足移民的即时需求与长期需求，以帮助他们成功融入当地社区并发挥潜能。这些服务具体包括为新到移民提供就业方面的信息和查询服务，为少数族裔社区中希望得到特别服务的老人和残疾人提供帮助。另外，许多移民资源中心也就一定范围内的文化和社区问题进行研究和咨询。许多国家都为其海外移民建立了移民资源中心。印度也不例外，且在海外劳工资源中心建立后，加强其与移民资源中心的联系与合作，以更好地为印度海外移民服务。[①]

此外，海外印度人事务部还专门在阿联酋的迪拜建立了印度工人资源中心，职责、功能与前两个中心类似，通过热线电话、专门网站等在法律、财务和社会问题方面帮助居住于阿联酋的印度工人。

6. 印度人福利基金

印度人福利基金自2011年初开始运作，它是由海外印度人事务部设立的又一个对海外印度移民提供救济帮助的机构，针对在海外的所有印度公民，包括印度工人，旨在为处境艰难的海外印度人"当场"提供食物、住处、返回资金等福利措施。迄今印度政府已基本在所有印度驻外使团内建立该基金。当那些在海外的印度公民面临不幸时，由印度驻外使团提供福利救济，而这种福利救济的紧急支出最后由印度人福利基金拨付。该基金的费用主要来自海外印度人事务部的预算支出，另外从印度驻外使团提供咨询服务所收取的服务费和印度人社团的自愿捐赠中得到补充。

具体来说，印度人福利基金主要为海外印度人提供下列服务和费用：第一，为发生不幸的家政领域的印度工人和非熟练劳工提供食宿；第二，为有需要的海外印度人提供紧急医疗；第三，为有需要的被滞留的海外印度人提供航空旅费；第四，对在一些案件中理应得到法律援助的海外印度人提供最初的法律援助；第五，依照合同担保人不能或不愿支付、其家属付不起的情况下，提供将在国外过世的海外印度人运回国内或就地埋葬所产生的运输费及杂费；第六，帮助从监狱或拘留中心获释的印度国民支付小额罚金；第七，支持当地的海外印度人协会在海外印度人超过10万人的国家建立海外印度人社区中心；第八，支持在印度学生人数超过2万的国家开建和运营以海外印度人社区为基础的学生福利中心；等等。被东道国不法中介欺骗的海外印度人、逃亡的女佣、遭遇事故者、被抛弃的海外印度人的配偶、无正式文件的海外印度人等有紧急需要的，或者其他处于不幸事件中的海外印度公民，是印度人福利基金的主要受益者。

---

① 关于"移民信息中心"的详细内容，可参见 TACON P，WARN E. Migrant resource centres：an Initial assessment. International organization for migration，Geneva，2009。

7. 全球印度人知识网

全球印度人知识网（the Global Indian Network of Knowledge，Global-INK），是由海外印度人事务部与印度工业联盟合作、通过海外印度人促进中心打造的一个强有力的电子平台，目的在于加强知识专家与知识寻求者的联系，将海外印度人的专业、技能和经验等知识转换成资本和生产力，促进印度的发展。该电子平台利用博客、论坛等社交网络以及文件管理与分享等合作工具，帮助不同的参与者在全球范围内相互联系、分享知识和获取专业解决方案。全球印度人知识网虽然由海外印度人事务部与其他合作方共同打造，但它的实际运作却与政府保持一定距离，由一位独立主持人领导的专业团队管理。它能自主促成知识交换和发展一个广泛包括全球范围内海外印度人、科学家、技术专家和成功者在内的网络。

此外，印度还在华盛顿和阿布扎比成立了"海外印度人中心"，为海外印度人提供福利和保护。

印度政府海外印度人政策的执行和事务的办理，除了依靠海外印度人事务部各部门和上述专门下设机构外，还有赖于其他一些政府部门、各邦政府、大学与研究机构、一些公私企业和其他民间团体的协助。

首先，侨务工作纷繁复杂，涉及内务部、外交部等其他部门，需要各个部门的合作。比如，有的事务与内务紧密相连，因此，印裔卡、海外印度公民卡等事务就由印度内务部实际操作，其中海外印度公民卡的申请、审核与发放等具体事务，由印度内务部外国人事务处（Foreigners Division，MHA of India）负责，相关申请通过网络进行。印度内务部的官网对申请人的条件、需要的文件、申请程序等有详细说明，有专门的网站负责网上申请。另外，侨务工作的具体实施，往往要借助外交部的渠道，比如前述一些福利救济计划的实施就需要通过印度各驻外使团方能快捷有效开展。海外印度人事务部在印度国内开展的一些计划，有时候也需要其他政府部门和一些邦政府参与其中。例如，2011 年的海外印度人大会的协助者就包括了印度政府"东北地区发展部"（the Ministry of Development of North East Region，MDoNER）和八个东北部的邦。2014 年海外印度人大会的合作方包括了印度青年事务部（the Ministry of Youth Affairs）。2015 年青年事务与体育部（the Ministry of Youth Affairs & Sports）仍然是海外印度人大会的合作方。又如，"认识印度计划"由海外印度人事务部负责，具体实施时选择一两个州政府作为合作伙伴。

其次，印度工业联盟等非政府组织是重要的合作伙伴。在印度的海外印度人政策中具有举足轻重作用的海外印度人大会，一直是由海外印度人事务部与独立的非政府组织印度工业联盟合作举办的。印度工业联盟还与海外印度人事务部一起成立了海外印度人促进中心和全球印度人知识网，而且这两个机构的运作在很大程度上也依赖于印度工业联盟。2014 年海外印度人大会的合作方除了印度青年事务部外，还包括了印度工商联合会（the Federation of Indian Chambers of Commerce and Industry）。通过与印度工业联盟等非政府组织的联系，能极大地帮助印度海外侨务政策的开展，因为这些组织的国内外联系都非常广泛，往往是政策落实最有利的桥梁。比如成立于 1895 年的印度工业联盟历史悠久，参与者来自全国各行业，近万家机构和近十万家公司是其成员，在全国有六十多个办公地，在国外也有近十个，它与全球九十多个国家的两百多个对口机构和众多非政府组织有联系。正因为如此，它才一直成为海外印度人事务部的合作机构。

最后，大学或研究所、公私企业等也是重要的合作伙伴。海外印度人事务部发起的"研究印度计划"的具体实施，就由该部与有声望的印度大学或研究所合作进行；该部发起的"寻根计划"的具体行动，由海外印度人事务部委托的组织或公司实施；"海外移民子女奖学金计划"被指定给印度政府企业 EdCIL 代理实施。

（三）重视双边与多边机制的利用与建构

在印度政府侨民战略的实施机制中，上述单边的机制建设是重点，同时印度政府也十分重视双边与多边机制的利用与构建，因为通过双边和多边机制，能够更为有力地保护印度海外移民的利益，以及利用国际移民加强国与国间的关系。双边方面，主要是与约旦、卡塔尔、阿曼、阿拉伯联合酋长国、科威特、巴林、沙特阿拉伯、也门等印度海外劳工比较集中的海湾国家和马来西亚等东南亚国家签署谅解备忘录，为海外劳工提供保护和福利。为保证谅解备忘录的执行，印度还与各签署国成立联合工作组，并定期会晤，以解决双边劳工问题。印度还与比利时、法国、德国、瑞士、卢森堡、荷兰、匈牙利、丹麦、匈牙利、捷克、挪威、芬兰、加拿大、瑞典等一些欧洲国家及韩国等亚洲国家签订社会安全保障协议，保护印度海外劳工。此外，印度还力图与中东欧和亚洲接受印度劳工较多的国家签署谅解备忘录，为印度劳工扩大海外就业市场。

在多边层面，印度主要参与了国际移民组织、科伦坡进程（Colombo Process）和移民与发展全球论坛。国际移民组织（the International Organization for Migration）是最主要的一个国际移民组织，为成员国提供就国际移民问题展开持续对话的多边平台，为各国在加强多边合作方面提供帮助。科伦坡进程是一个地区性的协商性组织，主要针对亚洲地区国家的海外就业和契约劳工管理，参与的 11 个成员国分别是阿富汗、孟加拉国、中国、印度、印度尼西亚、尼泊尔、巴基斯坦、菲律宾、斯里兰卡、泰国和越南，8 个目的地国则分别是巴林、意大利、科威特、马来西亚、卡塔尔、沙特阿拉伯、阿拉伯联合酋长国和韩国。该组

织的主要目的是为亚洲劳动力输出国提供一个地方分享海外就业方面的经验与教训、就涉及海外劳工等方面的问题进行协商、增强与目的国的对话等。移民与发展全球论坛是一个由国家主导的对联合国所有成员国和观察员国开放的非正式志愿性协商组织。其主要目的是探讨涉及国际移民及其与发展的内在关系的各方面内容，将来自所有地区的政府专家集合在一起，增强对话、合作和伙伴关系，进而在国家、地区及全球层面产生实际效果。

综合上述，印度侨民战略的实施机制，既包括由海外印度人事务部及其专门下设机构和协助机构组成的单边实施机构，也包括通过双边合作和多边合作而建构的双边与多边机制。这些制度和机构共同构成了印度侨务政策的实施机制。

三、印度侨务机制的新变化

2016 年 1 月 7 日，印度侨务机制再次发生新的重大变化。是日，印度政府宣布将存在 11 年之久的海外印度人事务部并入外交部。印度外交部部长兼海外印度人事务部部长斯瓦拉吉称，是她向总理莫迪提议将两个部门合并，建议得到莫迪总理的同意。

海外印度人事务部自 2004 年成立后，与外交部一直都是分别由两位部长各自掌管自己的部门。但自 2014 年起，外交部部长斯瓦拉吉就与外交部国务部部长 V. K. 辛格两人处理两部的事务。关于这次合并的原因，按照斯瓦拉吉的说法和印度新闻信息局发布的新闻等官方渠道，主要在于海外印度人事务部大部分的政策、计划是通过外交部和印度驻外使团与领事馆完成的。海外印度人事务部自身是一个规模很小的部门，它没有相应的机制实现自己设立的广泛目标。外交部的一位发言人称，海外印度人事务部为回答国会提问而需要的数据也是由印度驻外使团提供的。为减少重复、增加效率，斯瓦拉吉向总理提议将两个部门合并。而且，合并符合莫迪政府提出的"最小政府最大管理"的目标。[1] 不过，有报道称，合并是因为斯瓦拉吉对海外印度人事务部的运转感到不满。也有人认为，合并是因为外交高层希望处理海外劳工问题与紧急情况的外交官能有更好的外交支持和协调。还有人认为，是因为外交部人手缺乏，需要海外印度人事务部中具有丰富外交经验的大量外交官处理西亚地区各种有危险倾向国家中涉及印度人的紧急事务。[2]

---

[1]　http：//pib. nic. in/newsite/PrintRelease. aspx？relid =137567，2016 年 3 月 14 日访问。

[2]　Ministry of Overseas Indian Affairs merged with MEA. The Hindu，January 8，2016，http：//www. thehindu. com/todays-paper/tp-national/ministry-of-overseas-indian-affairs-merged-with-mea/article8079174. ece，2016 年 5 月 16 日访问。

　　海外印度人事务部于 2004 年 5 月成立时（时称"印侨事务部"），是以从外交部脱离的印侨事务处为基础，合并其他一些政府部门如劳工部的职权范围，所以现在的合并也算是一种回归。合并后，海外印度人事务部的专门网站撤销，印度外交部网站主页上新设"海外印度人事务"栏目，有关海外印度人的相关计划、政策等信息材料归入该栏目。在机构设置上，外交部成立了两个专门负责海外印度人事务的局，即海外印度人事务一局和海外印度人事务二局。在职权范围方面，除促进投资（包括外国直接投资）的事务不归外交部管辖，其他所有与印侨有关的事务都归外交部管。例如，有关印裔卡、海外印度公民卡、海外就业、印度学生面临的问题、印侨印裔在印度的财产、保险救济计划以及"海外印度人人寿保险计划"和印度人福利基金等事务都由印度外交部及其驻外使团和领事馆负责。没有划归外交部的是促进印侨投资的相关事务，包括创新投资、政策倡议，特别是在特别经济区和有关外国直接投资的事务方面，都划归工业政策与促进部（Department of Industrial Policy & Promotion）负责。不过为便于外交部了解情况，部长委员会让外交部出席外国投资实施局（the Foreign Investment Implementation Authority）。另外外交部也是外国投资促进局（the Foreign Investment Promotion Board）的成员。

　　合并后，海外印度人大会由印度外交部主持，并对海外印度人大会进行改革：海外印度人大会年度大会（PBD Convention）改为每两年在印度举行一次；在其间的年份里，海外印度人大会研讨会（PBD Conferences）在德里举行。因此，根据这一改革，2017 年 1 月将举行海外印度人大会年度大会（1 月 9 日），而自 2016 年 2—11 月，在德里就海外印度人和印度政府感兴趣的问题举行各种研讨会。此外，"地区海外印度人大会"（Regional PBD）如常每年在选定的国家举行。

　　虽然印度外交部部长斯瓦拉吉声称海外印度人事务部并入外交部是顺应莫迪总理提出的"最小政府最大管理"原则，而且不会对海外印度人产生负面影响，但这一合并在印度国内和海外印度人中激起争论。在国内，向海湾国家输出劳工最多的卡拉拉邦政府一直批评莫迪政府的这一决定，要求印度政府重新考虑这一决定。来自卡拉拉邦的前联邦官员、国会领导人托马斯（K. V. Thomas）和塔鲁尔（Shashi Tharoor）都对合并表示不满。托马斯认为，海外印度人事务部一直专注于解决海外印度侨民面临的问题，这些侨民中大多数是穷人和非熟练劳工，而外交部集中于外交和贸易关系，"这会冲淡对印侨的关注"。他还指出，海外印度人对印度经济贡献巨大，而"运作一个部的成本相对并不巨大，特别是与所得

的利益相比较时"①。塔鲁尔也认为，海外印度人不仅对印度经济贡献巨大，
"2014—2015 年海外印度人仅通过汇款就为印度贡献了 700 亿美元"，而且在印
度外交中起到了重要作用，特别是在印度核试验后印美关系的处理中产生了重要
影响。② 在莫迪政府内，对于海外印度人事务部与外交部合并的好处，也一直存
在怀疑。"事实上，对印度及其在东西方移民中的生活方式产生越来越多的认识，
以及移民问题的快速解决，正是有一个与众不同的海外印度人部的结果。在全球
经济下滑和新的麻烦点正突然从叙利亚转向南中国海的关键时刻，海外印度人事
务部并入外交部会分散执行外交政策的注意力。"③ 在海外印度人中，虽然也有
人认为海外印度人事务部不过一只"纸老虎"，连居住在海外的印度人的确切数
字都不知道，因而欢迎将它并入外交部，但许多著名印侨、侨民社群协会都对合
并持批评态度，称这是对无数海外印度人的一击，有的更称其为对印侨的侮辱。
他们认为印度外交部担负太多外交和双边问题，不可能集中于侨民事务，因此要
求恢复海外印度人事务部。

第四节　印度侨民战略的实施效果

"侨务政策是一个动态的循环过程，需要根据新情况、新形势不断调整，以
期更接近预定目标。"④ 所以有关移民国家都需要通过制定科学的评估标准，收
集一切相关信息，对自己的侨务政策进行科学、系统、全面的评估，以判断侨务
政策的总体效果或某项侨务政策的具体价值。作为研究者，当对一国的侨民战略
进行整体考察时，也需要评价其成效。那么，怎样评判侨民战略的制定是否科
学，政策措施的执行是否到位呢？我们认为，这可以主要通过考察其产生了什么
影响，是否实现了既定政策目标来完成。

人们越来越认识到，一国的海外移民会对其祖（籍）国产生重大的经济影
响。其影响的程度则有赖于下列因素：海外移民的规模、教育程度、技术水平、
收入状况及其所从事的经济活动，例如是从事熟练技术还是非熟练技术，就业的

---

① Kerala fumes as expat affairs ministry, MEA merged by govt. http：//www. gulf-times. com/story/
474341/Kerala-fumes-as-expat-affairs-ministry-MEA-merged，2016 年 7 月 16 日访问。

② http：//www. ilo. org/wcmsp5/groups/public/---asia/---ro-bangkok/---sro-new_delhi/documents/meeting-
document/wcms_444653. pdf，2016 年 7 月 16 日访问。

③ Doubts over efficacy of merger of MOIA with MEA continue. Indian Mandarins. http：//www. indianmandarins. com/
doubts-over-efficacy-of-merger-of-moia-with-mea-continue/，2016 年 7 月 16 日访问。

④ 杨芳：《侨务政策评估的作用及其标准》，《福建省社会主义学院学报》2010 年第 2 期。

是贸易部门还是非贸易部门，是在新兴行业还是成熟行业，等等。[①] 具体到印度的侨民战略，自 20 世纪 90 年代初印度政府调整侨民政策，特别是进入 21 世纪后制定系统全面的侨民战略以来，海外印度人与印度之间的联系越来越密切，他们对印度，尤其是对印度经济的影响越来越明显。这一结果与很长一段时间内印度政府侨民政策的一贯目标相符合。特别是经济自由化改革以来，印度侨民战略的最初目标与最终目标的定位，就是获得海外印度人对印度经济的支持，尤其是资金和技术方面的支持，推动印度经济的发展。因此可见，若以结果作为评价印度侨民战略效果的标准，可以得出结论：印度侨民战略的实施效果显著，印度政府旨在将印度海外移民作为本国经济发展动力的侨民政策宗旨已在实践中得以基本实现。

在 1950—1980 年的 30 年间，印度经济一直处于所谓"印度速度"（年增长率 3.5%）的中低速发展状况。自 1991 年开始经济改革以来，印度经济走出了低中速增长的曲线，开始跨上了中高速增长的平台，经历了二十多年的稳定增长，是世界上增长速度最快的国家之一。其中，20 世纪 90 年代印度复合年均增长率约 5.5%。进入 21 世纪后印度经济发展进入快车道，2000—2010 年增长7.3%。特别是 2004 年后印度经济高速增长，其速度接近世界经济增长最快的中国的增速。[②] 2005 年，印度国内生产总值已有 7 400 亿美元，进入世界十强的行列。印度政府为 2012—2017 年设定的目标是年均增长 8%。近些年，印度已经成为外国投资的主要目的地。自 2005 年起，外国在印投资超过 1 600 亿美元。同时，印度的储蓄率也快速增长，国内市场稳步快速扩大，民众的创业热情高涨。有人预测，到 2020 年，印度对世界经济增长的贡献将达到 12%。[③]

虽然印度经济的增长是多方面因素共同作用的结果，其中 1991 年开始的自由化改革以及 2012 年后持续的经济结构改革，总数 12 亿、平均年龄 25 岁的人口红利，中产阶级数目稳步增长等因素也都起着重要作用，但也无可否认，印度政府在海外印度人政策上的变化起到了极大的推动作用。正是这些变化，吸引海外印度侨民回印度投资发展，从而为印度经济发展提供资金、技术并帮助印度获

① KAPUR D. Ideas and economic reforms in India: the role of international migration and the indian diaspora. India review, 2004, 3 (4). 作者还认为，海外移民对祖（籍）国的实际影响，还在于东道国与祖（籍）国的性质，例如母国对国际贸易必须是开放性的，这样才能利用海外移民的汇款与投资。

② The Federation of Indian Chambers of Commerce and Industry (FICCI). Engaging diaspora: the Indian growth story. The Theme Paper of the Eleventh Pravasi Bharatiy Divas, 7 – 9 January, 2013. https://www. mea. gov. in/images/pdf/pbd-tp – 13. pdf, 2016 年 7 月 16 日访问。

③ The Federation of Indian Chambers of Commerce and Industry (FICCI). Engaging diaspora: the Indian growth story. The Theme Paper of the Eleventh Pravasi Bharatiy Divas, 7 – 9 January, 2013. https://www. mea. gov. in/images/pdf/pbd-tp – 13. pdf, 2016 年 7 月 16 日访问。

得了有利的国际政治环境。这些政策中，1999 年实行的"印裔卡制度"和 2005 年实行的"海外印度公民制度"解决的是海外印度公民的身份问题，便利海外印度人往来印度。印裔卡不仅在规定期限内便于海外移民到印度就学、就业和商务往来，而且持卡者在经济、教育领域以及在印度获得、持有、转让、处置除农业种植业之外的不动产方面，享有与印侨同等的便利。海外印度公民卡则更进一步，不仅进出印度不限期限、次数和目的，还在印裔卡的基础上增加了金融领域，使其享有与印侨同样的经济权利。海外印度人促进中心促进了海外印度人到印度进行投资与商业开发。而海外印度人大会"认识印度计划""研究印度计划""寻根计划"和"教育奖学金计划"等系列计划及"海外印度青年俱乐部"等措施，加强了海外印度人对印度的认同感和联系。特别是作为印度侨民新战略之标杆的海外印度人大会，每年举行一次，每次开会人数少则 1 000 多人，多则 5 000 人左右。这些来自世界各地的印度人，不乏著名企业家、商人和政治领袖及科研技术领域的顶尖人才。这些活动对加强海外印度人与祖国的联系，鼓励他们回国投资和贡献其知识与技术，促进海外移民尤其是印裔新生代的印度族裔认同度和自豪感，发挥了积极作用。大体来说，这些作用包括给印度带来了经济发展所急需的侨汇和投资资金，也为印度争取到了有利的国际政治经济环境。

一、促进了印度的经济发展

（一）为印度经济发展带来了丰富的侨汇

在较长的历史时期里，海外印度人与印度之间的联系主要表现在文化方面，尤其是以宗教、语言、电影等内容为主。虽然以侨汇为主的经济联系一直存在，但规模与影响都很小，海外印度人对印度的投资更是微乎其微。直到进入 20 世纪 90 年代，特别是进入 21 世纪以后，随着印度经济自由化改革的开展和全面、系统性侨民战略的制定与实施，海外印度人与印度之间以侨汇、投资和贸易等为主要内容的经济联系越来越紧密，并逐渐成为海外印度人与印度之间联系的主要内容。以侨汇、投资等形式流入印度的外来资金为印度自由化改革以来经济的快速发展奠定了坚实的基础。

纵观第二次世界大战后发展中国家的经济发展，其短缺的资金主要有三个方面的外来来源：外来汇款、外国投资和外国援助。在世界主要移民输出国中，侨汇收入一直在其外汇收入中占据着一定的比重，是外汇收入的主要来源之一。对于中国、印度等移民大国来说，来自其海外移民的汇款即侨汇，更是资金来源的排头兵，对它们的经济发展起到了不可或缺的积极作用。

所谓侨汇，一般是指一国移民将其在国外所得的部分收入寄回原籍国用以赡养家属和其他用途的汇款。但具体就印度而言，侨汇的概念要复杂些。根据印度储备银行的规定，侨汇包括两部分内容：向内汇款和海外印度人储蓄存款在当地的取款。向内汇款的含义简单易于理解，就是在国外的一人将钱直接转移给在印度的另一人，这主要通过银行或电汇机构完成。这种汇款主要用于养家。至于对第二种汇款含义的理解则需稍费笔墨。在 20 世纪 70 年代，印度政府觉得必须加强外汇储备，因此授权印度的银行为海外印度人开设了专门账户。建立这种专门的存款体制的目的就是吸引外国资本。为使这种账户具有吸引力，存款人可以选择是以外币还是以印度卢比存款。以外币标价的存款人可以将本金和利息以外币的形式返回住在国。可返回的这部分存款被视为债务。另一方面，印度储备银行将海外印度人在当地从卢布账户中的取款视为汇款。

理解印度的汇款的这两种含义，对理解今天印度的汇款规模是很重要的。虽然自 2000—2001 财政年度以来印度"总汇款"增加了 88%，但"向内汇款"只增加了 30%（2003—2004 财政年度最高时为 40%）。2007 年之前的三个财政年度里，海外印度人存款账户的当地取款一直超过向内汇款额，其中 2005—2006 财政年度二者的差额为 23 亿美元。这三个年度当地取款与向内汇款之比分别为：2003—2004 财政年度为 1.02 : 1，2004—2005 财政年度为 1.11 : 1，2005—2006 年财政年度为 1.23 : 1。[①] 不过，尽管"向内汇款"数低于当地取款数，但仍不可否认印度汇款收入的大幅增长，特别是 20 世纪 90 年代以来，无论是绝对值还是相对值，印度侨汇收入的迅速增长在世界上都是引人注目的。

20 世纪 70 年代以前，印度侨汇规模很小，直到 1975 年，印度侨汇仍然只有 4.3 亿美元。[②] 但由于此后大批印度劳工向中东输出，使得印度自此成为全球侨汇增长最快的几个国家之一。到 1990 年，印度的侨汇规模已增加至 21 亿美元，增长六倍以上。[③] 当然，这样的侨汇规模相对于同为世界移民输出大国的中国等国家的侨汇规模来说，显得相形见绌，但对于印度十分重要。此时的印度经济风雨飘摇。几十年经济的迟缓发展，加上 20 世纪 80 年代末 90 年代初失去了苏联的经济支持，以及苏联解体带来的相应的国际格局的不利变动，使印度经济陷入危机，外汇储备压力重重，国际收支严重失衡，在国际贸易中处于非常不利的境

---

① CHISHTI M. The rise in remittances to India: a closer look. http://www.migrationpolicy.org/article/rise-remittances-india-closer-look/，2016 年 7 月 16 日访问。

② 宁敏峰：《全球化进程中的印度海外移民与政府移民政策研究》，华东师范大学博士学位论文，2012 年，绪论。

③ CHISHTI M A. The phenomenal rise in remittances to India: a closer look. Report of the Migration Policy Institute, Washington DC, May 2007.

地。侨汇长期以来就一直是印度平衡外贸、缓解外汇储备压力的重要力量，几乎弥补了印度高达三成以上的贸易赤字，现在要解决这些问题，侨汇依然是不可或缺的重要支撑力量之一。因此，在接下来的经济自由化改革中，汇率改革和侨民政策改革是其要点内容，并由此开启了印度侨汇高速发展的时期，特别是 21 世纪初印度对侨民战略实行全方位的制度化改革后，印度侨汇事业飞速发展，使其成为世界侨汇规模最大的国家。[①] 表 3 − 1 显示了 20 世纪末 21 世纪初印度侨汇规模的大致发展。

表 3 − 1　海外印度人汇回的侨汇及其占印度 GDP 的百分比[②]

财政年度	侨汇（十亿美元）	占 GDP 的百分比（％）
1990—1991	2. 10	0. 70
1995—1996	8. 50	3. 22
1999—2000	12. 07	2. 72
2000—2001	12. 85	2. 84
2001—2002	15. 40	3. 29
2002—2003	16. 39	3. 39
2003—2004	21. 61	3. 69
2004—2005	20. 25	3. 03
2005—2006	24. 10	3. 10

　　虽然印度自 20 世纪 70 年代汇款收入迅速增加，但由于汇款主要来自到中东地区务工的低技术劳工，增加的幅度还是比较有限的。在经济自由化改革的前后两三年，即 1987—1993 年，印度汇款收入并无大的变换，每年不超过 40 亿美元。[③] 1993 年底至 1997 年中后期才开始明显上升，从 1998 年中后期开始了快速增长期，且一般都在 100 亿美元以上。从表 3 − 1 也可以看出，在 20 世纪 90 年代最初的五六个财政年度里，印度侨汇总规模增加了三倍，由 21 亿美元增加至 85 亿美元。在此期间，印度超过中国、墨西哥、菲律宾等国，成为世界侨汇收入第一大国。进入 21 世纪后，印度侨汇进入了一个高速增长的历史新时期，自

---

　　① 李涛：《中、印海外移民与母国经济联系的比较研究》，《世界民族》2011 年第 3 期。

　　② CHISHTI M A. The phenomenal rise in remittances to India：a closer look. Report of the Migration Policy Institute，Washington DC，May 2007.

　　③ http：//www-wds. worldbank. org/external/default/WDSContentServer/IW3P/IB/2005/11/14/000112742_20051114174928/additional/841401968_200510319015205. pdf，p. 89，2016 年 7 月 16 日访问。

此印度侨汇规模增长进入了快车道，2001—2002 财政年度达 150 亿美元。2003—2004 财政年度后，规模增加又跃上了一个新的台阶，超过 200 亿美元。2007 年更是高达 270 亿美元。1990—2007 年这 18 年间，印度侨汇规模年平均增长率达15.35%。① 2007 年之后，印度侨汇规模增长又达到了新的高度，两三年间就完成了成倍的增长，从 2007 年的 270 亿到 2009 年的 496 亿，2010 年更攀升到了550 亿美元，占印度 2 800 亿外汇储备的五分之一，全球侨汇总额的十分之一。② 近几年，全球侨汇规模在下降，但印度侨汇规模受影响较小，2015 年为 689 亿美元。③ 印度仍然是世界第一侨汇收入大国。另外，需要说明的是，上述这些数据不包括通过各种途径进行的非正式汇款，以及为了套汇获取暴利而进行的灰色侨汇等。

如前所述，对于印度的经济增长来说，侨汇的作用非同小可，它在长时期里一直是印度最大的外汇来源。尤其是自由化改革前，由于外汇来源有限，侨汇一直是印度经济的主要支持力量之一。即便是开启自由化改革后，情况仍然如此。与中国不同，印度改革过程中获得的外国直接投资比例不高，始终处于物质资本投资短缺的状态。侨汇对印度经济的重要性，可以通过侨汇相对于其他经济或财政数据值的占比来观察。例如，若以侨汇与外汇储备的比值来衡量，2001 年以前印度的侨汇占外汇储备的 30% ~ 45%；2001 年以后，虽然由于印度积极参与国际合作，广泛开展对外贸易，外汇收入呈现了多样化发展的趋势，致使侨汇在外汇储备中所占的比重有所下降，降至 20% ~ 30%，但仍是外汇收入中一个至关重要的组成部分④。再看侨汇对出口值等的占比。2001 年，规模超过 100 亿美元的印度侨汇收入相当于其出口值的 18%，等于其外国发展援助资金的近 8 倍、外国直接投资的近 5 倍⑤。这个数字比印度联邦政府和地方各邦政府在医疗卫生方面的总投入还要多出一半，也超过了印度在整个国家教育上的投入。最后从侨汇对 GDP 的占比来看。表 3 - 1 显示，1990—1991 财政年度，汇款占印度 GDP 的0.7%，1995—1996 财政年度起，就基本占 3% 左右。近些年来，虽然外国对印

---

① 李丽、李涛：《海外移民与母国的经济联系：以印度为例》，《南亚研究》2009 年第 1 期。

② 罗森：《印度软实力初探——论印度发展软实力的优势与劣势》，《亚非纵横》2011 年第 5 期；李丽、李涛：《海外移民与母国的经济联系：以印度为例》，《南亚研究》2009 年第 1 期。

③ Global remittance decline; but India remains world's #1 country sending $68.9B back home in 2015, Trak. in. https://trak. in/tags/business/2016/04/15/global - remittance - india - tops/，2016 年 9 月 13 日访问。

④ 李丽、李涛：《海外移民与母国的经济联系：以印度为例》，《南亚研究》2009 年第 1 期。

⑤ 宁敏峰：《全球化进程中的印度海外移民与政府移民政策研究》，华东师范大学博士学位论文，2012 年。

度的投资快速增长，但流入印度的汇款收入占印度 GDP 的比例反而增加，达到 4%。① 也就是说，时至今日，侨汇对印度经济的发展仍然至关重要。

前文已述，印度侨汇显著增长主要是在两个时期，其一是进入 20 世纪 90 年代（具体来说是在 1991 年以后），其二是进入 21 世纪（尤其是 2004 年以后）。高增长之所以出现在这两个时期，有着深刻的原因，即这两个时段刚好是印度侨民战略开始重大调整的时期。1991 年开始的经济自由化，被称为"印度的第二次独立"，加快印度融入世界经济的进程。它逐渐结束了国家对工业的垄断，允许外国资本进入绝大多数经济部门，降低税收和关税，资本账户逐渐开放，并对汇率政策进行了重大调整。这些政策调整对印度侨汇的增长产生了积极作用。特别是 1991 年前，印度政府严格限制卢比兑换成外汇，因此大多数海外印度人选择以可返回外汇的方式存钱，或者大量资金通过非正式的地下钱庄途径汇兑。1992 年印度开始汇率体制的自由化，放宽了对外汇交易的管制，这使得通过地下钱庄汇兑的情况逐渐减少，此外印度政府与国际银行方便汇款的服务也有利于汇款从非正式渠道转向正式渠道。到 2000 年，严格限制一切外汇兑换的《外汇控制法》（每年限定兑换数量，固定卢比的汇率）被《外汇管理法》取代，后者放松了对外汇交易的控制。随着外汇控制的逐渐放松，海外印度人较少担心卢比兑换成外汇的问题，因此不愿以卢比存款的情况也逐步减少。根据印度储备银行的数据，1991 年 3 月，以外币为形式的存款占海外印度人存款总额的 72%，到 2005 年 3 月，这一比例下降为 34.7%，而且越来越多的存款被取来在当地使用。②进入 21 世纪前后，印度政府深化侨民战略改革，通过印裔卡、海外印度公民卡、深化税收优惠等制度和措施，便利海外印度人到印度投资、居住、生活、学习，这些措施进一步推动了印度侨汇的增长。

当然，20 世纪 90 年代以来印度侨汇的快速增长，并不仅仅是由于侨民战略的调整等局部因素的影响，移民类型的变化、印度政府和银行机构的政策激励等因素也不可忽视。20 世纪 70—80 年代石油繁荣时期，前往中东国家的印度低技术劳工移民是印度移民的主流。自 20 世纪 90 年代起，前往美国、加拿大和澳大利亚等国的移民特别是技术移民迅速增加，其中，尤其是前往美国的技术移民成为主流。整个 90 年代，印度前往美国的移民增加了一倍。因为这些拥有熟练技术的印度移民具有更强的经济能力，而且他们与之前的移民相比能够与印度保持较为紧密的联系，所以移民类型的变化导致印度汇款来源国发生重大改变，北美

---

① The 2014 OIFC publication on incredible opportunities back home. http：//www. oifc. in/sites/default/files/publications/Incredible%20Opportunities%20Back%20Home. pdf，2016 年 7 月 16 日访问。

② CHISHTI M . The rise in remittances to India：a closer look. http：//www. migrationpolicy. org/article/rise-remittances-india-closer-look/，2016 年 7 月 16 日访问。

取代海湾国家成为印度汇款的最重要的来源地。1990—1991 年，来自海湾国家的汇款占 40%，来自北美的占 24%。但自 20 世纪 90 年代后期起，来自北美的汇款基本占据优势，例如，到 2005 年左右时，来自北美的占比约 44%，来自海湾地区的为 24%，来自欧洲的占 13%。①这种状况在 2010 年前后仍然如此，只是北美的占比优势有所下降，而来自海湾国家的比重有所上升。至近年，来自海湾国家的汇款重新占优势，2015 年印度所得侨汇中，来自海湾地区的占比为 50%。②

汇款增加是否导致或推动经济发展，是近些年来许多学者和国际机构所关注的一个热点问题。特别是进入 21 世纪后，随着国际社会对移民问题越来越予以重视，移民及与此相关的汇款问题得到了长期、广泛与深入的研究。虽然有观点认为没有确定的证据证明汇款对长期增长会产生积极的影响③，但许多研究认为，侨汇对移民家庭、其所处村庄或社区、国家等三个层面都会产生积极的经济、社会发展作用。对移民家庭来说，接收汇款不仅可以帮助家庭满足开支需求（衣食、教育、健康等），还可以成为储蓄和资本投资的重要来源，有利于创业等。侨汇不仅对移民家庭重要，对整个村庄或社区也很重要。移民汇款产生的乘数效应，比如创造就业机会、支持企业创业等，会刺激新的经济和社会设施服务，从而对非移民的家庭有利。在国家层面，对汇款收入国而言，汇款是一个波动不大的外汇收入来源，对 GDP 贡献巨大，此外侨汇"在减少贫困的范围和严重性方面确实起重要作用"④。虽然由于数据缺乏等原因，衡量汇款对贫困的影响较为困难，不过相关研究表明，对可获得的家庭开支调查数据的仔细分析显示，汇款与几个低收入国家的贫困人数比例的下降相联系。汇款对于印度、巴基斯坦、孟加拉国、斯里兰卡、尼泊尔等南亚国家来说十分重要，在其经济占比中占有重要地位，有的甚至超过其 GDP 的 6% 和外汇储备的 75%。

印度是多年来最大的侨汇收入国，其近些年来迅速增长的汇款收入与快速发展的经济之间的关系，引起了印度国内外广泛的关注。虽然多方调查研究认为，海外印度人的侨汇流向消费领域居多，生产性投资较少，因此对侨汇与经济增长

① CHISHTI M. The rise in remittances to India: a closer Look. http://www. migrationpolicy. org/article/rise-remittances-india-closer-look/，2016 年 7 月 16 日访问。

② Global remittance decline; but India remains world's #1 country sending $68.9B back home in 2015, Trak. in. https://trak. in/tags/business/2016/04/15/global－remittance－india－tops/，2016 年 9 月 13 日访问。

③ http://www-wds. worldbank. org/external/default/WDSContentServer/IW3P/IB/2005/11/14/000112742_20051114174928/additional/841401968_200510319015205. pdf，2016 年 7 月 16 日访问。

④ Global economic prospects 2006: economic implications of remittances and migration. http://documents. worldbank. org/curated/en/507301468142196936/841401968 _ 200510327112047/additional/343200GEP02006. pdf，2016 年 7 月 16 日访问。

之间的作用不宜夸大，但同样广泛的看法是，大量侨汇的流入不仅有效缓解了印度政府的财政赤字，有利于印度保持对外贸易平衡，而且大笔的侨汇为印度经济的快速发展提供了最直接的资金来源。侨汇对印度经济发展的积极影响，尤其表现在输出移民比较多的几个邦，包括喀拉拉邦、泰米尔纳杜邦、北方邦、安得拉邦、旁遮普邦、马哈拉施特拉邦等，其中又以北方的旁遮普邦和南方的卡拉拉邦、泰米尔纳杜邦和安得拉邦与海外印度人的经济联系最为紧密。以最为典型的卡拉拉邦为例，20 世纪 90 年代侨汇是卡拉拉邦经济的重要组成部分，1990—1999 财政年度喀拉拉邦收到海外印度人的汇款以每年 20% ~ 25% 的速度增长。1991—1992 财政年度侨汇相当于该邦财政收入的 17%，1997—1998 财政年度相当于该邦财政收入的 24%，20 世纪 90 年代后半期平均相当于该邦财政收入的 22%。由于侨汇的注入，20 世纪 90 年代末期，卡拉拉邦的人均收入水平超出了印度全国人均收入水平 49%。[①]

（二）为印度经济发展带来所急需的投资

很长一段时间里，海外印度人与印度的经济联系主要以侨汇为主，投资的部分并不多。其原因有三。首先，在自由化改革之前，印度实行的是保护性经济，在经济发展战略方面，选择的是"进口替代战略"，这就决定了印度对外国直接投资政策极其谨慎并具有选择性。有限的外国直接投资仅在于公营事业和得到政府批准的项目，对私营企业和合资企业的外国投资少之又少，因为政府不批准。技术合资只有在政府认为为减少外汇外流必须如此时才会得到批准。自 20 世纪 80 年代起，印度政府开始调整相关政策，放松管制，对贸易和投资政策实行部分自由化，放松对技术转移、能源生产、高速和港口建设、电信、油气探测等方面的限制。这些政策调整虽然使得外国对印度直接投资增幅不小，但总体规模不大。其次，印度国内垄断资本对海外印度人的投资显得冷漠甚至抵触，因为外国资本的流入会对其利益构成竞争。最后，作为印度外汇来源中占比较大的汇款，其中拥有投资的比例不大。这是因为，这一时期印度侨汇主要来自在中东务工的印度劳工，这类侨汇收入大多数用于非生产性领域如不动产和消费，具体包括食物、保健、教育、创业、购买土地、慈善、结婚及其他，这些支出中，日常消费占比约为 50%，其中又以食物为最主要的支出。由于劳工家庭的侨汇收入主要用于养家糊口，因此没有大笔投资的经济能力。

20 世纪 90 年代初开启的自由化改革是一项涉及全面的结构性经济改革，自此包括海外印度人在内的对印直接投资状况也发生了巨大的变化，海外印度人大

---

① 李涛：《中、印海外移民与母国经济联系的比较研究》，《世界民族》2011 年第 3 期。

规模对印度投资就开始于这一时期。总体上，自此以来海外印度人对印度直接投资的发展状况可以大体分为两个阶段。第一个阶段为 1991—2000 年，海外印度人直接投资额为 953. 44 亿卢比，占同期印度外商直接投资额的 3% 左右。[1] 这一时期，为吸引外资、促进经济增长，印度放宽了投资政策。在工业政策方面，逐渐取消对投资项目和商业扩展的限制，并允许增加技术和资金引进，允许技术引进自由化、取消对外国直接投资低技术领域的限制、高度优先行业技术协议自动通道。为了吸引海外印度人，印度政府还特别扩大印侨与境外法人机构的投资比例，允许在优先部门投资 100%。经济政策的自由化和对汇款限制的取消吸引了境外机构对印度的投资，外国对印度的直接投资从 1990—1991 财政年度的 9 700 万美元增加至 1994—1995 财政年度的 13. 14 亿美元，到 1999—2000 财政年度则达到 21. 55 亿美元，十年内增加几十倍。其间证券投资的增加幅度更是惊人，从 1990—1991 财政年度的 600 万美元增加至 1999—2000 财政年度的 30. 26 亿美元。[2]

在这一阶段的初期，虽然外国对印直接投资规模增长迅速，但因印度刚刚开始经济改革，外商投资总体上还是很少，其中海外印度人的投资占比较大。20 世纪 90 年代初期海外印度人对印度的投资占 FDI（Foreign Direct Investment，外国直接投资）总额的一半左右，但这一占比随着印度 FDI 急剧上升而变得越来越小，1997 年就下降到 5% 左右，1998—2000 年都是在 1. 5% ~3% 之间徘徊。[3] 究其原因，一方面在于印度的投资环境还不健全，更主要的在于这一时期印度政府并没有给予海外印度人在投资方面的便利措施。在投资政策上，针对海外印度人的投资政策与其他外商直接投资的政策没有太大区别，甚至连印度储备银行的统计机构都没有专门统计海外印度人投资的具体数据。1998 年后，印度政府开始推动海外印度人回国直接投资，1999 年出台的印裔卡制度就是为海外印度人制定的便利措施。2000 年以后，印度政府将对海外印度人的重视提升到国家战略的高度，针对海外印度人的投资政策逐渐健全起来。[4] 这些措施导致流入印度的外国直接投资和外国间接投资增加。海外印度人对这些举措做出了热烈回应，加大了对印度的投资。

第二个阶段为 2000 年以来，这是海外印度人对印度投资规模扩大的阶段。2000 年以后，印度加大了吸引海外印度人回国投资的力度，据印度工商部统计，

---

① 李涛：《中、印海外移民与母国经济联系的比较研究》，《世界民族》2011 年第 3 期。

② The 2014 OIFC publication on incredible opportunities back home. http：//www. oifc. in/sites/default/files/publications/Incredible% 20Opportunities% 20Back% 20Home. pdf，2016 年 8 月 16 日访问。

③ 李丽、李涛：《海外移民与母国的经济联系：以印度为例》，《南亚研究》2009 年第 1 期。

④ 李丽、李涛：《海外移民与母国的经济联系：以印度为例》，《南亚研究》2009 年第 1 期。

从 2000 年 4 月到 2008 年 9 月，印度共获得海外印度人投资 33.82 亿美元，占印度收入 FDI 总数的 4.42%①。2008 年国际金融危机后，在全球经济复苏缓慢、主要新兴市场国家增速放缓、欧洲持久的衰退、跨境投资萎缩的背景下，印度仍然越来越成为对全球长期资本和战略投资者来说有吸引力的市场，流入印度的外国直接投资呈增长之势，例如，在 2012—2013 财政年度，流入印度的直接投资超过 198 亿美元。② 2004 年 10 月英国科尔尼管理咨询公司公布的一项年度报告显示，印度已成为继中国、美国之后全球第三大最具吸引力的投资目的地。

在这一阶段，随着印度投资环境的进一步改善以及投资政策的不断完善，特别是前述印度侨民政策的系列调整改革，越来越多的海外印度人企业家把印度视为投资目的地，知名企业家纷纷回国投资，这些人包括美国枫树网络科技公司的创始人古鲁拉伊·德什潘德、英特尔奔腾处理器之父维诺德·达姆、硅谷企业家瓦妮·科拉以及著名风险投资家维诺德·科斯拉、世界钢铁大亨拉克希米·米塔尔、来自硅谷的具有印度第一位"技术企业家"之称的沙比尔·巴迪亚等人。这些投资的增加，使得来自海外印度人的直接投资占外国在印度直接投资的比例从 1991—2003 年的 4.18% 上升到十来年之后的 10%。③难怪有媒体称，在经济发展的道路上，海外印度人正在成为印度发展的"秘密武器"。这些海外印度人带来了大量的资金，他们近年来返回到祖国进行直接投资，成为印度经济稳定和发展的"关键性因素"。摩根大通银行出台的一份报告认为："海外印度人正在成为印度赶上甚至超过对手的有力武器，它的国民生产总值年增长速度将可以因此保持在 10% 以上。"④ 个中缘由，除了人口红利、增长的中产阶层使印度成为国际投资的主要目的地之一外，也与印度政府的政策调整密切相关。例如，2012 年，印度政府采取了系列措施促进外国资本和技术自由进入印度。其中包括：允许外资在多品牌零售中的投资占比 51%，单一品牌的零售比为 100%；直接到货的有线网络和电信港以及移动电视的比例从 49% 上调到 74%；民航领域外资投资可达 49%；养老保险方面的上限为 26%，保险业则从 26% 提升到 49%。自 2014 年开始，印度政府继续深化外国直接投资政策的改革，铁路基础设施全面对外国直接投资开放，国防部门的上限则提升到 49%。医药业也对外国直接投

① 李丽、李涛：《海外移民与母国的经济联系：以印度为例》，《南亚研究》2009 年第 1 期。

② The 2014 OIFC publication on incredible opportunities back home. http://www.oifc.in/sites/default/files/publications/Incredible%20Opportunities%20Back%20Home.pdf，2016 年 9 月 11 日访问。

③ CHISHTI M. The rise in remittances to India：a closer look. http://www.migrationpolicy.org/article/rise-remittances-india-closer-look/，2016 年 9 月 10 日访问。

④ 《海外印度人》，http://news.sohu.com/20061108/n246265153.shtml，2015 年 8 月 12 日访问。

资实行 100% 开放，保险业以及养老机构外国直接投资的上限提升为 49%①。同年 9 月，印度发起"在印制造"（Made in India）运动，推动外国对印度制造业的直接投资迅速增长，外国直接投资流入额从 2013 年 10 月至 2014 年 3 月的 181.3 亿美元，增加为 2014 年 10 月至 2015 年 3 月的 249.5 亿美元，增长 38%。同期外国股权投资流入也增长了 39%。② 在扩大对外资开放的同时，印度政府重新评估了有关海外印度人在印度直接投资的政策，修改投资政策，允许印裔、海外印度公民卡持有者、印裔卡持有者在对印度直接投资方面与印侨具有相同的待遇。还规定如果印侨永久性回印度定居，则可以申请开办支付性银行和小型融资性银行。印度政府的这些政策，引起了海外印度人的热烈回应。

二、为印度经济发展提供了急需的技术和人才支持

20 世纪 90 年代初经济改革以来，印度经济摆脱了过去的低速增长惯性，迅速腾飞。进入 21 世纪后仍然如此，2004—2008 年的年经济增长率均超过 9%。全球金融危机以来，作为金砖国家之一的印度经济表现更是抢眼。印度经济的这种快速发展，海外印度人的贡献巨大。海外移民不仅通过侨汇和投资等形式为印度提供了经济发展所需要的资本，而且还通过人才回流、创业投资等形式帮助印度获得了经济发展所必需的技术和人才。可以说，20 世纪 90 年代以来印度能够建立起以信息产业等为主体的新的经济体系，成为世界上经济快速发展的新兴经济体之一，海外印度人的人才回流和技术支持功不可没。

如前所述，20 世纪 60 年代中期以后印度人开启了较大规模向西方发达国家特别是向美国的移民。与之前流向中东的以非熟练劳工为主的移民主体不同，这波流向美国等发达国家的移民主要包括熟练工人、技术人员和各类专业人员，其中包括教师、律师、会计师、医生、技工等，尤其是电脑软件人才。这波移民的特点是持续时间长，至今未停，且很长一段时间内，这种移民只是流出，极少回流，致使印度"人才流失"严重。从印度流失到美国的技术移民和留学生主要来自印度理工学院等几所理科院校。印度理工学院是 1953 年尼赫鲁为了培养印度工程和技术人才所建立的，学校模仿国外的建校模式，培养了很多的技术人

---

① Review of Foreign Direct Investment（FDI）policy on investments by Non-Resident Indians（NRIs），Persons of Indian Origin （PIOs） and Overseas Citizens of India （OCIs）. http：//pib. nic. in/newsite/PrintRelease. aspx？relid＝121914，2017 年 3 月 5 日访问。

② Review of Foreign Direct Investment（FDI）policy on investments by Non-Resident Indians（NRIs），Persons of Indian Origin （PIOs） and Overseas Citizens of India （OCIs）. http：//pib. nic. in/newsite/PrintRelease. aspx？relid＝121914，2015 年 4 月 16 日访问。

才，也是印度人才流失最多的学校。一项针对印度理工学院孟买校区的研究表明，在 1973—1977 年有 30.8% 的工艺学学位的获得者移居国外，42.8% 的电气工程的毕业生移居国外，到 1998 年，仍有 30% 的印度理工学院的毕业生从印度流失到美国。[①] 20 世纪 90 年代，美国人口中出生于印度的数目增加了一倍（从 50 万增加到 100 万），而增加的这 50 万中，一半是技能型人才。[②]

这波以技术移民为主体的海外印度人很快在西方国家站稳了脚跟，尤其是电脑软件人才很快在 20 世纪 90 年代开始的美国"信息高速公路"计划里大展拳脚，他们与美国华人移民一起成为美国信息产业基地硅谷的举足轻重的两大族群。1975—1990 年，硅谷各科技公司新增约 15 万个工作岗位，到 1990 年，硅谷高科技产业的科学家和工程师有三分之一出生于其他国家，其中中国和印度占了其中的三分之二。[③] 1995—1998 年，硅谷新成立的公司中，9% 为印度人。[④] 这些印度移民和华人成为硅谷中的举足轻重者。到 2000 年，华人和印度人工程师共掌管了硅谷约 2 800 家公司，销售额达 1 268 亿美元，平均每 4 家公司之中，就有一家由他们掌管。[⑤] 其中印度人更是独占鳌头，硅谷 40% 的网络公司创始人是印度移民。[⑥] 这些印度移民大多来自 6 所印度科技学院，美国硅谷的成功和海外印度人在硅谷的成功，使他们成为印度移民的翘楚，不仅经济力量雄厚，更是引领着世界信息技术产业的潮流。

正是受到海外印度人在硅谷成功的影响，以及海外印度人中的精英对印度政府的建言献策，经济改革之初，印度政府就很有远见地制定了以信息产业、生物技术等高科技新兴产业为主体的产业发展战略。以信息产业为主体的高科技产业成为印度经济改革和发展的优先领域，使得海外移民特别是技术移民的重要性凸显，也使得技术与知识的重要性凸显。与之相伴随的，是印度侨务政策重心的双重转移。其一是从过去的以关注中东劳工移民为主，转移为以吸引欧美国家移民为主，其二是从以吸引海外劳务移民的资金（侨汇）为主，转为以吸引海外技

① 韩丹：《试论美国的印度技术移民及其影响（1965—2000）》，东北师范大学硕士学位论文，2012 年，第 30 页。

② DOCQUIER F，RAPOPORT H. Globalization，brain drain，and development. Journal of economic literature，2012，50（3）.

③ 韩丹：《试论美国的印度技术移民及其影响（1965—2000）》，东北师范大学硕士学位论文，2012 年，第 2 页。

④ DOCQUIER F，RAPOPORT H. Globalization，brain drain，and development. Journal of economic literature，2012，50（3）.

⑤ 王志章、王启凤、谢永飞：《美国硅谷华人与印度人之比较》，《重庆邮电大学学报》2008 年第 6 期。

⑥ 郭又新：《印度移民：跻身美国金字塔顶 背负祖国文化行李》，http://news. sina. com. cn/cul/2004 - 11 - 12/602. html，2013 年 9 月 18 日访问。

术移民的知识、技术、经验和客户网络等为主，希望通过各种手段推动"智力回流"，大力发展以信息技术出口为龙头的新兴产业。为吸引海外印度科技人才回国创业，印度政府一方面大力兴建科技城与科技园区，作为国外人才回国工作、为国服务的永久性基地。为此印度在班加罗尔、加尔各答、德里、斋普尔、海德拉巴、迈索尔等地设立软件技术园，各邦也设立了一些邦级软件技术园。其中印度第一个建立的软件科技园班加罗尔软件技术园也是印度发展最快和规模最大的园区，早已经成为印度的"硅谷"。另一方面，印度政府出台了大量优惠政策，从包括财政投入支持研发、税收优惠和政策性金融支持、科研立项的便利等多方面入手，为回国创业者或投资者到印度开办软件企业或者从事软件开发大开"绿灯"，吸引海外印度人才回国创业。

此外，印裔移民在美国硅谷的巨大成功在一定程度上直接推动了印度各具体海外移民新政的出台与实施。为了便于海外印度人的往来及增加吸引力，印度政府在侨务政策方面加大改革力度，除了专门针对海外印度人的财政、税收等优惠政策，在1999年推出印裔卡制度的基础上，于21世纪初进一步改革，推出了海外印度公民卡制度。印度这一解决海外印度人身份的举措较大程度上满足了海外印度裔人士多层次的要求和国家吸引人才的需求，推动了海外人才的回流，特别是在"海外印度公民制度"推行后，更多的海外印度人往返于印度与海外。到2009年3月，印度政府共发放了约40万张海外印度公民卡，其中43%流向美国，13%流向英国。在"印裔卡制度"和"海外印度公民制度"实施前，印度只雇用了7 000名软件专业人才，而在计划实施后的2006年之后，印度已经有了70万名软件从业人员，专业人才几乎增加了100倍[1]。在这些政策的推动下，在美国的企业家，特别是硅谷的科技人才，与印度的联系日益密切。有数据称，美国印度裔企业家中，52%要因为商务事宜每年至少去印度一次，46%与印度国内企业一直有联系，23%在印度投资成立自己的新公司，45%表示可能的话愿意回印度生活。[2]

20世纪90年代开始的自由化经济改革，对印度的人才市场产生了极大影响。一方面，它在一定程度上遏制了印度人才外流的速度。数据显示，2004年印度人才外流比例从1992年的25%下降到14%。印度技术学院曾经有70%的毕业生选择去西方国家深造或工作，到2006年这一比例已降至30%。另一方面，它开始吸引大量海外人才回流印度。这一现象造就了一个新的专有名词，即"R2I"

---

① http：//china. findlaw. cn/info/yimin/ymdt/224023_2. html，2017年1月2日访问。

② DOCQUIER F，RAPOPORT H. Globalization，brain drain，and development. Journal of economic literature，2012，50（3）.

（Returning to India）。其中，仅 2009—2010 年，每年就有 6 万左右专业人员从美国回流印度，其中大部分是 IT 专业人员，与每年远赴美国的印度人数基本持平。美国哈佛大学、杜克大学和纽约大学的研究人员于 2007 年 8 月 22 日公布的一份研究报告称，硅谷"大约五分之一新的合法移民和三分之一的印度人高级雇员或者计划离开美国，或者在持观望态度"，已经从美国硅谷返回印度的移民大约有 3.5 万到 6 万。为此，不少媒体惊呼，"美国历史上第一次遇到了逆向人才流失"①。

海外印度人才特别是技术人才的回流，不仅为印度带来了实际上最先进的技术特别是软件技术，同时还有资金、管理经验和关系网络等。归国的软件人才在印度创业的方式大致有四种：一是在印度成立自己的 IT 公司。印度著名的一些软件企业如印孚瑟斯（Infosys）、威普罗（Wipro）和高知特（Congnizant）等都是由留美的海外印度人创办的。二是投资印度 IT 公司。三是促使本国公司与印度公司合作。不少欧美跨国公司的管理层是海外印度人，由于他们的影响，当他们的公司需要相关的合作时，这些公司更倾向于同印度的 IT 公司合作。四是为印度 IT 业发展提供智力支持，比如某些海外印度专家对印度接纳的外国投资以及外包订单给予指导，使印度的 IT 业向更高效、更具国际水平的方向发展。②

自经济改革以来，海外印度人才特别是技术人才的回流，为印度带来了充足的资金和尖端的技术，推动了印度高科技产业的迅猛发展。就最有代表性的软件领域而言，仅 1992 年到 2001 年，印度的 IT 产业年均增长率高达 55%。③ 20 世纪 90 年代以前，印度的 IT 业尚未形成，如今，印度早已成为仅次于美国的世界第二大软件出口国、世界第一大软件外包业务接纳国和世界上重要的计算机软件开发基地。《财富》杂志 500 强中的 75% 以上使用来自印度的软件，跨国公司拥有的遍布印度的 750 家研发中心里，有 20 多万工程师和 IT 科学家。④ 很多在微软、甲骨文等跨国公司任职的印度籍（裔）高管和工程师被派回印度设立研发中心和软件外包加工基地，这些世界顶尖的软件跨国公司如微软、国际商业机器公司、摩托罗拉、甲骨文、爱立信、通用电气、朗讯、康柏、得克萨斯仪器等公司在印度进行软件开发。正是因为海外印度人在印度经济发展中的作用，印度的未来有赖于海外的印度人移民。

---

① 王志章、王启凤、谢永飞：《美国硅谷华人与印度人之比较》，《重庆邮电大学学报》2008 年第 6 期。

② 李丽、李涛：《海外移民与母国的经济联系：以印度为例》，《南亚研究》2009 年第 1 期。

③ 时宏远：《论海外印度人对印度崛起的影响》，《国际论坛》2009 年第 4 期。

④ The Federation of Indian Chambers of Commerce and Industry（FICCI）. Engaging diaspora: the Indian growth story. The Theme Paper of the Eleventh Pravasi Bharatiy Divas, 7 – 9 January, 2013, http: //moia. gov. in/ writereaddata/pdf/theme_paper_2013. pdf, p. 3, 2013 年 12 月 5 日访问。

三、加强了海外印度人对印度的政治认同

海外印度移民群体不仅规模大，而且经济实力雄厚。以占海外印度人约十分之一的在美印度移民群体为例。在第二次世界大战后印度第二波移民潮中，美国是主要的目的地，迄今在美印裔印侨已达数百万人，其中不少人受教育程度高，外国出生的印裔美国人中，67%都具有大学学位，这一比例高于美国平均数的三倍，而且这些人中大约44%持有经理或专业职位。① 这些人成为美国知识技术阶层的中坚力量，在美国社会中已经取得了令人羡慕的成就和地位，在诸如法律、医疗、软件乃至政治领域的口碑甚好。在经济方面，印度裔移民平均收入一直稳居全美前列。美国国家统计局资料显示，早在20世纪70年代初，印度裔就是美国少数族裔中收入最高的群体，之后的80年代虽因家庭团聚型移民逐渐增多而有所下滑，但进入90年代后情况又很快发生了改变。1990年，美国印度裔的人均与家庭平均收入分别为17 777美元和49 309美元，仅次于日本裔的19 373美元和63 653美元。到1994年，印度裔则再次超越日裔，成为美国家庭平均收入最高的少数族裔。实际上，美国印度裔移民家庭平均收入的这种记录，自1994年以来一直保持了很多年。② 在美印度人不仅收入高于在美其他移民，而且也高于美国平均数。美国印裔年平均收入为60 093美元，远高于美国平均数的38 885美元。"在美印度人可能是美国历史上最成功的移民群体。"③ 海外印度人特别是技术移民在美国等欧美国家大获成功，使得海外印度人的财富值很高，曾经一度占印度国民生产总值的三分之一。

海外移民强大的经济实力在有需要时会转变为影响巨大的政治实力。与第二次世界大战前的老移民和战后流向中东的劳工移民不同，流向欧美等发达国家的移民不仅设法在发达国家生存，而且努力通过获得永久居留权等方式融入住在国的社会文化生活，甚至谋求应有的政治地位。仍以美国为例，海外印度人在印度的政治参与主要在20世纪90年代后。他们的政治参与积极主动、直接公开，以向主要政党候选人选举捐款、成立游说集团有针对性地游说等方式，参与美国政治。在选举活动中，他们不仅将资金投向民主党人，也投向共和党人，借助于多

---

① PANDEY A, AGGARWAL A, DEVANE R, et al. India's transformation to knowledge-based economy-evolving role of the Indian diaspora, July 21, 2004, http：//www.docin.com/p-324514921.html, 2013年12月5日访问。

② 滕海区：《美国印度裔族群的形成及其经济成就探析》，《华人华侨历史研究》2013年第2期。

③ PANDEYA, AGGARWAL A, DEVANE R, et al. India's transformation to knowledge-based economy-evolving role of the Indian diaspora, July 21, 2004. http：//www.docin.com/p-324514921.html, 2013年12月5日访问。

党政治表达自身的利益诉求。在 2004 年的美国大选中，印裔美国人为美国总统选举募集了数百万美元，2008 年又为两党的总统竞选募集了至少 2 000 万美元。[①] 美国印裔移民组织成立了各种泛印度组织，如"美国印度人联合会""印度人协会国家联盟""印度裔美国人政治教育论坛""亚洲印度血统美国人国家联合会"，维护在美印裔人的利益。他们还形成了规模较大的院外集团，以期加强对有关印度及印度裔事务的游说和影响力。由 117 名成员组成的"美国国会印度裔政策核心小组"，是美国国会中最大的关于少数族裔事务的政治组织，成员都是在美印度裔精英，支持印度的外交政策，在美国的南亚政策和印美关系发展中展现出了强大的影响力。

随着印度裔美国人的政治影响力不断扩大，他们在美国国会参众两院都成立了相关组织。众议院成立的"印度和印裔问题核心小组"共有 163 名成员，是2003—2005 年第 108 届美国国会上最大的国家小组。2004 年 3 月，在印度大使馆的努力下，拥有 345 名成员的"印度之友"组织在参议院成立，这是美国参议院历史上第一次成立的以某国家为中心的组织。总之，印度裔美国人的政治组织在美国国会参众两院的议员中进行游说，力争对他们自己和对母国印度有利的政策。除了上述举措外，不少印度裔移民还成功地跨进美国政界，当选为州议员，或被任命为政府和非政府组织的咨询人员。

美国印裔移民的上述种种举措，首要目的自然是维护自身在美国的政治、经济等各方面的权力和利益。但海外印度人对印度本土的历史、文明、价值观等的认同度高，使得他们即便在印度政府对海外印度人不甚关注的年度里，依然坚持着以本民族的价值观为其生活方式的基础，每个印裔移民都非常自觉地培养、维护自身和后代的种族认同。在印度政府实行积极的侨民政策后，这些海外印度侨民积极地做出反应，经常为改善美印关系、推动美国制定有利于印度的政策尽心尽力。"在改变接触有限且利益冲突的两国决策者的看法方面，在美印度人起到了决定性的作用"，"侨民是华盛顿支持新德里的力量来源"。[②] 最为典型的例子是 1998 年印度核试验后游说美国政府放弃对印制裁的活动。1998 年印度核试验后，美国强烈谴责，并带头进行经济制裁。此时，在美印度移民成为帮助印度、劝说美国政府解除制裁的依靠力量。在美印度侨民为此整合自身在美的组织机构，增强自身的集体力量。他们依托"印度和印度裔问题核心小组"，积极向美国官方宣传印度政府的观点，取得美国政府的谅解和同情，说服美国政府撤销对

---

① 王晓艳、时宏远：《印度游说集团：美印关系的助推器》，《世界知识》2010 第 7 期。

② RUBINOFF A G. The diaspora as a ractor in U. S. -India relations. Asian affairs：an American review，2005，32（3）.

印度的经济制裁。此外，1999 年印巴卡吉尔冲突发生后，也正是由于印度移民成功说服美国，使得美国参众两院的议员支持印度，向巴基斯坦施压。进入 21 世纪以来，美印关系的持续向好，都与印度侨民的成功活动密切相关，2005 年美印达成的民用核合作协议就是明证。该协议经过三年多的争论最终于 2008 年 10 月 10 日由双方政府代表正式签署。在这三年多的时间里，印裔美国人全面动员，展开了全方位的游说工作，最终保证了该协议在国会的高票通过。这些事实说明，世纪之交以来，印度的侨民战略担负的已经不再只是经济目标，为印度的公关外交服务已经成为其新的使命。

第五节　对我国侨民战略的启示

中国与印度都是世界移民大国。中印两国移民具有一些共同特点，比如移民历史悠久，都有几百年的移民史；两国近代劳工移民潮的产生都是殖民时代的产物；两国移民在经济文化等方面都与母国保持着密切联系；欧美等发达国家都是中印新移民的主要目的地；等等。当然，时至今日，两国移民也呈现出不同的特点，例如地理分布上，海外华侨华人绝大多数在亚洲尤其是东南亚，其次才是美洲、欧洲，而海外印度人主要分布在欧美发达国家和中东地区；经济上海外印度人与印度的主要经济联系是侨汇，而海外华人与大陆的主要经济联系是投资；等等。

此外，与印度政府曾长期忽视海外移民不同，中国政府自从中华人民共和国成立初期起就十分重视海外华侨华人，制定了系列侨务政策。后来虽然在"文革"时期中断，但改革开放后，中国政府立即重新开展相关机构和工作系统的建立、有关法律的健全等方面的工作，重视利用海外华侨华人为改革开放及和平统一工作服务。虽然与中国相比，印度的侨务工作起步较晚，但它在很多方面已经走在我国的前面。印度的侨民政策起点较高，具有许多独到之处，有许多思路和做法值得我们借鉴。

一、印度侨民战略的特点

（一）高层重视，起点较高

自 20 世纪 90 年代初经济自由化改革开始以来，特别是进入 21 世纪以后，侨民战略就已经上升为印度国家战略的一部分，服务于印度经济发展的总目标。

印度政府和高层高度重视移民政策的制定和推动移民事务的发展，积极扮演"桥梁和纽带"作用。如前所述，印度侨民战略是在全面吸收海外印度移民高级委员会报告的基础上完成的。成立于 2000 年 9 月的海外印度移民高级委员会的规格十分高。其成员是印度政府前高级官员，委员会自身直属外交部，并直接向印度总理负责。又如，2009 年设立的侨务决策咨询机构"总理全球咨询委员会"，由印度总理担任主席，成员包括杰出海外印度人和印度政府高层，如海外印度人事务部部长、外交部部长、工商业部部长、人力资源开发部部长等。再者，自 2003 年起每年召开一次的海外印度人大会，印度总理以及主要的内阁部长都会出席，印度总理致辞，内阁部长以及各邦首长分别发表演讲，颁布奖项，宣讲印度政府吸引海外印度人回国参与经济、文化建设的政策和措施。

另外，印度政府高层出访一些国家时，会亲自与侨民接触、演讲，听取他们的呼声。印度政府还召开研讨会，邀请各国重要的部门如劳工部、人力资源发展部等参会，开展双边多领域合作和政策调整。双方还会互派部长级代表团互访，协商移民的社会保障问题、签订相关保护协议等。

（二）重视研究，针对性强

纵观印度侨务政策的发展历史，在制定政策之前先组织专家进行研究，然后有针对性地提出有效的政策措施，是其非常明显的一个特点。例如，20 世纪 70 年代印度政府着手制定对劳务侨民的相关保护政策之前，就在 1977 年召集全国的侨务专家探讨印度海外移民面临的问题及应对措施，在此基础上形成了印度对海外移民（主要是劳务移民）的各项政策措施。2000 年成立的海外印度人高级委员会，更是历时多日，通过组织访问团、进行现场调查、举办座谈会以及获取驻外使领馆情报等多种方式，对海外印度移民的历史与现状进行全面调查，最后得出报告。正是这份报告勾勒出了后来印度侨民战略的蓝图。此外，决策咨询机构总理全球咨询委员会也定期组团前往海外印度人居住国走访调查，与海外印度人近距离接触，了解其需求。

除了成立专门研究机构外，印度政府还委托专业研究机构进行有针对性的研究。例如，2008 年 5 月，海外印度人事务部与尼赫鲁大学社会科学院查吉尔胡赛因教育研究中心签订了 5 ~ 10 年的研究合同，委托其研究未来 5 ~ 10 年国际移民的发展趋势及其对印度的影响，并为该项目提供 4 106 万卢比的研究经费。2010 年 2 月又与美国宾夕法尼亚大学艺术与科学学院高级印度研究所签订了为期 4 ~ 5 年的研究合同，印方出资 200 万美元，聘请该所印裔所长支持海外印度人的研究。[①] 印度政府在全面调查研究的基础上所制定的侨民政策视野清晰，针对性很强。

（三）体系健全，重点突出

印度的侨民政策体系大致可以分为决策咨询体系、决策体系和管理实施体系三个方面。这些体系都有一个共同特点，就是级别都很高。比如决策体系中的总理全球咨询委员会就包括含印度总理在内的政府高层。管理体系中曾经的海外印度人事务部，就是内阁级别的。即便后来海外印度人事务部并入了外交部，转而成立了两个处，但它在外交部仍然具有一定的地位。

同时，在印度侨民战略的决策和实施中，一直都有清晰的重点。自印度经济自由化改革以来，其海外移民政策的重点主要放在三个方面，即技术移民、欧美移民和青年移民。印度经济改革中的高科技优先发展战略决定了其将海外移民政策调整的重心从之前的中东地区的劳务移民，转向欧美发达国家的技术移民。印度后来系列侨民政策的调整和制定，包括印裔卡和海外印度公民卡等对海外移民身份的认定、海外印度人大会的召开等，都主要是从吸引欧美发达国家的移民、发挥技术移民的优势等角度出发。此外，在关注欧美发达国家移民的同时，印度政府秉承其侨民战略中前瞻性的特点，重点关注青年移民。实际上，印度政府特别关注海外青年印度人，开展了系列移民交流活动，通过定期开展活动和项目邀请海外青年印度人来印度参观交流，以及设立专项奖学金鼓励海外青年印度人来印度学习和深造。

（四）手法灵活，思路新颖

印度侨务战略的制定，是在深刻研究与借鉴中国等其他世界移民大国的侨务政策和经验的基础上完成的，因此与其他侨务大国之间的侨务政策有一些相通的地方。但同时，印度在根据自己的实际情况制定侨务政策时，思路新颖，手法灵活，采取了一些具有创意的做法。这些做法包括实行印裔卡制度和海外印度公民卡制度；设立"海外印度人节"，举办海外印度人大会；设立独立的、高级别的管理体系；建立全球性的海外印度人电子信息与交流平台；等等。

以海外移民身份的确立为例。在20世纪与21世纪交替之际，当印度确定了自由化经济改革目标以及确认了侨务政策要为经济发展目标服务之时，如何吸引海外印度移民、特别是发达国家的技术移民回流印度，成为印度政府急于解决的问题。此时，印度政府不再如以前那样完全否定海外印度移民的印度身份，但也

---

① 邱立本：《印度国际移民与侨务工作的历史与现状》，《华人华侨历史研究》2012年第1期。

没有简单地借鉴某些国家实行的双重国籍制度，而是在 1999 年推出印裔卡的基础上，于 2003 年推行海外印度公民卡，给予美、英等十几个国家的海外印度人以双重国民身份。双重国民身份并不是完全的双重国籍，同时，这一身份让海外印度移民在不丧失外国国籍的情况下，拥有在印度的财产权，使海外印度人产生了归属感，拉近了他们与印度的距离，同时获得了自由进出印度工作和生活的机会，直接推动了海外人才的回流。

（五）重视实用，强调合作

印度侨民政策向来目的性很强，这决定了实用性为其显著特点。总体上印度侨民政策的目标是为印度经济发展服务。具体操作中，主要解决两方面的问题：其一是海外侨民（主要是劳工移民）在海外面临的各种问题，包括安全、保险、救济、就业等。为此印度政府设立了印度人福利基金、印度工人资源中心，实施了"海外印度人人寿保险计划""圣雄甘地海外退休与人寿保险计划""对被抛弃或被离婚印度妇女的法律与资金援助计划"等系列援助与救济计划，并与海湾国家和马来西亚签订系列劳工福利保障协议，与一些欧洲国家及韩国等亚洲国家签订社会安全保障协议。这类侨民为印度提供的主要是侨汇，而且其中的大多数是将来会回到印度的。其二是促进海外侨民为印度提供技术、管理及投资。这类移民主要在发达国家，回流的比例较小，印度政府需要解决的主要问题是吸引他们对印度的关注、为他们提供交流合作的机会，以及为他们进出印度提供方便，为此而举办的海外印度人大会、实施的印裔卡和海外印度公民卡制度，以及建立的网络信息交流平台，就是为达成此目的。

在目的性方面看重实用的同时，在操作中，印度政府也注重合作。这种合作是多方位、多层次的，既有研究中的合作，也有实施中的合作；既有政府部门与学术圈的合作，也有政府部门与私人企业的合作；既有中央政府与地方各邦的合作，也有与国内机构和与国外机构的合作。全方位、多层次、多角度的合作，保证了印度侨民政策的针对性、实用性和有效性。

二、我国侨民战略亟待加强的方面

印度的侨民政策是在与我国国情不同、海外移民状况各异的背景下制定的，并且具有相当的高度与厚度。所谓高度，是指印度的侨民政策是站在时代的高度上制定的。当印度制定侨民政策时，它关注到了经济全球化加速发展、新科技革命日新月异的时代特征，从而确立了以吸引和争夺人才资源、借助科技进步推动经济发展的侨民战略。这体现出其侨民战略的前瞻性。所谓厚度，是指虽然印度由于侨务政策工作起步较晚，其实践经验不及中国丰富，但在制定政策之前，印度广泛借鉴了国际侨务理论和其他国家的侨务经验，开展了全面的海外印度侨务情况调查，因此制定的政策底蕴深厚。例如海外印度人高级委员会在 2001 年提交的调查报告中就着重介绍了罗宾·科恩等人的移民理论，考察了十几个国家的移民状况和政策，借鉴了中国等移民大国的侨务工作经验。正是印度侨民政策的高度与厚度，使得与印度同为世界移民大国、同样需要借助海外侨民力量促进祖国政治经济发展的中国，不得不从印度的侨民政策中寻求启示。

总体而言，印度侨民战略对我国侨民战略的启示主要有：

（一）加强调查研究，提高侨民战略的针对性和实用性

如前所述，印度侨民战略之所以具有针对性和实用性强的特点，在于其重视调查研究。在进行重大的政策制定或政策调整之前，会成立专门的调研机构，向世界各地派出访问团，通过现场调查、举办座谈会、汇集驻外使领馆的情报等方法，了解海外侨民的详细情况和最新状况，获取有益的信息。政策制定之后，还会有常设的政策咨询机构定期到海外移民居住地走访调查，以评估和修改政策。此外，印度政府还十分重视与国内外研究机构的合作，针对印度政府关心的海外印度人的相关问题进行研究。在这里，我们需要注意的是，印度的这种调查研究，是在国家战略层面的高度上，由政府出面进行的。这样的调查研究，经费充足、快速全面、权威有效。

这种由国家政府出面组织调查研究的做法，是值得我们借鉴的。在 21 世纪初，我国涉侨学术研究的机构有二十余个，专兼职研究人员有三四百人，主要集中于高校，其次是社科院系统，其他分布在侨联、侨史学会和侨务部门；每年在中国大陆发表华侨华人研究论文数百篇，专著十多种。[1] 乍看之下，研究实力还是雄厚的。但由于资金缺乏、学风浮躁等诸多原因，截至目前，有关我国侨务政策的研究实际上有分量的成果并不多见，不少研究缺乏实地调查材料和理论深度、缺乏前瞻性、针对性和实用性。考虑到侨民政策研究的特殊性，例如获取侨民信息的难度，我们应该借鉴印度的做法，成立高规格的常设机构或临时性机构，实地调查海外侨民情况，或者由国家相关机构比如国务院侨办主持或牵头，派出专门研究人员，依托我国驻外使领馆，实地调查并研究海外华人华侨状况。还可仿效印度，针对政府关心的侨务问题，与国内外研究机构合作，进行专门研究。

---

① 庄国土：《回顾与展望：中国大陆华侨华人研究述评》，《世界民族》2009 年第 1 期。

（二）加强制度建设，提高侨务工作的效率和水平

相较于中国等侨民政策工作起步较早的国家，印度更为重视侨民政策的制度化建设，不仅在立法层面和管理机构层面建立了制度化框架，还形成了系统化的、多层次的政策措施。早在 20 世纪 70 年代末印度政府开始关注海外移民（主要是劳务移民）之时，这一特点就已经显现。当时印度政府制定了相关的法律加以规范，其中最为重要的是印度议会于 1983 年颁布的《移民法》，以及同年印度中央政府制定的作为补充的《移民规则》。此外还设专门机构管理和保护劳务移民。进入 21 世纪，海外侨民政策上升为国家战略之后，印度政府进一步从立法、管理机构和具体政策措施等多层面构建制度化框架，为吸引技术移民、争夺人才资源等移民战略服务。因此，在立法层面，于 2003 年促使印度国会通过了修改印度《宪法》第九条有关禁止给予外国人双重国籍的规定，给予海外印度人以海外印度公民身份。在行政管理机构层面，于 2004 年整合了所有侨务管理机构，建立了高级别的专门管理机构海外印度人事务部，并出台了系列政策措施。

中国也是一个重视海外侨民法律保护的国家。1990 年我国通过了第一部专门的"侨法"——《中华人民共和国归侨侨眷权益保护法》，它与《中华人民共和国归侨侨眷权益保护法实施办法》《中华人民共和国国籍法》《中华人民共和国公民出入境管理法》《中华人民共和国公益事业捐赠法》等，构成保护海外华侨华人和归侨侨眷的法律体系。但我们也应看到，我国的侨务法尤其是专门侨务法与印度的侨务法在保护重点上还是存在差异的。在管理机构上，改革开放后，我国就开始恢复和建立健全全国自中央至地方的各级侨务工作机构和侨务工作系统。目前，在中央一级有 5 个机构和组织（全国人大华侨委员会、全国政协港澳台侨委员会、国务院侨务办公室、中国致公党和全国侨联）主理华侨华人事务。各地省、市、自治区、县乃至一些主要"侨乡"的乡镇甚至村、街道也都设立了专门的机构或有专人负责侨务工作。管理体系看起来全面，但也存在印度整合侨务管理部门之前的分散、凌乱的状况。比如，在中央一级，除了"五侨"部门外，统战部、中联部、商务部、科技部、教育部、公安部等许多部门工作也涉及侨务。虽然这体现了党和政府对侨务工作的重视，且中央一级的五个不同系统的侨务工作机构之间已经建立了定期或不定期的联席会议制度，但侨务政策决策分散、执行重复的状况，并不利于侨务政策效率的提升。因此建议我国效仿印度，整合侨务管理机构，提高侨务政策实施的水平和效率。

（三）创新政策方法，灵活将传统方法和新方法结合运用

在各移民大国的侨务政策中，如何加强海外移民与祖（籍）国之间的联系

和感情，历来受到重视。各国会积极参与和借助海外侨民自发建立的社团和盛会。比如，海外华侨华人发起建立了一些颇具国际影响力的盛会，如世界华商大会、世界客属恳亲大会以及各种同乡会等。1991年建立的世界华商大会就是由新加坡、中国香港和泰国三地的华侨华人发起的，主要目的是加强海外华商的经济关系和巩固国际华商之间的联系。当2001年9月世界华商大会第一次在中国大陆召开时，中国各级政府非常重视，有9位国家领导人出席了此次大会的有关活动。但是这类侨民组织对我国而言并不能实现利益的最大化，毕竟我们无法对其起主导作用。因此，自2001年起，由国务院侨务办公室和中国海外交流协会主办了世界华侨华人社团联谊大会。该大会是以海外华侨华人主要社团负责人为对象的全球侨团联谊交流的平台，其宗旨是增进友谊与团结，促进合作与发展。

如前所述，印度的侨民政策是在做足功课的基础上制定的，它既有对海外印度侨民实际情况的了解，也有对其他移民国家侨务政策的研究，更有对自身状况和需求的考量，因此，印度的侨务政策往往青出于蓝而胜于蓝，政策方法推陈出新，效果甚佳。比如印度政府举办的海外印度人大会，就比中国的世界华侨华人社团联谊大会更进一步。它选定一个对海内外印度人来说具有重要意义的日子，每年定期在印度国内举行。与世界华侨华人社团联谊大会一般只有数百人的规模相比，海外印度人大会的代表性很广，从初期的1 500多人，发展为后来的数千人。而且每次的大会由印度政府根据印度国内发展的需要确定主题，印度政府通过大会对海外印度人的投资等起积极的主动引导的作用。海外印度人大会上的系列活动，如评选杰出海外印度人并颁奖、举行专题讨论会等，不仅加强了海外印度人对印度的了解，更加深了他们对印度的感情。它已经成为海外印度人的盛会，成为印度政府加强与海外印度人之间关系的重要桥梁。印度的这种做法，确实值得效仿。再比如，印度对"老移民"（殖民地时期移民）和"新移民"（殖民地时期之后移民）区别对待的做法也有利于发挥政策效果。① 此外，在解决海外侨民的身份、建立海外侨民网络平台（如印度人全球知识网、在美印裔专业人士网）方面，印度也给我们提供了很好的示范。虽然鉴于我国的实际情况，我们并不建议完全效仿，但经过调查研究，可以得出适合我国的更为有效的方法。

（四）重视民间力量，加强官方与民间在相关领域的合作

在印度侨民政策的决策研究和政策实施过程中，印度政府都十分重视与国内外的民间机构及企业等合作。如前所述，印度政府经常将一些研究项目交由国内

---

① SAHOO A K. Issues of identity in the Indian diaspora：a transnational perspective. perspectives on global development & technology，2006，5（1/2）.

或国外的研究机构，由印度政府提供相关经费。政策实施时，印度政府经常与国内的社团组织、企业合作，把一些侨务措施与它们合作完成或完全交由它们负责；涉及在国外的实施时，则与海外印度侨民社团组织合作。例如，"研究印度计划"是由海外印度人事务部发起的促进海外印度人加深对印度了解的措施，它的具体实施是由印度政府与有声望的印度大学或研究所合作完成的。"寻根计划"的具体行动则由海外印度人事务部委托的组织或公司实施。"海外移民子女奖学金计划"由印度政府指定政府企业 EdCIL 代理实施该计划。

　　印度政府在确立新的侨务战略、建立新的侨务管理机构时，秉承的理念是精简、高效。侨务管理机构规模不大，但侨民事务方方面面的政策措施实施起来需要借用多方面的力量，只有通力合作，才能取得良好的效果。印度侨务政策的这种理念与做法，是值得我们学习借鉴的。我们可以成立各类社团组织或机构，或借助现存的相关社团机构乃至一些企业的力量，来开展侨务工作。另外，海外华侨华人历来重视血脉同胞间的联系，他们根据政治、经济、文化等多方面的需要，已在世界各地组建了相当数量的各类华侨华人社团，其中某些社团在其住在国或地区的规模和影响力十分巨大。我国侨务管理机构应当加强与这些社团的联系，在涉及侨务政策在海外实施的部分时，通过与它们合作而取得良好的效果。

　　进入 21 世纪以来，世界发展日新月异，包括中国在内的各国侨务状况也在不断发生变化。当此之际，世界各移民国家尤其是移民大国都非常重视海外移民，将海外移民视为促进国内经济政治发展和改善国际政治经济环境的重要推动力量。为此，各国纷纷放开思路，加强借鉴，推陈出新，在侨务实践和政策措施上调整和完善。中国作为世界移民大国之一，尽管有着多年的侨务工作经验，形成了自己的侨务政策体系，具有自己的一些特点和优势，但放眼世界，无论是在侨务政策的决策还是侨务工作的实施中，与一些国家还是存在着明显的差距。纵观天下，我们应当站在时代的高度，立足高远，开阔视野，了解和研究海外华侨华人问题，立足于自己的实践经验，借助学术研究的理论成果，借鉴其他国家的实践经验，推陈出新，高瞻远瞩，制定出具有全局性、前瞻性和经得起实践检验的政策措施，把我国的侨务工作推向更高、更新的水平。

结　语

　　全球化带来劳动力、资本与物资等生产要素的全球流动与全球一体化，各国都在积极利用全球化的机遇发展自己，无论是发达国家还是次发达国家，抑或是发展中国家，概莫能外。对于全球化所带来的侨民资源，各国更是情有独钟，使出浑身解数，纷纷出台自己的侨民战略，力图最大限度地利用侨民资源，以将侨民资源的价值发挥到极致。

　　虽然各国的发展预期与目标不尽相同，但都是根据自己的需要和国情，制定了有着各自国家特色的侨民战略。最发达的国家，例如美国，在全球化的经济阶梯上处于最顶端，似乎已没有发展的空间，况且美国也是一个由移民组成的国家，海外侨民不过一两百万，似乎也没有多少侨民和侨务资源，但美国依然在2011年提出自己的侨民战略。只不过，美国对侨民与侨务资源重新做了界定，有别于中国与世界其他各国。其他国家所定义的侨民与工作对象一般仅限于从自己国家移出的公民及其后代，但美国却不一样，它所定义的侨民和侨民资源除了自己在海外的公民之外，更包括从世界各国移居美国的第一、二代移民，也包括散居世界各国的所有侨民，几乎囊括了世界上能够被定义为侨民的所有人，美国的侨务工作对象就是所有的侨民。这样的话，除了美国本身所拥有的差不多6 200万侨民资源，世界上2. 58亿多的侨民资源也要为美国所用。其目标也与其他国家致力于利用和动员侨民与侨民资源发展本国经济不一样，美国的目标是要利用和动员侨民与侨民资源将美国的发展模式和价值观念扩展到全球。本来，在美国的眼里，全球化就是美国化。美国提出侨民战略就是要利用侨民和侨民资源夯实其全球主导和全球霸权的基础，让美国主导的世界延续下去。所以，美国的侨民战略是全方位的战略，这与其他国家是非常不一样的。在实施侨民战略的领导体制上，美国与中国、韩国等国家一样施行政府主导的策略，但美国也稍有不同，美国执行在政府主导下的公私合营领导体制，而不是绝对主导。这样的领导和实施体制既体现出美国政府立场，又能发挥市场的作用，避免了由政府主导带来的官僚主义和效率低下，避免了像拉美和南非那样由NGO主导所造成的因战略目标不一致而导致资源浪费甚至相互掣肘的情况发生，也避免了由国际组织主导而导致的与本国利益发生冲突的情况出现。美国侨民战略的公私合营领导体制在实践中被证明还是非常有效的。在短短的几年内，美国侨民战略的项目实施进

展不错，效果也逐渐显现。

美国的侨民战略有许多做法值得我们借鉴与学习。不过，美国侨民战略的目标过于宏大，其可持续性还值得观察。

爱尔兰虽被归为发达国家行列，但在发达国家中处于发展程度比较低的位置，在全球化的阶梯里仅比发展中国家高出那么一些，它的国家发展目标主要是实现经济腾飞，把自己变成真正的发达国家。因此，它的侨民发展战略主要还是发展经济，其他的包括侨民公共外交之类主要是为了谋求爱尔兰经济发展更好的外部环境，而不是向较为发达的国家看齐去传播自己的发展模式与价值理念。面对全球化时代的大潮和知识经济的到来，拥有 8 000 万侨民资源的爱尔兰在 2008 年后适时地将其侨民战略定为复苏经济与知识经济。在这一战略的引导下，在爱尔兰侨民的直接与间接帮助下，爱尔兰的科技企业得到飞速发展，科技业也成为爱尔兰的支柱产业，爱尔兰也成为欧洲最适合创业的国家，比如在生物制药领域，世界排名前十位的医药公司中有 9 家都在爱尔兰建立了工厂，爱尔兰吸收了外商在欧洲药品和保健品市场投资金额的三分之一。

爱尔兰侨民战略整体而言非常成功，已成为许多国家模仿的典范，但也有一些值得完善的方面。如有必要建立有效的评估体系，以便及时反映和调整侨民战略实践中的问题；解决过度依赖外资的问题；调解海外侨民投票权的争议问题；等等。这些问题如不及时解决，将影响爱尔兰侨民战略的深化。

印度本身属于发展中国家，又是人口大国，拥有 2 700 万左右的侨民资源。与其他国家的侨民战略一样，印度的侨民战略也是服务与服从于其国家发展大战略的。印度的国家发展大战略就是尼赫鲁所说的印度要做"有声有色"的大国，实际上是沿袭了殖民时代寇松的"印度中心"战略，也就是要建立印度在南亚和印度洋地区的主导和中心地位，这是自尼赫鲁以降的历届印度政府孜孜以求的大国梦想。鉴于印度的国力和发展水平，尤其是 1991 年提出侨民战略时所面临的国内外形势，印度侨民战略的主要内容实际就是要借助海外印度侨民的汇款、存款和投资，科技和管理经验，帮助印度发展经济，同时也借助海外印度侨民的力量，在国际社会进行政治游说和公共外交，帮助印度营造友好的国际环境，为印度实现其大国梦想贡献心力。

印度侨民战略为印度开始于 20 世纪 90 年代初的经济自由化改革作出了重要贡献，尤其是以侨汇、投资等形式流入印度的外来资金为其经济发展奠定了坚实的基础，侨民技术和管理人才的回流更为印度经济发展提供了保障，班加罗尔科技产业，尤其是软件业的发展成为印度经济的骄傲与名片。侨民不仅为印度经济发展作出了巨大贡献，成就其作为一个大国所必备的经济基础，也在政治与外交领域为印度国际地位的上升作出了许多贡献，比如，美印民用核合作协议的成就与在美印度侨民的努力密不可分。这一协议也是美国变相或实质承认印度为世界上第六核大国地位的象征。

作为一个发展中国家，印度在其侨民战略中还有很多方面需要改进，比如，其过度消费印度侨民对印度的天然情感的做法，也许将给其侨民战略带来消极影响。

附　录

爱尔兰海外杰出侨民总统奖章

2012 年

Arts，Culture and Sport

Pat Kelly（Canada）

Pierre Joannon（France）

Jim Stynes（deceased，Australia）

Business and Education

Donald Keough（United States）

Andy Roges（Great Britain）

Charitable Works

Chuck Feeney（United States）

Irish Community Support

Sally Mulready（Great Britain）

Sr. Lena Deevy（United States）

Peace，Reconciliation and Development

Fr. Michael Kelly（Zambia）

Loretta Brennan Glucksman（United States）

2013 年

Arts，Culture and Sport

Mick Moloney（United States）

Business and Education

Craig Barrett（United States）

John Martin（France）

Charitable Works

Anne Merriman（Uganda）

Sr. Cyril Mooney（India）

Irish Community Support

Mary Tilki（UK）

Seamus McGarry（UK）

Rodney Walshe（New Zealand）

Peace，Reconciliation and Development

Geoge Mitchell（United States）

Ambassador Dan Rooney（United States）

2014 年

Arts，Culture and Sport

Fionnula Flanagan（United States）

Thomas Keneally（Australia）

Business and Education

Jim Flaherty（deceased，Canada）

Catherine Day（European Commission）

Colm McLoughlin（United Arab Emirates）

Charitable Works

Fr. PJ McGlinchey（Korea）

Irish Community Support

Mary Allen（Great Britain）

Avril Conroy（Russia）

Peace，Reconciliation and Development

Niall O'Dowd（United States）

Kevin Cahill（United States）

参考文献

一、报纸、期刊

（一）中文

［1］陈柯旭、石婧：《中美欧援助塔吉克斯坦比较研究：关于援助资金领域分配和效果评估》，《新疆师范大学学报》（哲学社会科学版）2013 年第 3 期。

［2］陈奕平：《美国"国际侨民接触"战略及其对我国侨务政策的启示》，《东南亚研究》2012 年第 2 期。

［3］程希：《从经济增长模式看海外移民对中印两国发展的影响》，《八桂侨刊》2005 年第 5 期。

［4］郭丹：《浅析美国侨民战略的实施动机》，《神州》2014 年第 17 期。

［5］何承金、曼世经：《印度海外移民及其影响》，《南亚研究季刊》1986 年第 3 期。

［6］贾海涛：《海外印度人国际影响力初探——兼论海外印度人对印度经济发展的影响》，《理论学刊》2006 年第 5 期。

［7］贾海涛：《印度政府海外印度人政策的演变》，《世界民族》2007 年 2 期。

［8］康晓丽：《论印度的海外印度人政策及其对中国侨务政策的启示》，《南亚研究》2013 年第 1 期。

［9］李海峰：《迎接全国华商组织的蓬勃发展——在"全国华商组织经验交流会"上的总结讲话》，《侨务工作研究》2005 年第 1 期。

［10］李丽、李涛：《海外移民与母国的经济联系：以印度为例》，《南亚研究》2009 年第 1 期。

［11］李涛：《20 世纪 90 年代以来海外印度人与印度的经济联系》，《世界经济与政治论坛》2008 年第 4 期。

［12］李涛：《印度侨汇的地位、作用及发展前景》，《国际资料信息》2008 年第 10 期。

［13］李涛：《中、印海外移民与母国经济联系的比较研究》，《世界民族》

2011 年第 3 期。

[14] 梁剑：《论爱尔兰软件信息服务业发展历程》，《科技管理研究》2010 年第 5 期。

[15] 林伟然：《"华侨" 称谓研究》，《华侨华人研究》1991 年第 2 辑。

[16] 刘桂山：《爱尔兰经济腾飞的秘诀》，《新闻瞭望周刊》2001 年 7 月 9 日。

[17] 刘泓：《北爱尔兰民族问题发展前景分析》，《世界民族》1997 年第 1 期。

[18] 隆德新：《试析移民社群对当代美国外交的影响》，《国际政治研究》2017 年第 5 期。

[19] 罗森：《印度软实力初探——论印度发展软实力的优势与劣势》，《亚非纵横》2011 年第 5 期。

[20] 马加力：《印度与海外印度人的经济联系》，《南亚研究》1986 年第 2 期。

[21] 邱立本：《印度国际移民与侨务工作的历史与现状》，《华人华侨历史研究》2012 年第 1 期。

[22] 桑倞：《爱尔兰软件产业的现状和发展道路》，《欧洲》2001 年第 5 期。

[23] 邵玉进、王凤鸣：《爱尔兰经济奇迹及原因分析》，《欧洲》2002 年第 4 期。

[24] 沈丹阳：《华商企业对中国大陆的投资现状及发展趋势》，《中国外资》2006 年第 9 期。

[25] 时宏远：《论海外印度人对印度崛起的影响》，《国际论坛》2009 年第 4 期。

[26] 滕海区：《美国印度裔族群的形成及其经济成就探析》，《华人华侨历史研究》2013 年第 2 期。

[27] 王晓艳、时宏远：《印度游说集团：美印关系的助推器》，《世界知识》2010 第 7 期。

[28] 王雅梅：《爱尔兰吸引外资的理论思考与分析》，《经济体制改革》2009 年第 4 期。

[29] 王雅梅：《从全球化程度排名看爱尔兰的经济腾飞》，《四川行政学院学报》2004 年第 1 期。

[30] 王志章、王启凤、谢永飞：《美国硅谷华人与印度人之比较》，《重庆邮电大学学报》2008 年第 6 期。

[31] 萧兮：《爱尔兰经济的奇迹》，《国际经贸消息》2008 年 8 月 9 日。

〔32〕张秀明：《华侨华人相关概念的界定与辨析》，《华侨华人历史研究》2016 年第 2 期。

〔33〕庄国土：《回顾与展望：中国大陆华侨华人研究述评》，《世界民族》2009 年第 1 期。

（二）英文

〔1〕SAHOO A K. Issues of identity in the Indian diaspora：a transnational perspective. perspectives on global development & technology，2006，5（1/2）.

〔2〕ANWAR A，MUGHAL M. The role of diaspora in attracting Indian outward FDI. International journal of social economics，2013，40（11）.

〔3〕BUTCHER A. Demography，diaspora and diplomacy：New Zealand's Asian challenges. New Zealand population reuiew，2010（36）.

〔4〕RUBINOFF A G. The diaspora as a factor in U. S. -India relations. Asian affairs：an American review，2005，32（3）.

〔5〕GRAY B. Whitely scripts：Irish women's racialised belongings in London. European journal of cultural studies，2002（5）.

〔6〕GRAY B. The Irish diaspora：globalised belong（s）. Irish journal of sociology，2002（11）.

〔7〕HORST C. Diaspora engagements in development cooperation. Policy brief（2008/8），Oslo：International Peace Research Institute.

〔8〕XAVIER C H. Xavier. Experimenting with diasporic incorporation：the overseas citizenship of India. Nationalism & ethnic politics，2011，17（1）.

〔9〕KAPUR D. Ideas and economic reforms in India：the role of international migration and the Indian diaspora. India review，2004，3（4）.

〔10〕KAPUR D. Indian diaspora as a strategic asset. Economic and political weekly，2003，38（5）.

〔11〕DOCQUIER F，RAPOPORT H. Globalization，brain drain，and development. Journal of economic literature，2012，50（3）.

〔12〕International conference on diaspora and development—prospects and implications for nation states. Engaging diaspora for development. Daily bulletin（IGNOU Headquarters，Maidan Garhi，New Delhi），September 7，2011.

〔13〕MEARSHEIMER J J. Imperial by design. The national interest，2010（111）.

〔14〕SWARD J. Diaspora and development：building transnational partnerships， development research centre on migration, globalisation & poverty. Briefing（University of Sussex），2009（19）.

［15］CHANOINE M，GIEL M. Effective engaging diasporas under the new Canadian department of foreign affairs，trade and development. Policy brief，2013（6）.

［16］BOYLE M. Harness the best diaspora practices，cited from "Sharing ideas：holistic perspectives in diaspora and development" in "International conference on diaspora and development-prospects and implications for nation states"，Daily Bulletin（IGNOU Headquarters，Maidan Garhi，New Delhi），September 7，2011.

［17］BYRNE P. Emigration：the great non-issue. The furrow，1995（69）.

［18］GILLESPIE P. Diaspora a resource to the Celtic Tiger. Irish times，2000（1）.

［19］MUELLER V，SHARIFF A. Workers' remittances to India：an examination of transfer cost and efficiency. Contemporary economic policy，2011，29（2）.

二、专著、报告

（一）中文

［1］比尔·克林顿著，李公昭等译：《我的生活》，南京：译林出版社，2004年。

［2］蔡德奇、江永良：《华侨华人的新发展》，厦门：厦门大学出版社，2001年。

［3］国务院侨务办公室侨务干部学校编著：《侨务政策法规问答》，北京：世界知识出版社，2015年。

［4］胡文涛：《美国文化外交及其在中国的运用》，北京：世界知识出版社，2008年。

［5］贾瓦哈拉尔·尼赫鲁著，齐文译：《印度的发现》，北京：世界知识社，1956年。

［6］马加力：《关注印度——崛起中的大国》，天津：天津人民出版社，2002年。

［7］马加力：《崛起中的巨象——关注印度》，济南：山东大学出版社，2010年。

［8］皮特·格雷著，邵明、刘宇宁译：《爱尔兰大饥荒》，上海：上海人民出版社，2005年。

［9］杨冬云：《印度经济改革与发展的制度分析》，北京：经济科学出版社，2006 年。

［10］张赛群：《中国侨务政策研究》，北京：知识产权出版社，2010 年。

［11］郑瑞祥主编：《印度的崛起与中印关系》，北京：当代世界出版社，2006 年。

［12］中国侨务通论课题组：《中国侨务通论》，广州：暨南大学出版社，2012 年。

［13］中国社会科学院语言研究所词典编辑室编：《现代汉语词典》，北京：商务印书馆，2012 年。

（二）英文

［1］Hillary Clinton's remarks on American leadership to the council on foreign relations. http：//www. ibtimes. com/hillary-clinton-remarks-american-leadership-council-foreign-relations-full-text-1056708.

［2］GAMLEN A. Creating and destroying diaspora strategies，Oxford diaspora programme working paper 31，April 2011.

［3］ANCIEN D，BOYLE M，KITCHIN R. Exploring diaspora strategies：an international comparison，NIRSA：NUI Maynooth，2009.

［4］Department of foreign affairs and trade. Global Irish：Ireland's diaspora policy，2015.

［5］Department-related parliamentary standing committee on home affairs of India. One Hundred and Fifty Ninth Report on the Citizenship（Amendment）Bill（2011），March，2012.

［6］KAPUR D. Diaspora，development，and democracy：the domestic impact of international migration from India. Princeton and Oxford：Princeton University Press，2010.

［7］Diaspora Matters. Global diaspora strategies toolkit. Impress Printing Works，2011.

［8］BARRY F. Understanding Ireland's economic growth. MacMillan，1999.

［9］O'TOOLE F. Black hole，green card：the disappearance of Ireland. New Island Books，1994.

［10］O'TOOLE F. The Ex-Isle of Erin，images of global Ireland. New Island Books，1994.

［11］VOLKMAN K E，GUYDOSH R M. Toursim in Ireland：observations on the impact of European Union funding and marketing strategies. ASAC, 2001.

［12］ AIKINS K, SAND A, WHITE N. A comparative review of international diaspora strategies: the Global Irish making difference together. The Ireland Fund, 2009.

［13］ KENNEDY L, LYES M, RUSSLL M. Supporting the next generation of the Irish diaspora. Clinton Institute: University College Dublin, 2014.

［14］ HARDI M, NEGRI A. Empire, Harvard University Press, 2000.

［15］ ROBINSON M. Cherishing the Irish diaspora. Address to the House of the Oireachtas, 1995.

［16］ ROBINSON M. Imaginative possessions. John Galway Foster Lecture, 1995.

［17］ JACOBSON M F. Special Sorrows: the diasporic imagination of Irish, Polish and Jewish immigrants in the United States. Harvard University Press, 1995.

［18］ BOYLE M, KITCHIN R. Towards an Irish diaspora strategy: a position paper. NIRSA working paper series, 2008（8）.

［19］ BOYLE M, KITCHIN R, ANCIEN D. The NIRSA diaspora strategy wheel and ten principles of good practice. Dublin, Ireland: Diaspora Matters, 2011.

［20］ COLLYER M. Emigration nations: policies and ideologies of engagement. Palgrave Macmillan, 2013.

［21］ DEENIHAN M. Connect again alumni conference, 2014.

［22］ CHISHTI M A. The phenomenal rise in remittances to India: a closer look. Report of the Migration Policy Institute, Washington DC, May 2007.

［23］ IGNATIEV N. How the Irish became white. Routledge, 1995.

［24］ TACON P, WARN E. Migrant Resource Centres: An Initial Assessment. International organization for migration, Geneva, 2009.

［25］ KEARNEY B. Across the frontiers: Ireland in the 1990s. Wolfhound Press, 1988.

［26］ KEARNEY B. Migration: the Irish at home and aboard. Wolfhound Press, 1990.

［27］ KEARNEY B. Post-nationalist Ireland: politics, culture, philosophy. Routledge, 1997.

［28］ KEARNEY B. Vision of Europe. Wolfhound Press, 1992.

［29］ CROTTY W, SCHMITT D E. Ireland on the world stage. Pearson Education Limited, 2002.

三、网络资源

（一）中文

［1］《海外印度人》，http：//news. sohu. com/20061108/n246265153. shtml。

［2］李文枫：《燃血无数年——关于 U2 乐队》，https：//site. douban. com/heyrock/widget/notes/16167032/note/346557391/。

［3］郭又新：《印度移民：跻身美国金字塔顶 背负祖国文化行李》，http：//news. sina. com. cn/cul/2004 – 11 – 12/602. html。

［4］洪建军：《4000 万爱尔兰裔美国公民的存在，使北爱问题成为与美国有着特殊关系的地区问题》，人民网，http：//www. people. com. cn/GB/channel2/18/20000525/76312. html。

［5］《美国将削减超 2. 85 亿美元联合国经费》，http：//www. crntt. com/doc/1049/2/6/0/104926099. html？ coluid = 7&kindid = 0&docid = 104926099&mdate = 1229125746。

［6］《他们长得不像中国人却身穿解放军军服含泪敬礼!》，http：//www. xilu. com/20160223/1000010000931683. html。

［7］《U2 家乡开场，为都柏林带来 5 000 万欧元收入》，http：//ent. qq. com/a/20090728/000348. htm。

［8］《美国承认克林顿是北爱和平会谈的幕后策划者》，新浪网，http：//news. sina. com. cn/w/298701. html。

［9］朱维群、阿来、陈芳：《朱维群阿来对话：过分强调民族差异不利国家认同形成》，http：//news. ifeng. com/a/20150531/43876620_ 0. shtml。

［10］朱维群、陈芳：《朱维群回应与阿来对话引发争议：尊重民族差异而不强化》，http：//news. ifeng. com/a/20150717/44187661_ 0. shtml。

（二）英文

［1］ PANDEY A，AGGARWAL A，DEVANE R，et al. India's transformation to knowledge-based economy-evolving role of the Indian diaspora. July 21，2004，http：//www. docin. com/p-324514921. html.

［2］ Doubts over efficacy of merger of MOIA with MEA continue. Indian Mandarins. http：//www. indianmandarins. com/doubts-over-efficacy-of-merger-of-moia-with-mea-continue/.

［3］ Is Mr. Narendra Modi's foreign visit & his interaction with Indian diaspora just a publicity stunt or is there some serious strategy behind it? http：//www. linkedin. com/pulse/mr-narendra-modis-foreign-visit-his-interaction-indian-archit-gupta.

［4］ Kerala fumes as expat affairs ministry, MEA merged by govt. http：//www. gulf-times. com/story/474341/Kerala-fumes-as-expat-affairs-ministry-MEA-merged.

［5］ Ministry of Overseas Indian Affairs merged with MEA. The Hindu, January 8, 2016, http：//www. thehindu. com/todays-paper/tp-national/ministry-of-overseas-indian-affairs-merged-with-mea/article8079174. ece.

［6］ What is a diaspora? http：//www. diasporaalliance. org/about-us/.

［7］ 2015 fish 2. 0 finalists and cash prize winners & 2013 fish 2. 0 results. https：//www. fish20. org/competitions/past.

［8］ Fish 2. 0 ICX "Industry Connection" Prizes. https：//www. fish20. org/prizes/icxprize.

［9］ A series of regional workshops. https：//www. fish20. org/competitions/2017workshops.

［10］ About the map. http：//www. diasporaalliance. org/about-the-map/.

［11］ About us . http：//www. diasporaalliance. org/about-us/.

［12］ Capacity building. http：//www. diasporaalliance. org/resource/#capacity-building.

［13］ 爱尔兰中央统计局. Census 2006 Non-Irish nationals living in Ireland. http://www. cso. ie/en/statistics/population/archive/publicationarchive2006/census2006-non-irish-nationalslivinginireland/.

［14］ TAYLOR C. Dispelling myths about life in UAE. Irish times. http：//www. irishtimes. com/life-and-style/generation-emigration/irish-business-abroad/dispelling-myths-about-life-in-uae-1. 2600269.

［15］ CHIKEZIE C-E, Reinforcing the contributions of African diasporas to development. http：//siteresources. worldbank. org/EXTDECPROSPECTS/Resources/476882-1157133580628/DfD_ ch09. pdf.

［16］ Community Q&A. https：//www. micromentor. org/questions.

［17］ County incomes and regional GDP 2010. http：//www. cso. ie/en/statistics/nationalaccounts/archive/releasearchive2010/.

［18］ Diaspora awards ceremony. http：//www. diasporaalliance. org/? s = Dias-

pora + Awards + Ceremony.

［19］ Diaspora map：Frequently Asked Questions（FAQ）. http：//diasporaalliance. org/wp-content/uploads/Diaspora-Map-FAQ. pdf.

［20］ Diasporas in development：reflections on international service. http：//www. diasporaalliance. org/reflections-on-international-service/.

［21］ Digaai edit-a-thon. http：//www. diasporaalliance. org/digaai-edit-athon/.

［22］ Find entrepreneurs to mentor. https：//www. micromentor. org/people/search/entrepreneurs.

［23］ Find mentors and connect. https：//www. micromentor. org/people/search/mentors.

［24］ Foreign aid dashboard. http：//explorer. usaid. gov/aid-dashboard. html#2013.

［25］ GDW 2015 celebration reception. http：//www. diasporaalliance. org/gdw-2015-celebration-reception/.

［26］ Global Diaspora Week. IdEA. http：//www. diasporaalliance. org/global-diaspora-week/.

［27］ Global Diaspora Week 2014. http：//www. diasporaalliance. org/global-diaspora-week-2014/.

［28］ Global Diaspora Week 2015. http：//www. diasporaalliance. org/global-diaspora-week-2015/.

［29］ Global economic prospects 2006：economic implications of remittances and migration. http：//documents. worldbank. org/curated/en/507301468142196936/841401968 _ 200510327112047/additional/343200GEP02006. pdf.

［30］ Harnessing the commitment & energy of diaspora communities to transform development. IdEA. http：//www. diasporaalliance. org/harnessing-the-commitment-energy-of-diaspora-communities-to-transform-development/.

［31］ Hillary Clinton's remarks at the Inaugural Diaspora Forum；International Diaspora Engagement Alliance on May 17，2011. Diplomacy. http：//diasporaalliance. org/hillary-clintons-remarks-at-the-inaugural-diaspora-forum/.

［32］ http：//diasporaalliance. org/wp-content/uploads/Diaspora-Map-FAQ. pdf.

［33］ http：//explorer. usaid. gov/aid-dashboard. html#2013.

［34］ http：//www. diasporaalliance. org/fish-2 − 0/.

［35］ http：//www. usaid. gov/news-information/speeches/remarks-administrator-rajiv-shah-global-diaspora-forum.

［36］ https：//www. opic. gov/sites/default/files/files/2015annualreport. pdf.

［37］ International Migration Report 2017. http：//www. un. org/en/development/desa/population/migration/publications/migrationreport/docs/MigrationReport2017 _ Highlights. pdf.

［38］ Kris Balderston's remarks at the Second Annual Global Diaspora Forum；International Diaspora Engagement Alliance on July 25，2012. Diplomacy. http：//diasporaalliance. org/kris-balderstons-remarks-at-the-second-annual-global-diaspora-forum/.

［39］ Membership. http：//www. diasporaalliance. org/become-an-idea-member/.

［40］ MicroMentor. http：//www. diasporaalliance. org/mentoring/.

［41］ Mimi Alemayehou's remarks at the 2012 Global Diaspora Forum；International Diaspora Engagement Alliance on July 27，2012. Entrepreneurship. http：//www. usaid. gov/news-information/speeches/remarks-administrator-rajiv-shah-global-diaspora-forum.

［42］ Ministry of Overseas Indian Affairs，Government of India. Annual report 2012 – 2013，https：//www. mea. gov. in/images/pdf/annual-report – 2012 – 13. pdf.

［43］ CHISHTI M. The rise in remittances to India：a closer look. http：//www. migrationpolicy. org/article/rise-remittances-india-closer-look/.

［44］ NGO aid map. https：//ngoaidmap. org/.

［45］ Office for national statistics （UK） . Census 2011. https：//www. ons. gov. uk/peoplepopulationandcommunity/populationandmigration/populationestimates/bulletins/2011census/.

［46］ One woman one girl campaign. http：//www. diasporaalliance. org/one-woman-one-girl/.

［47］ Population and migration estimates April 2015. http：//www. cso. ie/en/releasesandpublications/er/pme/populationandmigrationestimatesapril2015/.

［48］ Resources. http：//www. diasporaalliance. org/resource/.

［49］ Return to Yirol. http：//www. diasporaalliance. org/？ s = Return + To + Yirol。

［50］ Review of Foreign Direct Investment （FDI） policy on investments by Non-Resident Indians （NRIs），Persons of Indian Origin （PIOs） and Overseas Citizens of India （OCIs） . http：//pib. nic. in/newsite/PrintRelease. aspx？ relid = 121914.

［51］ SDG and diaspora engagement. http：//www. diasporaalliance. org/？ s = SDG + And + Diaspora + Engagement.

［52］ Secretary Clinton highlights IdEA's achievements in farewell address. http：//diasporaalliance. org/secretary-clinton-highlights-ideas-achievements-in- farewell-address/.

〔53〕 Tara Sonenshine remarks at the 2012 Global Diaspora Forum；International Diaspora Engagement Alliance on July 25，2012. Diplomacy．http：//www. state. gov/r/remarks/2012/195931. htm.

〔54〕 The 2014 OIFC publication on incredible opportunities back home. http：//www. oifc. in/sites/default/files/publications/Incredible% 20Opportunities% 20Back% 20Home. pdf.

〔55〕 The 2017 fish 2. 0 Innovation Forum. https：//www. fish20. org/events/finals.

〔56〕 The diaspora community has a uniquely important role to play in addressing the challenges of today and shaping a brighter future for tomorrow，says USAID administrator Dr. Rajiv Shah. Diaspora. U. S. Agency for International Development. https：//www. usaid. gov/partnership-opportunities/diaspora-engagement.

〔57〕 The scoring criteria. https：//www. fish20. org/competitions/scoringcriteria。

〔58〕 The Wishie campaign. http：//www. diasporaalliance. org/the-wishie-campaign/.

〔59〕 The Federation of Indian Chambers of Commerce and Industry （FICCI）. Engaging diaspora：the indian growth story. The Theme Paper of the Eleventh Pravasi Bharatiy Divas，7 – 9 January，2013，https：//www. mea. gov. in/images/pdf/pbd-tp-13. pdf.

〔60〕 United States Department of State：FY 2013 joint summary of performance and financial information FY 2013 international affairs budget. https：//2009 – 2017. state. gov/s/d/rm/c50096. htm.

〔61〕 USAID Administrator Dr. Rajiv Shah's remarks at the 2012 Global Diaspora Forum；International Diaspora Engagement Alliance on July 26，2012. Diplomacy. http：//www. usaid. gov/news-information/speeches/remarks-administrator-rajiv-shah-global-diaspora-forum.

〔62〕 Global remittance decline；but India remains world's #1 country sending $68. 9B back home in 2015，Trak. in. https：//trak. in/tags/business/2016/04/15/global – remittance – india – tops/.

四、学位论文

〔1〕 韩丹：《试论美国的印度技术移民及其影响（1965—2000）》，东北师范大学硕士学位论文，2012 年。

［2］吉小雨：《美国海外私人投资公司（OPIC）：对外直接投资保护的国内制度》，上海外国语大学硕士学位论文，2012 年。

［3］李秋红：《爱尔兰侨民与祖籍国经济发展》，暨南大学博士学位论文，2012 年。

［4］隆德新：《跨国公私伙伴关系与美国散居外交——以国际散居约合联盟（IdEA）为例》，暨南大学博士学位论文，2015 年。

［5］孟繁伊南：《欧盟地区经济政策对爱尔兰的影响》，陕西师范大学硕士学位论文，2013 年。

［6］宁敏峰：《全球化进程中的印度海外移民与政府移民政策研究》，华东师范大学博士学位论文，2012 年。

后 记

　　《全球化下的侨民战略与发展研究：以美国、爱尔兰和印度为例》一书终于脱稿，我深感欣慰！自从国家社科基金立项到现在，本书成稿时间长达6年。在本书即将付梓之际，我要特别感谢一直支持本书写作的朋友与同事。首先，我要感谢的是我的同事——暨南大学国际关系学院/华侨华人研究院副院长陈奕平教授，是他让我萌生了研究这一课题的念头。其次，我要感谢的是华中师范大学历史文化学院教授、浙江丽水学院特聘教授兼华侨学院院长李其荣先生，他在本人将此课题向国家社科基金申请立项的过程中提供了许多帮助。再次，我要感谢参与本书撰稿的几位同仁，他们分别是：王慧英（博士，岭南师范学院法政学院副教授，撰写了第三章"发展中国家的侨民战略与发展研究——以印度为例"）；叶小利（硕士，嘉应学院政法学院讲师，与我合作撰写了第一章"发达国家的侨民战略与发展研究——以美国为例"）；田自立（博士，铜仁学院马克思主义学院副教授，撰写了第二章"次发达国家的侨民战略与发展研究——以爱尔兰为例"）。

　　我的硕士研究生魏晓敏为校对做了很细致的工作。

　　此外，我还要感谢我的同事与好友潮龙起教授，以及暨南大学出版社的冯琳女士和其他工作人员，他们为本书的及时出版付出了辛勤的劳动！

　　全书由我负责绪论、结语、整体框架设计和最后的统稿，对书中的缺失，我要负全责。敬祈读者不吝赐教！

吴金平

暨南大学国际关系学院/华侨华人研究院教授

2018年11月